古瓷赏鉴百例

（修订版）

◎易惟谦 虞学为 著

HNFAP 湖南美术出版社

【古瓷实鉴百例】（修订版）

图书在版编目（CIP）数据

古瓷实鉴百例（修订版）/易惟谦 虞学为著.—长沙：湖南美术出版社，2009.12

ISBN 978-7-5356-3514-3

Ⅰ.①古… Ⅱ.①虞…②易… Ⅲ.①瓷器（考古）—鉴定—中国Ⅳ.①K876.34

中国版本图书馆CIP数据核字（2009）第233594号

古瓷实鉴百例（修订版）

著　　者：易惟谦　虞学为
图片摄影：虞　奇　苏格兰
责任编辑：李　坚
出版发行：湖南美术出版社
（长沙市东二环一段622号）
经　　销：湖南省新华书店
制版印刷：湖南东方速印科技股份有限公司
（湖南省长沙市河西高新区M1-3栋）
开　　本：635×965　1/16
印　　张：22
版　　次：2010年1月第1版　2022年6月第2版
印　　次：2022年6月第2次印刷
书　　号：ISBN 978-7-5356-3514-3
定　　价：198.00元

作者简介

易惟谦，号清水山人，1931年生于湖南长沙，1950年考入哈尔滨工业大学土木系学习（2年俄语、6年本科），1958年毕业。曾在建筑设计院、医院和几所大学从事设计、医疗与教学工作。

作者自幼爱好很广，无论文学、艺术、医学、心理学及古玩鉴赏都涉足很深，先后发表专著十余部、学术论文二百多篇、其他文学、科普等作品千余件，是一个多功能型的多产作家，尤其对古瓷研究方向颇有建树。

作者近些年（60岁以后）提出了一种思维方式叫“创新思维方式”，已被收入《中国当代思想宝库》一书；发明了“神经部位针刺疗法”；还有已经出版的《易氏四合一鉴瓷方法及微观图谱》。“四合一鉴瓷方法”是在收藏界备受关注的一种现代科学的实鉴技术，已得到美国哈佛大学权威学者的认可，同时已向港澳台等地推广，还在日本某博物馆得到验证，并有新加坡、巴西、荷兰等国收藏家的支持，在国内和国际上产生的反响很大。国内大多数收藏者都热情地支持作者，网页上的点击率很高，三个网页博客共有超过一百万人次浏览。已出版的《易氏四合一鉴瓷方法及微观图谱》和《易氏鉴瓷》两书已经成为畅销书。本书《古瓷实鉴百例》是“四合一”方法的最后一部。

虞学为，号愚牛、多思牛，1937年出生于江苏无锡。1956年考入大连工学院水利系学习，后因体检复查不合格退学，1957年又考入北京医学院公共卫生系学习，入学后再次因体检复查不合格而退学返乡，之后当过小学代课教师、工厂绘图临时工。1958年进工厂当上工人，1962年又遭遇下放到农村务农，下乡后在农民要求和政府支持下，作者和两位下乡青年共同创办了“民办刘潭初级中学”。学校几经扩展、迁址，1985年正式定为公办初中，今天学校已发展建成为公办九年制的“无锡市刘潭实验学校”。上世纪九十年代，作者当过“刘潭中学电子器件厂”厂长，借调当过村办“隆达特种耐火材料厂”厂长。在九十年代当厂长的十年时间，是作者进入古玩市场、淘宝瓷器的黄金时期。

序 一

这本书是我四十多年来，特别是退休以后爱好古瓷文化，从一个业余收藏爱好者，成长为古瓷鉴定师的心灵总结。

我出身收藏世家，是江苏省无锡市刘潭中学退休教师。上世纪70年代末，适逢祖国改革开放。我继承父亲业余爱好开始收藏古瓷，开始了古瓷文化的欣赏和研究历程。

退休后，“收藏古瓷”便成为我修身养心的生活内容，建立了“雅蔚集藏苑”。我参加了“古陶瓷鉴定和辨伪”培训学习，并加入“无锡市收藏家协会”，平时努力学习、对照和摘录“古陶瓷收藏书刊”，多年来参观过无锡、苏州、杭州、南京、上海、景德镇、北京、沈阳、大连、济南、西安、莫斯科、圣彼得堡、台北、香港、华盛顿、纽约等地的博物馆、古玩市场、拍卖会，接触到一些“鉴定专家”。这些经历，增强了我的收藏观察力和经验的积累，但也对“专家鉴定”产生了疑问？例如，对同件古瓷的真伪，不同专家鉴定结果竟然绝然相反？同一专家鉴定同件古瓷，也因时间、地点的改变，而得出“真伪绝然相反”令人发呆的鉴定。这是头衔、背景、经验成为“鉴定专家”的资本，使得他们的权威得以建立。然而这造成了古瓷鉴定行业的混乱，使业余收藏家失去了“信心”。收藏本身是一种陶冶情操的活动，活动中被人“忽悠”，心情肯定不愉快，陶冶情操就无从谈起，收藏活动的初衷就被否定。这种混乱的根源在于缺乏判断是非的标准，从而导致古瓷收藏和经营活动的混乱。

2008年，偶而在新华书店购到《易氏“四合一”鉴瓷方法及微观图谱》。通过阅读和实践，明白了这个新方法能解决“真就是真，伪就是伪。不怕伪，但怕不知道真或伪”，不管什么人采用这种方法，不管采用这种方法的人的情绪好坏，不管用这种方法测试藏品的数量多寡，得出的结论却是一样的。这方法的科学性增强了我“鉴赏古瓷”的自信心，并产生了“上山拜师”之望。

2008年11月，时年已七十又二的我，带着几件古瓷，第一次到湖南湘潭拜易惟谦教授为师，我成了仅比他小6岁的最年老学生。得到易氏当面指教回无锡后，我建立了“鉴瓷工作室”，开始测定古瓷数据，编辑“鉴赏文章”。三个月后，我又带几件已鉴测好的古瓷和“鉴赏文章”，第二次上湖南请教易老复审，得到老师的好评。过后这些“鉴赏文章”均以“易氏的名字”发表在“易惟谦-新浪博客”上。2010年1月，“易氏鉴瓷”第三本著作《古瓷实鉴百例》面市，其中有我二件古瓷和一篇文章入辑。这些说明我在运用“易氏鉴瓷法”辨别真伪方面，已经具备一定的知识和技能了。

近几年来，我运用这个工具，对自己的藏品，分类进行鉴赏，已编辑300余篇“鉴赏文章”，同时在“新浪、雅昌、华夏、艺超、中国文物、中华博物”等多家网站发表，已有百万网友阅读，有数十篇“鉴赏文章”为网友所“转载”或“收藏”，反映良好。2012年10月，第三次上湘潭，接受易惟谦教授授与的“易氏四合一鉴定方法：鉴定师证”。纵然，目前鉴定行业对此《证》尚待定论，但客观上，其检测的结果起码也是科学结论的一种，是无疑的。

《易氏四合一鉴瓷方法》系列著作共三本，出版十余年来已在国内外畅销，反映很大。在美国有“国际古玩艺术研究会”、在北京有“中、美、印度联合古玩艺术研究会”在研究易氏鉴瓷法。我坚信这种符合科学原理的鉴瓷方法，一定会得到市场的认可！《古瓷实鉴百例》是“四合一鉴瓷方法”系列的一本，在出版12年后，再次修订出版。本书精选115件古瓷样本，分别从“古瓷艺术美”和“古瓷釉彩”两个角度，按照“四合一”鉴瓷方法，进行详细的讲解说明。由于研究角度的不同，书中第六章“古瓷釉彩鉴别”的44件古瓷样本中，有20件与第五章“古瓷艺术美”的样本相同。希望本书对读者鉴别和欣赏古瓷有所帮助。

“收藏”给我退休生活带来无限的乐趣，“鉴赏”充实了我退休生涯的精神世界！

无锡雅蔚苑主人　虞学为

序 二
对两类不同鉴定方法的利弊分析

世界上存在两类不同的法则：一为以人为定型的法则，叫标型学法则；一为以客观变化为定型的法则，叫自然规律法则。

在文物鉴定中人们最常用的方法是同时使用两类，一为“标型学法则”，一为“自然规律法则”。这两类法则在应用中，因具体情况不同而各有不同的作用，其存在的利弊也各不相同，不可一概否定，也不可贸然完全肯定。但总的说来，自然规律法则运用的效果比较好，“标型学”方法却不是很理想。笔者针对一些具体情况来进行全面的分析，以避免读者在使用本方法时产生误解。

标型学即我们常用的“目测法”、光谱分析法。前一种也称传统法，凭个人经验而定；后一种为现代科学方法，靠高精仪器测定，目前国内外应用得比较普遍。这两种方法虽然一种凭个人头脑，一种凭高科技仪器，但均存在一定的利弊。并不是说高科技方法就完全可行和完美无缺，因为文物鉴定是一件很复杂的事情。

先说“目测法”吧，这纯靠个人经验，用眼睛看，用手摸，再用自己见过的标型实物的记忆来对比。如成化的款识如何写？元青花的纹饰层次有多少？雍正的工艺都特精细等，就凭这些总结的规律加个人的模糊记忆来下结论。但实际情况却是：不见得当年成千上万的器物和不同窑口、不同艺匠都会遵循这些规律。总有些地方，在不同时期，有不同艺匠，造出不完全标准的器物来。尤其现代仿制者多，技法又高超，仿制出标型器已不是很难。过去二十年前凭“目测法”是没多大问题，而近二十年来再靠“目测法”就不那么可靠了。但是“目测法”还是永远不可少的，虽然在断真假上存在困难，但断代和区分民、官窑品级以及研究艺术水平和历史文化内涵还是由人目测为准。所以我在“四合一”方法中还是保留了“目测法”。

光谱分析是运用现代的科学仪器来分析，表达的数字信息非常精确。虽然它反映物体的成分和比例是不会错的，可它必须先做好标型样本。这个标本还是先由人来定性，确定某件是真的，再用指定的仪器测出它标准的光谱（色谱）来做标本，然后将被鉴定物拿来测，看看与这标本相同与否。这样就得有千千万万个不同时代、不同窑口、不同地方、不同釉水和胎质的器件来做标本。这一巨大的标本工程谁能完成得了？哪个部门有这个实力，具备这个条件？所以这是做不到的。被测物找不到对照的标本不能说它是假的，只能说明你标本不全。再说各不同窑口制作相同的实物也不可能有完全相同的原料和水质，种种环境和原料造成的差异是没法预见的。可光谱分析主要看物质内微量元素和痕量元素的差别，这些差别大多不是主原料的配制造成，而是与环境和水源有很大关系，所以光谱分析使用太困难了，也很难保证它的准确性。同时它在作标本或测实物时都要取样，这是“破坏性”测试，人们很难接受。

标型学最大的一个问题就是让人担心选错标本，因为在测定标本之前是完全由人为的、靠主观意识来决定标本。如应用目测法的人有的标准的印象产生于图录，可编入图录的图片可能是未经鉴定就编进了书中，所以书中的图片不能保证全是真的。有人强调博物馆里的才可做标本，可博物馆中也存有不标准的器物。如台北故宫博物院的汝瓷，在前两年的国际汝窑研展会上就发现有两件汝瓷不是宋汝，而是“清仿”。乾隆时官藏珍品中大多由皇帝喜好就作为真品入藏，可皇帝也只凭个人兴趣而定论，谁敢说不？所以即便清宫收藏的东西也难说它件件都对。如果选定标本时选错了，则标型学所测的结果就必然错误。当然用考古出土的实物做标本是更加可靠些，但若仅是窑址附近非墓葬出土的瓷片，也当好好分析。如曾有人在旧窑址挖出许多不同朝代的瓷片，可能相差几百年，不能全认定为一个朝代的。用这些瓷片做标本更易失误。

热释光法、碳14衰变法和“四合一”方法是属于自然规律法则之类。

热释光法是测器物在自然环境下接受太空中伽玛射线的积累量有多少。在自然环境下任何物体均受到一种看不见的外来伽玛射线的影响，时间越久远留存的伽玛线能量越多。这是一种自然规律，所以测出它内部积蓄的伽玛射线有多少“伦琴”，就可以知道这个器物存在了多少年，可以不分成分与窑口及地域地断代，看起来简单多了。但它有个致命缺点，即现今环境下存在的人为伽玛射线干扰太多。如X光的人工照射就可以让器物积蓄大量伽玛射线，这个“假”可以人为地做到。即便不是有意造假，只要器物上火车或上飞机之前通过安全“洞”检查一次，它体内增加的伽玛射线量可相当于300年的积蓄。所以这种测伽玛射线的热释光法完全不可用于在社会流动的实物，而只能对在大自然中远离现代生活环境的原野上的实物才有效，可这类情况太少了。遗憾的是目前国内外大多数人在应用它，尤其外国许多拍卖行靠这一方法把关，还自认很有把握，实际上却非常靠不住。

自然规律法则的原理还有碳14衰变法和容重法。这两种方法也是测量自然规律变化对器物造成的影响，它不由人的作用产生影响，也不需先由人去给被测物定位。它不是定了位后再来测是否对，它可以先测，测出了数据再看对不对，所以这是科学和客观的自然规律。

但是碳14衰变法只能测有机物（即含碳元素的生命物质），对无机物（矿物）不适用。它的具体原理有很多人没太具体关注，都跟着说碳14方法鉴瓷最好，然而实际上却也是不行的。因为碳是属于有机元素，存在于生命体中。活着的生命体内碳元素不断地吸收和不断地分解、化合、排泄，保持一个平衡状态。只有当生命体死亡之后才开始不吸收、不平衡而只衰变，所以生命死后的体内还存有多少碳14，衰变了多少碳14？通过这项测试可以大约知道这个生命体死去了多少年。这种方法适合于鉴定古尸和古动物的骨骼，还有草木之类的生物物质，如木器、纸张、织品、龟板、象牙等，可对青铜和瓷器是不能用的。有人说用碳14衰变法来鉴瓷，这话是不妥的。

容重测定法也是自然规律法则的一种。物体只要在社会上存在就要受环境影响，除非刚制造的新器物马上就长期在海底或深土中储藏，这些情况可能性很小，即使有也很个别。除此之外，所有物体都会受到“热胀冷缩”的影响。每一种物质或物体都会因它的环境温度、湿度变化而变化，这一规律是长久的，很难避免。多次的缩胀循环会使器物变得疏松，体积增加，而重量不变。这就改变了器物的体积，使容重变小，年代越长久容重越小，这就是自然规律。它不需要标本，也不要先定位和人为的指定，只要对实物的容重变化进行测定，便可知他是久远的还是现代的。在现实环境中随时都可以测，老器物的容重就小，新器物的就大，这就是规律。

有人说这种测定方法是私人的成果，不可信，要公家的、博物馆的才可信。其实，可信与不可信自己可去试一试。

要知道这种方法只认物不认人，不论谁的拿来一测便知道大概是哪个朝代的。这种方法的好处是不必争论，自己去试试，任何人来测均可以。你认为最可信的东西和现代新的东西都可测测看，不应只听别人说什么，数字的回答是公正的，也是让人信服的。

这种方法的另一好处就是容易做到，又快又准，人人可行，既方便又经济，用事实说话，这就是科学的态度。

“四合一”方法中的微观法也是用它本身客观存在的现象说话。微观下能直接看到器物内在的变化，如开片、吃土、釉色的本来面貌等。这些不能由人去先定标准，而是用事实在说话。

所以在“四合一”方法中所取用的是可行、可信的客观方法。且两类方法均取用合理的一面，同时排除不可用的一面，这不是两全其美吗?

易惟谦

目　录

第一章 目测法

一、概论

几百年来人们鉴定古陶瓷一直沿用目测法，也叫传统鉴定方法，或叫标型学。由于科学水平的原因和条件器材所限也只能这样。在这几百年的历史长河中目测法对鉴定古陶瓷确实起到了决定性的作用。

可是到了近代，尤其是近二十年中，由于科学技术的发达，仿造者利用了高科技手段仿造的古瓷几乎可以乱真，让再有权威的专家、行家都会走眼，所以目测法面对许多高仿古瓷有些无能为力。换句话说，目测法有些失灵了，凭经验、凭印象已经不太适合了，但又不能全盘否定，它还有存在的价值。它独立使用是不当的，而结合多种方法还是可用的。

比如看病，过去中医只把脉，西医只拿听诊器，这都太单一，不能准确断病。而今天加上化验血、透视和B超，当然比单一把脉准确多了。

鉴定古瓷也与看病一样。除了目测法之外，再加上比色法（验血）、微观法（透视）和容重法（B超）不是更全面更准确吗？这就是“四合一鉴瓷法”在鉴定古瓷方面的优越性。其他三种方法是补充、完善鉴瓷的手段，让鉴瓷水平大大提高一个平台。这不更好吗？何必不用？何必不认可？更何必要反对之？“四合一鉴瓷法”还包含了目测法，反对“四合一鉴瓷法”的人难道也否定了目测法吗？

目测法是鉴定的第一步和初始阶段，所以我把目测法放在第一章来谈。

二、工具

一般只用简单的2-5倍放大镜和一只手电。人们很少用其他工具，甚至有人连放大镜都不用，只凭目测。

图（1–1） 放大镜

三、看包浆

看包浆很重要，什么叫包浆？包浆即器物表面层的陈旧形态，一看就不像新的，没有明亮的“火光”，也不鲜光，甚至有开裂、磨损、污染等外貌。有这样特征的瓷器就叫有包浆，一看便认可、便明白，行内俗称“开门”。

可是包浆可以人工做出来：用油污去染、打磨做旧、埋入土中或泥浆水煮都可做旧。所以有包浆的器物不能保证就是老货，反过来没包浆很新的器物由于特殊的保存条件也不一定就是新的。

在民国时期最老的权威行家孙会元就出过不该发生的走眼事。一件宫中库藏品由景德镇出窑后直运北京，因为是皇帝用的东西，还没开包就入了库。八国联军攻打北平时这批库藏品流失出来了。后来转到市场上让孙会元老先生掌眼，他一看太新了当场枪毙，后来才知道它是一件库货。这是一件知者甚多的真实故事，也说明库货和窖藏品等不见天日、不见空气、也没人摸过的东西当然还是新的。仅凭一点来判定新老是靠不住的。

四、看器型

器物都有不同的形态，各朝各代也有不同的特点，有相同的也有不相同的。看器型可以帮助断代，这也是目测法的一个方面。如宋朝的梅瓶修长体细，壶体多用瓜棱形，流长嘴细，带状柄，但也有短流壶。瓷枕多为唐宋时有，盖盒也流

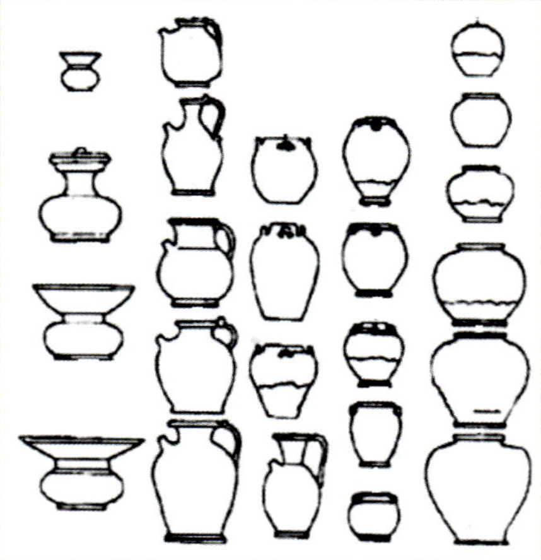

图（1–2）

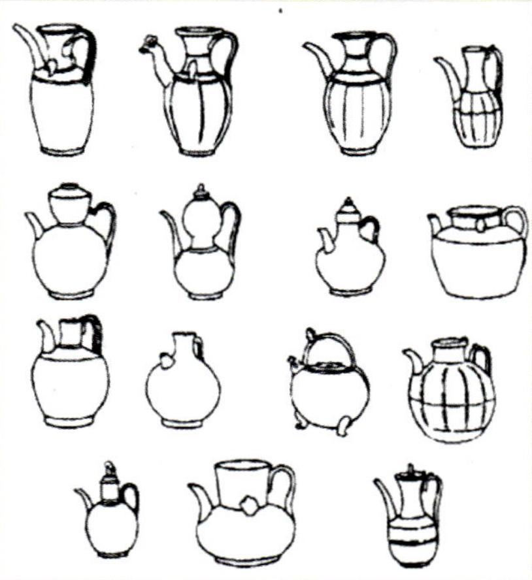

图（1–3）

行于宋朝。而宋朝的碗足圈特别矮，唐朝许多器物无足均系平底。斗笠碗在明朝多，到了清朝碗体流畅皆为唇口边，而永乐的碗足圈特小且有“鸡心”底。辽金时代皮囊壶特流行。元朝因生活习惯使用高足器物和大型器物为主（也因出口需要）。有一种无柄的壶叫军持，各朝都有，唐朝的流特短北宋的也不长。南宋的直而长，明清的又变得像奶头一样的半球形。

虽然各时期有它的时代特点，但我们所见的都只是部分实物，没见过的东西还是多数。也就是说见过的东西我们认得，没见过的就没法认了。你能认定一个没见过的器物必是仿的？凭什么来仿？反过来对于大家都见过的器型，制假者也自然见过，也都能仿得出来。在这种情况下形态对的不一定是真的，形态未见过的也不一定就是仿的。所以拿形态来断真假没有把握，动不动说形态不对或说不伦不类，这样的评价未必就对。

看器型只有参考价值，没有多大意义。

五、看纹饰

器物上除单色彩外一般都绘有花纹,花纹也有时代特点。

龙纹

一般官窑器才有龙纹，龙的形态各朝代不同：汉朝龙体粗颈细，像狗的形态；唐朝龙头大，身粗，足有三爪；五代龙细长，尾秃，也是三爪；宋朝龙体长，满身鱼鳞纹，脚短马蹄爪，脚上毛长，唇长而尖，形态凶猛，气势冲天，

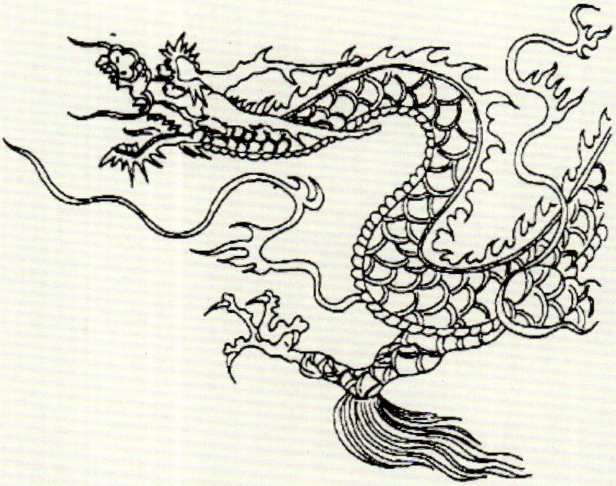

图（1–4） 元朝画龙的特点

图（1–5） 明朝画龙的的特点

图（1–6） 清朝画龙的特点

有四爪和五爪；元代龙则身躯弯曲，体长身粗，有鱼鳞纹或网状纹，头上毛少有角；明朝清朝则团龙正面画的多，明代的长，清代的短，各有特点。但是它都是人画的，要造假照它画并不太难。只能说是真货必须符合它的特征，符合它的特征不一定是真货。

花草纹

花草纹可以随便画，有画得少的，有画得多的，虽然也有朝代的特点，但这些规律很难是唯一的。花草纹的种类更多，谁规定多少种？什么花可画，什么不可画？

有人说元青花的特点是繁密，一般七八个层。但这位专家又说："也有三五层的，还有反其道而行之只画一两层。"一两层是，三五层也是，七八层还是。多少层是它的特点？

所以说这些特点也就不是特点了。要造假谁还画不出来？

六、看器底

器底很重要。首先由底款看它是官窑还是民窑。一般各个朝代都由一个专人写款，其字体是统一的。学会识别书法字风就很好识别底款。只有乾隆的款有几个人写，字体不一，好坏难分。所以要慎重一些。

图（1–7） 火石红、火焰红的区别

底部还可看火石红。火石红是由胎内含有的铁元素造成，只出现在元明时代。到了清朝由于胎泥淘洗干净，杂质很少，就不存在火石红。火石红与火焰红、涂抹红皆不同。火石红是点状和线状的浅黄红色斑，火焰红是大片黑红色，涂抹红是红色泥浆刷上去的，后两种红色不是胎内产生的，由外在因素造成，很好区分。但不少人以为见红便是火石红，以为凡有红便是真货，这都是错的。宋、清两朝不必考虑火石红，元明时的火石红有参考作用，但是没有火石红的东西不一定是假的。再说火石红可以二次人工做出来。

七、看胎质

胎泥有粗细之分，也有颜色深浅之别，不同年代所用胎泥不同。胎泥是由矿床决定的，这一点很重要。造假者不可能为了生产几件仿品去专门开个矿，再说发现一个矿也不是想发现就能发现的，即便发现了也不一定就有所需的胎泥类型。所以看胎质很有作用。

一般人没太注意，有人造假在胎上加了假色，让人看不到真面目。宋汝窑最大一个特点就是胎是香灰色的，至今没人找到香灰胎的矿土。有人用青砖的沙土作假，看一下便知不对，汝瓷若不是香灰胎则不是宋汝，后仿汝瓷均没有香灰胎。可是汝瓷全部上釉，只能从支钉孔内看，于是有人染上土色让你看不到。如果是白胎可从釉不厚的边口上发现白色，如果是香灰胎则显不出什么。

官、哥瓷是深色胎，有黑色的、有酱色的。宋官、宋哥的胎不可能有白胎，

图（1–8） 汝瓷香灰色胎和白瓷胎

图（1–9） 元代瓷胎的色泛黄

只有明清仿品才是用白胎。他们为了更像，故在底圈和口边加一层酱色釉来当紫口铁足。显然这是官家仿品。

元瓷的胎也不同。一般粗松发黄，与白胎不同，而且底部修刀很粗，瓷化度很高但颗粒大。

唐代和辽金的东西都是一般黏土胎，没有瓷的特点。

八、看款识

瓷底大多有款识，也有写在其他地方。款识有三种主要区别：一为朝廷用瓷，一为官府用瓷，一为民间用瓷。朝廷用瓷多用帝王年号或堂名款，民间用瓷则用记号、树叶、图纹或什么也不用。宋以前有官字款、菜字款、奉华款等。元朝有枢府款。明清以后都是“大明某某年制 ”和“某某年制”、“大清某某年制”和“某某年制”。康熙时还有双圈款，也是官窑的款，但有不少仿品都模仿前朝的款来乱真。真款一般写得工整，多为一个专人写；仿品各仿各的，写得很不规则。青花器用青料写在釉下，素彩或五彩、粉彩均用单色料写款，高档器用金料写款。

从款识可区别瓷器的档次，但仿品可以自由写款。所以有款与无款不能决定真假。（款识详图见第二章相关章节）

九、修刀工艺

瓷的真假和档次与修刀工艺有关。宫廷用瓷都能精工细琢，一般在底部足边修出一条很细的边，整整齐齐。这一刀下去很难修好，而且在大多数情况下达不到如此精细的效果。只有宋官、汝窑和清康雍两代特别讲究。

成化和雍正的脱胎瓷在修胎上要求更高，修得如纸一样薄，仅一毫米左右，实在太难。真可形容为：做一千个难成一个，成一千个难烧好一个，烧好一千个难保存一个。这就是脱胎瓷的难度。工艺好的东西虽仿也是好的。当然一般仿品工艺上不会下工夫。但脱胎瓷也有假的，是注浆法用模子做的，在它上面找不到修刀痕迹。

图（1–10） 康雍瓷器的底边修刀工艺

十、施釉方法

陶瓷在施釉工艺中有多种不同的方法，有刷釉法、浸釉法、洒釉法、喷釉法，同时又分水釉法、粉末釉法、盐釉法和热熔釉法。元明清时期多为水溶釉法，宋唐时多为热熔釉法。水溶釉多为刷或浸釉之后再高温烧成，而热熔釉法则先烧好素胎之后再熔化岩浆（釉料熔化），将素胎浸入或往胎上浇釉。显然这两种工艺完全不同。

图（1–11） 唐三彩流釉现象

图（1–12） 钧瓷的下部流釉

汝瓷是在热釉岩浆中浸入而成，钧瓷和唐三彩则是用热釉浇在素胎上，元明清瓷是在烧好的素胎上刷水釉或绘花纹再刷青白釉后再烧。由于工艺不同其成品结果也不同。唐三彩是一层釉堆上一层，有层次和立体感；钧瓷也是热釉浇上去后，再慢慢地往下流，所以流到下面凝固了，形成一团团半球形的釉堆（滴）；而明清的水刷釉则不见流釉现象，光滑而均匀。现代仿三彩马用水溶釉，所以它釉面不流也不堆积成多个层次，而是平面光滑的。仿钧瓷也不流釉，也很干净。

青花下沉是真货的特点，而现代青花绝不下沉。为什么？因为工艺不同施釉方法有别，先不说明，好让造假者一时仿不了。

十一、看釉面特征

除了宋瓷及高古瓷外，人们对明清瓷很注重釉面的表现。如橘皮纹和棕眼，有人常把橘皮纹当作成化和雍正时的特点，且认为有橘皮纹是一种美。

什么是橘皮纹？橘皮纹是在器底的平面上出现的一种波浪形纹。这是自然形成的，非人工所为，而且只发生在平面的地方,要迎光才能看到。为什么会出现橘皮纹？它与施釉有关。只要在喷水釉时多喷些，使釉水变浓，当釉料在窑中加温时熔化，在火的热浪冲击下自然就形成了波浪纹，当窑温下降后形成的波浪也固化了。这种情况是因施釉不均造成的，与窑口无关。

棕眼的出现也与施釉有关。若釉水稀少则釉层很薄，当加热时釉下产生气泡，气泡大的就冲破釉层而出现一个个小坑，这个坑就成了棕眼。

橘皮纹和棕眼都只是物理现象，都可以故意做出来，所以橘皮纹和棕眼都没有鉴定价值。橘皮纹有点“好看”，可正常情况下看不到，而棕眼并不美，看不看它没有什么用处。

只有看釉色是关键。成化的紫色只有成化才有，成化的红色鲜红，雍乾时绿色鲜嫩，万历时的红深紫等都各有特点。这些问题留在比色法一章讨论。

十二、小结

目测法可以从许多方面去观察，就各人水平不同，看的角度和深浅也不同。经验多的人简单一看便可，一个生手看了很长时间也不一定看好。

下面把要点说一下：

1. 首先看包浆。从包浆方面最容易有定论，库货和窖藏货不常见，属于个例，人工做旧有迹可寻还是好发现的。所以从包浆开始不易走眼，包浆看对了，十有八九是可行的。

2. 看器底。器底可看有没有款，款的真假好辨别。还可看修刀工艺和胎质，胎泥对断代特点最准。

3. 看釉色。熟悉了各朝代釉料的特点，一眼便知是不是仿的。仿品色料均达不到当时的色标。如青花、绿色、红色、黄色，后仿品均达不到，色差相当大。当然仅用目测法的人可能还不知道什么叫色标，他们只能从感觉来说对味不对味，很容易在这方面失误。

这三个方面是重要的，其他方面都过了关则更好。总之没有疑点为好，若有疑点就得用别的方法来证实。

目测法只能初步判断，不可轻下断言。要保证准确可靠还是要全面衡量，这时候只有“四合一”鉴瓷法是最方便可靠的了。

十三、常用专业术语及名词

1. 棕眼：釉面气泡在窑中熔融爆破后，未曾弥合而自然形成的小孔。

2. 斑点：釉中含有杂质经高温或氧化出现在釉面的黑色和其他色的点状物。

3. 口磕：器物口边胎釉受到冲击而破裂或缺损的伤痕。

4. 崩口：器件因碰撞而造成口边崩缺。

5. 重皮：器物口部因受重创所出现断面隐患，但外观尚完整，釉面与胎有一碰即裂的可能。

6. 毛口：器物口边的釉面间断脱缺。

7. 毛边：器物口边的胎釉因伤全部脱落。

8. 磨口：器物口边有伤后被人工切割或打磨。

9. 轧口：器口和颈部已损伤，为求其美观、完整，将损伤部分截去后口部则露胎无釉，又称截口或“剃头”。

10. 冲口：器物被碰伤产生的裂纹，有的不易看出，也有外冲里不冲的现象。

11. 磕伤：器身的某一部位被其他物体碰撞而磕坏。

12. 金属镶边：瓷器口边有所缺陷（如口磕，毛边等）用金属材料（金、银、铜、锡等）包镶遮盖。

图（1–13） 清青花大碗缩釉局部图

13. 残耳：器件原饰耳部分局部或全部受损。

14. 缺碴：器物损坏后缺失碎片。

15. 缩釉：因胎面有油污，所施釉浆未能全部附着而出现的露胎现象。

16. 漏釉：器物施釉时，局部遗漏而未施上釉。

17. 磨釉：釉面与其他物体摩擦，致使局部损伤，又叫伤釉。

18. 釉泡：釉面在烧制时出现的气泡。

19. 酱口：明末清初的器物口沿上往往施一种酱黄釉。

20. 片法纹：釉面上有长短不一、大小不等、互相交错的细裂纹片。

21. 开片：即釉面有裂纹。有人工开片和自然开片之分，一般年代久远的均可开片，也有仿品做旧而人工开片的。

22. 冷璺：不应出现片纹的器物在釉面上出现一两条纹路，胎体已透或未透。

23. 软道：釉面久经摩擦出现细丝纹。

24. 划伤：釉面或彩绘被硬物划过所留下伤痕。

25. 后挂彩：将唐、宋、元、明、清各代中的素白胎或青花器后挂各种彩段，以混充旧彩器。

26. 失亮：长期使用或经久磨损的器物失去光亮。这是正常的情况。

27. 水碱：器物长期在土中受碱性物浸泡或人工用碱做旧的，均出现釉面失亮或有白色膜层盖在釉上。

28. 剥釉：胎釉结合不紧，釉层脱落。

29. 脱釉：釉面受腐蚀后剥落下来。

30. 崩釉：碰伤或侵蚀而脱下釉块。

31. 水锈：长期土埋或水浸，釉面上出现灰、黄、铁红或绿色的化学物质。

32. 土锈：器物长埋土中出现的土疤。

33. 土蚀：釉面、彩绘或胎体被土壤所腐蚀，使器物表面局部失亮。

34. 土咬：即吃土，器物埋土中时间久远被土沁入，在釉下或裂纹中有土斑。

35. 伤彩：色彩的表面、局部或全部，被磨划致伤。

36. 鸡爪纹：又叫炸纹，出现在肩、颈部因撞击后或烧制过程中出现的放射状裂纹。

37. 炸肚：器件的腹部因烧制时受热不匀，或烧成后被撞击而形成的裂纹。

38. 炸底：底部因击伤出现的裂纹。

39. 窑裂：窑内火力不匀，胎体受热不均而出现的裂纹。

图（1–14） 汝瓷碗在泥水中八百余年浸泡已染成了黄色

40. 窑粘：器物在窑中被匣钵或其他物粘牢留下的痕迹。

41. 磨底：足底内原有釉，人为磨去或加上年款的。

42. 磨款：故意磨去青花、红彩等款，冒充其他年代。明、清官窑或新器都有作伪。

43. 粘沙：窑灰遗落到釉面上或器底因垫烧黏结有沙粒，多见于器足。

44. 沙底：底部未上釉或粗糙的均叫沙底。

45. 米糊底：露胎无釉的底足，有较多的黄褐色或黑褐色斑点。

46. 猪油白：器物的底足像涂了猪油似的泛白，抚之有光滑如玉的感觉。

47. 刮底：不施釉的毛底，在修胎时用竹片等工具刮削而成。

48. 鸡心：器物底足圈小，修刀时出现一个凸出的尖形底叫鸡心，并非有意而做。

49. 旋纹：以旋转方式刮制器底、器足而形成的同心圆纹。

图（1–15） 永乐的器底很小修胎时便出现凸出的部位图

50. 跳刀纹：用刀或其他工具以放射状刮制器底、器足而形成的跳刀痕。

51. 开门：这是一句行话，即开门见山之意。表示一看便明白不必多看。

52. 荞麦地：说明釉面不洁净，有灰尘、斑点、杂质粘在釉里且很牢。

53. 火石红：由于胎中有铁杂质而产生的点状或线状红黄色。

54. 复烧：两次入窑烧烤。

55. 补釉：在器口磕缺部分或磨口处，敷以釉汁，入火烧之。

56. 补缺：器物破碎后缺少的部分，用石膏、铜、铝、铁、木、金漆、水泥乃至油漆和沥青补上。

57. 配盖：用朝代不同器物的盖相配。

58. 镶嘴流：壶流已消失，用其他壶嘴镶补。

59. 漆彩画：器物破碎或有窑裂、炸纹，以彩漆绘纹饰将纹路遮盖。

60. 配腿：香炉、马、兽等的腿或足已残伤不全，而进行补配。

61. 后刻阴款：在器物上用钻石工具刻款，不施釉；或刻后施釉入窑烘烧。后刻的字口，釉的切面有些不齐。原刻的字口，釉边有坡度并且光滑。

62. 后作阳文款：在器物底部，后刻阳文款字而填以釉，或用釉堆写款识，多不够清晰。

63. 新胎后挂：新胎剥去釉面后，作加彩釉地五彩的装饰。

64. 烟熏：用香烟熏做旧，嗅之有味。

65. 茶水煮：仿古做旧，常以土茶水煮，使器面上有红褐的茶锈痕。

66. 假出土：仿古各类器物，有意长期埋入地下，以期整新如旧；低温铅釉和五彩、粉彩、三彩等器，尤其易于氧化或腐蚀。有的还涂以红、黄土疤，但一触即掉。

67. 生坑：长期埋在土中刚出土的叫生坑货。

68. 熟坑：出土已久的传世品叫熟坑货。

69. 捡漏：在市场上以很便宜的价格买到值钱的真货。

70. 走眼：对器物鉴定失误。有把假看为真，也有把真看为假，都叫走眼。

71. 掌眼：受人之托，为他人鉴定古董的真伪和艺术价值的高低。

十四、各朝相关主要窑口

唐朝以前是制陶，唐至宋才是陶到瓷的过渡时期，真正产瓷应属宋朝。但唐三彩还应归纳在瓷的范围内，所以介绍窑口还是从唐开始。

1.唐朝主要瓷窑

河北邢窑在历史上很有地位，以白釉为主，有邢窑白如雪的美称。据估计其窑址可能在内丘，邢窑同时也有黑瓷。

巩窑也是河南一大名窑，烧制白瓷同时也烧过三彩陶。巩窑址在小黄冶村一带。

浑源窑在山西，也烧过白瓷和黑瓷。

铜川窑在陕西铜川市，都是以白黑两种釉色为主。

最有名气的大窑是浙江的越窑。越窑历史悠久，可以追溯到汉晋时代，其产品也很有名。曾有人形容为："九秋风露越窑开，夺得千峰翠色来"，到后来越窑一直未衰。

长沙窑（今铜官乡）也是唐朝一大名窑，不过此窑一直烧的是陶器。

其他还有寿州窑和四川邛窑。

2.五代主要瓷窑

河北曲阳窑。此窑以黄绿釉和白釉为主，为定窑前身，从宋到元即为定窑。

五代时还有密县窑、越窑和景德镇窑。

3.宋金时期的瓷窑

宋金时期陶瓷业发到一个高峰时期，这时的窑口特别多。如五大名窑都有大量名瓷占领市场，同时也被朝廷看好作为贡品，"官瓷"的概念从此就登上历史舞台。这时瓷窑有：

柴窑。柴窑名列各窑首位，但至今未找到它的遗址。

汝窑始于北宋，在政和年间供宫廷用瓷，所以仅次于柴窑。至今人们还是用特殊的眼光来看待汝瓷。

钧窑也是一大窑，钧瓷以色美见长，过去人们对钧瓷也十分看重。由于钧窑炉火未息，长期在生产，其重要程度略有下滑。近几年它的地位又有回升。

官窑创建于南宋。官瓷特美，工艺上十分讲究，完全由朝廷控制。此窑是皇家专门建的，先设在修内司，后改在郊坛下。它同时造哥瓷也造汝瓷，所以南宋汝瓷比北宋时多。其号称五大名窑实则为四大名窑。（这是作者的论断）

定窑一直在河北定县。定瓷以黑白为主，也有紫、绿等色。

耀州窑是一大窑系，在河南、河北、山西和陕西一带都有烧制青瓷，大多为民间用瓷。

磁州窑、登封窑、建窑、介休窑都为北宋时的窑口。

到了南宋又增加了景德镇、龙泉、吉州、越窑等名窑。

4.元明清时期的瓷窑

元明清三朝其制窑业都集中到景德镇，同时还有湖田窑和越窑。至于广东、湖南、四川和福建的小窑只为民间生产。

十五、历代款识

1.隋唐五代的款识

此时款识不常见，也不流行书釉上款。一般刻画款有“官”和“新官”。只有少数作墓志铭故在器物上书写“某某地某某夫人等”的款。

2.宋朝的款识

宋瓷的款也很少见，但比唐的多了些，除了“官”和“新官”之外还有“菜”、“奉华”、“会稽”、“易定”、“省符”、“聚秀”等。在官、哥瓷上有刻“甲”、“乙”、“丙”、“丁”的，钧瓷上刻“一”、“二”、“三”、“四”等。最近发现南宋官窑有印章阳纹款为“修内司窑”、“郊坛下窑”、“永清窑记”和“皇宋元年正月十六临安府督造”的大型方章款，这一发

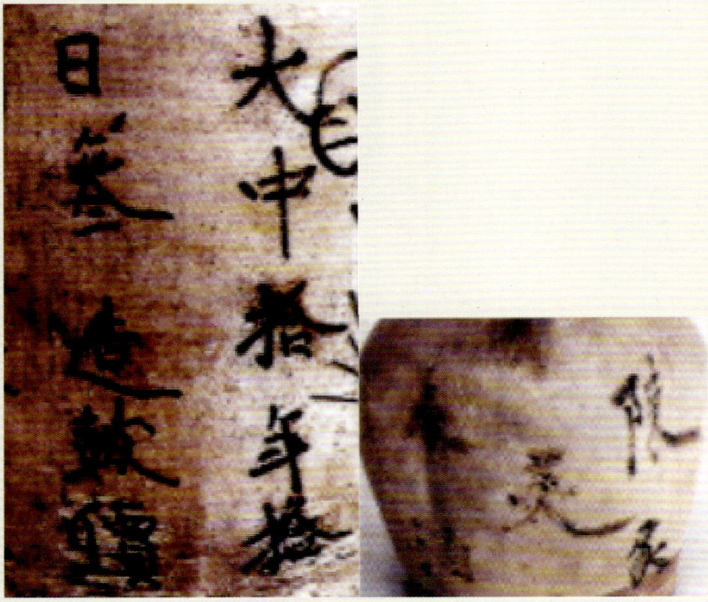

图（1–16） 最早的款识图

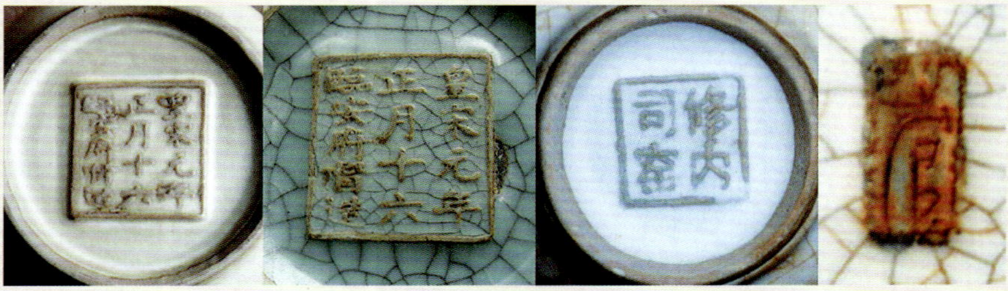

图（1–17） 宋朝的款识（其中南宋官窑款是最新发现）

现是宋瓷史上一个重大突破。除此之外还有“赵家造”、“张家造”、“王家造”和建瓷上的“供御”和“进盏”等。

3.辽金瓷器的款识

常见为刻款，有“官”、“段”、“李”、“刘”和“元”等。

4.元朝的款识

元朝开始制作青花和釉里红的釉下彩。此时的款开始由刻改为写款，但用款的不多，除了“枢府”款是印花款外，其他为书写款。常见的有“春寿”、“天下太平”、“张”、“天”、“明”、“利”、“寿”、“福”、“大吉”等。同时还见“大元国某某等”的长款，可能为假造。

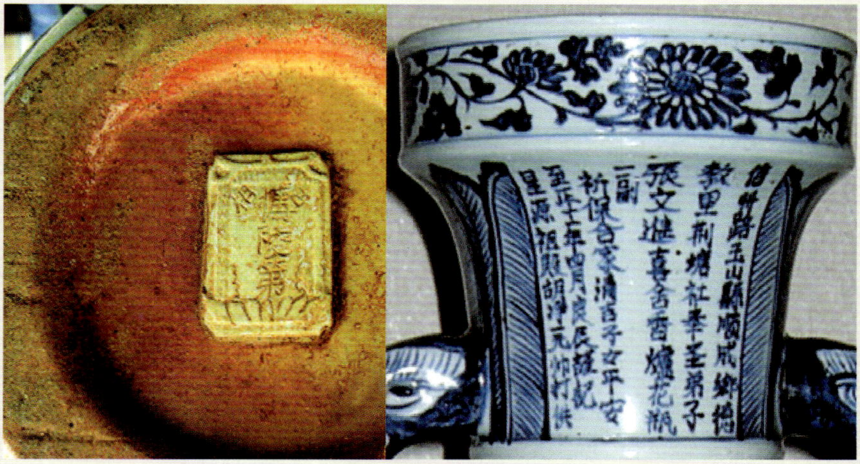

图（1–18） 元朝的款识

5.明朝的款识

明朝是造瓷业发展的又一个兴盛时期，御窑厂设置很多。凡御窑器都得写款，所以此时的款也特多，一般写年号款，大多写在底部。唯宣德的款到处都写。下面按名代分别列出少量款名。

洪武年很少有款，目前很少发现，一般写“洪武年造”或“大明洪武年制”款，但也有文字记载如某某姓氏的纪事款。

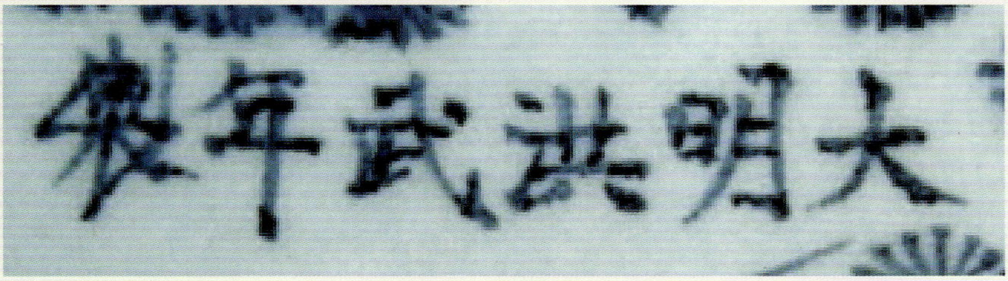

图（1–19） 洪武仅有所见的个别款

永乐年号款只一种为“永乐年制”，写在器心，用篆体写，圆圈加花边构成，也有印刻的。另外还有“内府”书写款和民间用“福”、“禄”、“寿”、“辰”作款。

宣德年款识很多，书写方式不一，位置也不同。其字和内容有：“大明宣德年制”和“宣德年制”，有单行和双行排列，有双

图（1–20） 永乐的款识

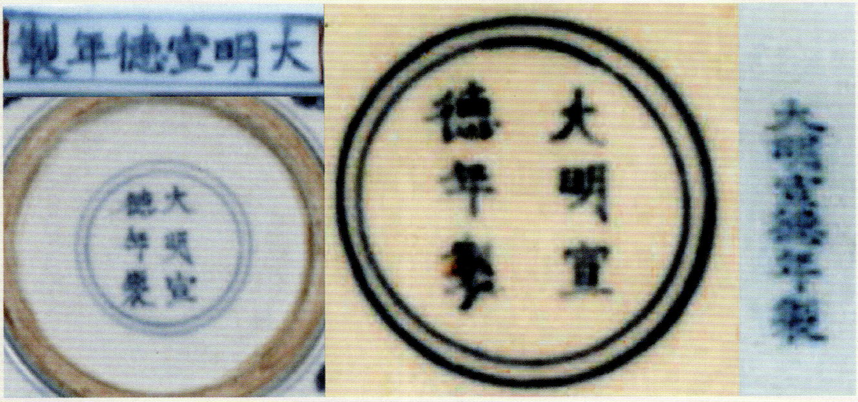

图（1–21） 宣德的款识

圈或长方形框，或无圈框的，个别不用“制”改用“造”。其特点是字体工整，“德”字的心字上少写一横。不过后期造假的款特多，在鉴定时要特别小心。吉语民间款有“福”、“禄”、“寿”等款。

正统年的款识。很少见到正规的年号宫廷用款。目前为止只见个别用“正统元年”和“正统八年”，但很难找到资料。

天顺年款也不多，所见的有“天顺元年”和“天顺年”，还有人名款“天顺七年大同马氏造”。

成化年的款较多，有“大明成化年制”、“成化年制”、“大明成化年造”、“成化年造”四种写法。有双框或双圈形式，还有无圈框的。它的写法有特点，即化字的“亻”与“匕”头上近似相平，成字的一点在横的下边。吉语款有“天”字和“福”字。

图（1–22） 成化的款识

弘治年的款有“弘治年制”和“大明弘治年制”。吉语款有“金玉满堂”、“玉堂金马”、“长命富贵”和“福”字。

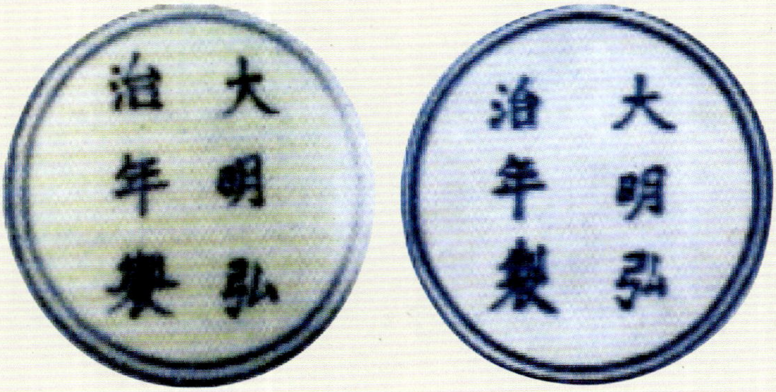

图（1–23） 弘治的款识

正德年款有“正德年制”、“正德年造”、“大明正德年制”和“大明年造”等。吉语款有“天下太平”、“长命富贵”和“福”、“寿”。一般年号款多为双圈所包围。

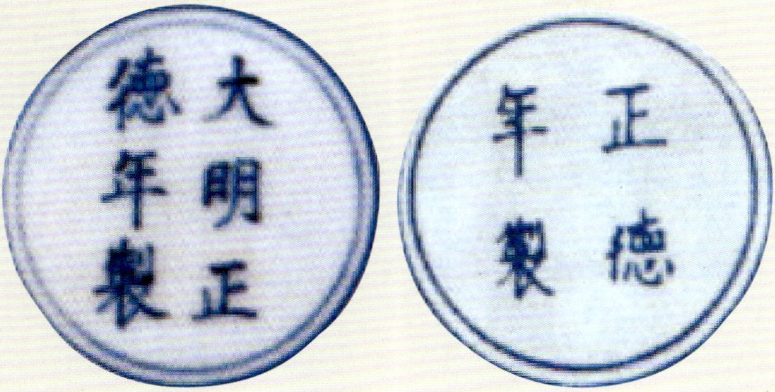

图（1–24） 正德的款识

嘉靖年的款识。这个时期款识又多起来，年号款有：“嘉靖年造”、“嘉靖年制”、“大明年造”、“大明嘉靖年制”。堂名款特多，有：“敦仁堂”、“茶房”、“滋树堂”、“朱府”、“松柏草堂”、“东书堂”、“长府”、“大茶房”和“晋府”等。

图（1–25） 嘉靖的款识

民间常用款有：“陈文显造”、“陈守贵造”、“程氏自造”、“李氏自造”、“吴氏自造”等。

吉语款有：“长春同庆”、“富贵长春”、“天下太平”、“长命富贵”等。

隆庆年款识有“大明隆庆年造”、“隆庆年制”和“隆庆年造”。堂名款有“秦府”、“黔府”、“内膳房”、“外膳房”、“某府佳器”、“青萝馆”和“桐溪冯宅”等。民间用款有：“程舍自造”、“某某制造”等。吉语款有：“万古长春”、“国泰民安”、“台阁佳器”、“福寿康宁”及“富贵佳器”。

图（1–26） 民间叶形款

图（1–27） 民间吉语款

万历年的款识。万历的款识也有官款、堂名款、民间款和吉语款。官窑款有“大明万历年制”、“万历年制”和“万历年造”。堂名款比较多，如：“德福造用”、“太和王府”、“纯思堂制”、“玄明堂制”、“芝兰堂”、“博物斋”、“沈府佳器”、“天府造用”等。民用款有“荆桂”、“少溪”、“沈氏”、“仙关吴震”、“青华仙子吴震”、“紫芝主人监制”、“李衙置用”等。吉语款有：“金玉满堂”、“德府长春”、“永葆长春”、“富贵长春”、“万福长春”、“福寿康宁”、“三元及第”等。

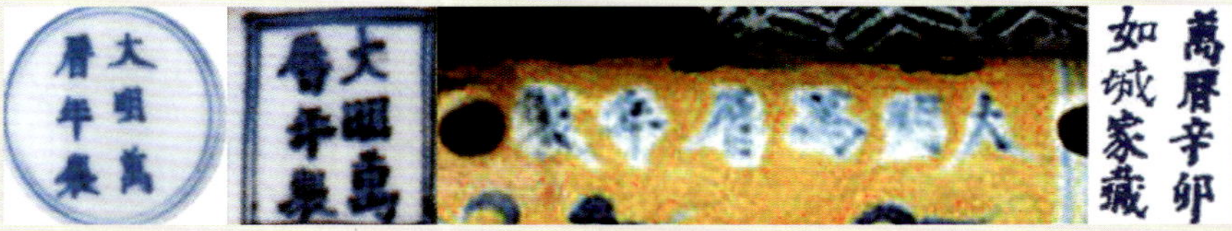

图（1–28） 万历的款识

天启年的款识。天启年瓷的品种和数量不多，款的书写很差。官款有“天启年制”、“大明天启年制”和“大明天启年造”，一般不加边框。堂名款有“白玉堂”、“于斯堂”、“竹石居”、“芳好园”等。民间款有“王远选造”和“米石隐造”。吉语款有“天下太平”、“万古常青”、“同乐佳器”、“三元及第”、“状元及第”等。

图（1–29） 天启的款识

崇祯年的款识有“大明年制”、“大明年造”和“大明崇祯年制”。堂名款有“白玉斋”、“丛菊斋”、“博古斋”、“雨香斋”、“仿古斋”、“五竹斋”、“吾斋”等。

6. 清朝的款识

顺治年的款识。顺治是清朝第一代皇帝，在位时间不长，尚不重视瓷业。当时的款有“顺治年制”和“大清顺治年制”。堂名款有“百花斋”、“望仙楼”、“继善堂”、“西畴书院”等。

图（1–30） 顺治的款识

康熙年的款识。康熙在位六十年，前二十年有款，其“熙”是古熙字。中间一段时间禁止写款，于是便出现双圈无字的款（也属官窑），四十年后再启用年款，故将一个上部由两部分组成的熙字变成由三部分组成的熙字。但两种写法加双圈都应该是真款。

其款式有“康熙年制”、“康熙御制”、“大清康熙年制”和“大清年制”。除少数加框外大多不加框。康熙的字由一个人写，非常工整，只用正楷。

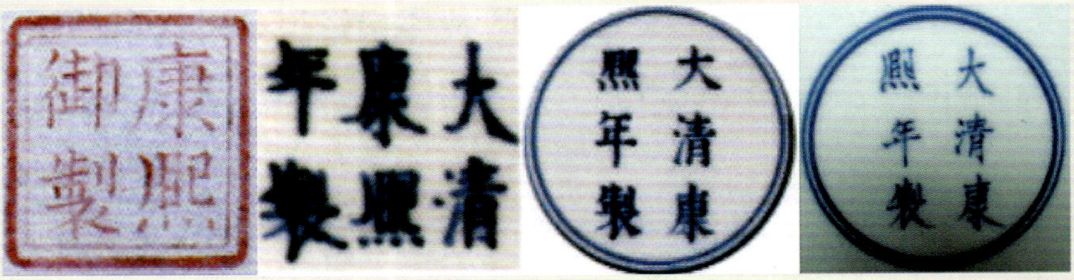

图（1–31） 康熙的官窑款

康熙的堂名款多，有皇室的，有官府的，都是上层人物用瓷。民间款和吉语款也不少，现分别列出：

堂名款：中和堂制、松柏堂制、玉海堂制、三元堂制、永兴堂制、聚玉堂制、聚云堂制、聚星堂制、荣锦堂制、春晕堂制、慎德堂制、嗣德堂制、珍玉堂制、世恩堂制、庆恩堂制、全庆堂制、衍庆堂制、世锦堂制、紫荆堂制、琳玉堂制、光裕堂制、惟善堂制、欢乐堂制、应孔堂制、德馨堂制、天宝堂制、天水堂制、怡玉堂制、集雅斋制、芝润堂制、售古斋制、笔花斋制、金兰斋制、芝兰斋制、天禄书斋、复香轩子清制、来雨堂博古制、慎德堂博古制、应德轩博古制、玉清堂松轩制、升祥轩玉清制、恒心美玉堂制、益友鼎玉堂制、聚顺美玉堂制、嘉善堂仿古制、听松堂仿古制、白云堂仿古制、慎德堂仿古制、天琛堂仿古制、全庆堂仿古制、玉兰斋选式制、调鹤间轩清赏、复香轩玉清制、常丰轩珍玩制、木石屋仿古制、景濂堂、松年堂、美玉堂、朗闰堂、尚志堂、春晕堂、秋辉堂、淡宁堂、敦仁堂、紫荆堂、晖吉堂、北庆堂、心逸

图（1–32） 康熙的其他款

堂、德星堂、仙鹤堂、彩玉堂、颍川堂、绍闻堂、德馨堂、台衡堂、绿荫堂、佩玉堂、画锦堂、居敬堂、昭玉堂、潭草堂、文山阁、松石斋、问心斋、拙存斋、乾惕斋、宿云斋、玉兰斋、杏林轩、应德轩、木石屋、玉石屋、水云屋、竹石屋、枢府、容斋、逸居、云居藏。

民间款：春玉主人珍藏、吴仲兴晓山主、禔子受眉公、信有玉珍制、商山仿古、蜂霞山人、善山仿古、渭水渔翁、东海鼎臣、中山人、松石制、雪庵、西园等。

吉语款：美玉子斯、在川知乐、文章山斗、昆山美玉、杏林春宴、万寿无疆、长生永乐、洪福齐天、如玉珍玩、禄在其中、怀谨、福寿、寿、天。

雍正年的款识。雍正的款十分讲究，由一个人写，楷书为主，少有篆体的印章款，一般是双圈框，也有方框。官窑用款为“雍正年制”、“雍正御制”和“大清雍正年制”。青花为釉下款，其他有用蓝料、红料或金粉写款。

雍正的堂名款也多，其中一部分为皇室中的堂名，有些也是官府的。凡这些堂名款的器物不少都是官窑的，不可小看了。包括：谦牧堂制、立本堂制、庆宜堂制、养和堂制、精雅堂制、燕喜堂制、安吉居清堂制、守易堂、园明堂、希苑堂、百露堂、敬恩堂、东园堂、敦复堂、精雅堂、世恩堂、裕慎堂、清云居、致远堂、太和斋、朗吟斋、椒声馆、亦庵。

吉语款有：华章珍日、千秋如意、寿山福海和天字款。

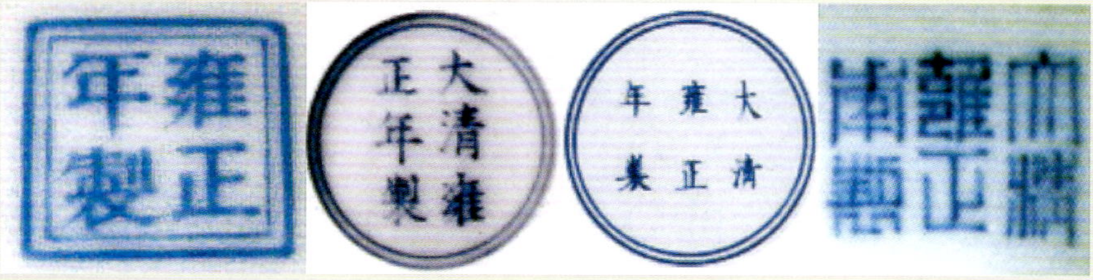

图（1-33） 雍正的款识

乾隆的年号款比较乱，其写款人也多次更换，字体也不一，后仿的也多，所以很难识别。年号款有：“乾隆年制”、“大清乾隆年制”。有楷书也有篆体，楷书多用四字款，多在五彩、粉彩器上，篆体款多用在青花上。印章四字款多为料款。真款写得规则，仿款写错的多而且极不工整。

堂名款有：恭寿堂制、旭华堂藏、和辉堂藏、嘉荫堂制、植本堂制、彩华堂制、凝和堂、彩润堂制、彩秀堂制、致远堂制、敬修堂制、敬畏堂制、惜阴堂制、荣瑞堂制、敦睦堂制、禄寿堂制、瑞德堂制、筑野堂制、思荣堂制、忠信堂制、裴孝堂制、斯干草堂、述德堂、述古堂、雅雨堂、诚信堂、明远堂、敬慎堂、椿阴堂等等。

民间款有：昊十九制、壶隐老人、壶隐道人、瑶华道人、唐英敬制、泉制、唐英、俊公、沈阳唐英、蜗寄唐英制等。

图（1–34） 乾隆的款识

嘉庆年的款识。嘉庆年款只有篆体款，很少楷书款，如“嘉庆年制”、“大清嘉庆年制”、“嘉庆元年”和“嘉庆己未年”。后两种极少见。

嘉庆堂名款：彩华堂制、种芝堂制、庆宜堂制、玉庆堂制、寿颐堂制、嘉阴堂制、一善堂制、润碧轩制、澄怀轩制、永茂源记、永源成记、志勤堂、植本堂。

民间款有：斋谷山人造、福海珍藏、俊公自制、完颜氏等。

图（1–35） 嘉庆的款识

道光年的款识。道光年款只见篆体不见楷书，六字三行和六字一排的，双线框或不用框均有。常见“道光年制”、“大清道光年制”。

道光堂名款：慎德堂制、珠林堂制、养和堂制、巨德堂制、厚植堂制、公勤堂制、乐古堂制、种芝堂制、存古堂制、庆宜堂制、皆山堂制、惜阴堂制、嘉阴堂制、行有恒堂、退思堂制、宝善斋制、德诚斋制、慎静斋制、思补过斋、坦斋珍藏、知不足斋、竹韵山房、云溪精舍、双照楼制、寿春楼制、冶春吟馆、丛香书屋、天香书屋、遗安书屋、瞿之室制、完颜宗祠、养性轩、十砚斋、古月轩、尘定轩、清顺轩、福海楼、百福楼、绛月楼、慧福寺、墨缘堂、斋。

民间款有：养园仿古、沈怡如制、健庵雅制、祝岭雅制、乐敬宇制、琴南手刹、王炳荣、李裕元、马衡和、赵之谦、熊氏壁成仿古、珠峰等。如古月轩和慎德堂均属官窑瓷精品。

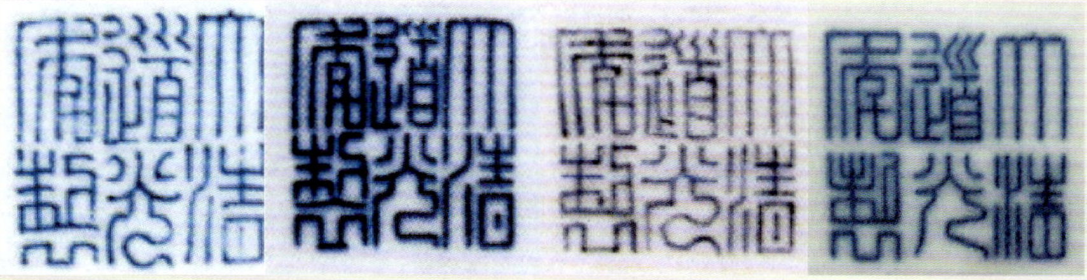

图（1–36） 道光的款识

咸丰年的款识。咸丰年款有“大清咸丰年制”的篆体款和楷书款。篆体款有边框，楷书款没有框。

咸丰堂名款：行有恒堂、退思堂、履和堂。

咸丰吉语款：山高水长、太平天国、千岁国安。

同治年的款识。同治年款有“大清同治年制”、“同治年制”，有篆体也有楷书，书写水平不佳。

同治堂名款：慎思堂制、涵德斋制、敬顺斋制、体和殿制、耕读山房、乐寿堂、务本堂、慎静斋、清慎轩、竹雪轩。

民间款：王炳荣作、李裕成。

吉语款：吉祥如意、燕喜同和。

图（1–37） 咸丰和同治年的款识

光绪年的款识。光绪的款有“光绪年制”、“大清光绪年制”，两种款皆为双行无框楷书，写得工整有力。

堂名款：储秀宫制、长春宫制、慎德堂制、甘泽堂制、恕斋清玩、嘉秦松轩、一善堂、大雅斋、退思斋、俭存斋、聚厚轩、玉海堂、堂制、愿闻吾之过斋等。

宣统年的款识。宣统的款有“大清宣统年制”，楷书。

堂名款：坤宁宫祭器、居仁堂、来鹤堂、继世堂、宜砉堂、前两处堂名实为宫中用器。到袁世凯时把居仁堂款作为宫廷用品。

除以上所见过款之外，可能有未发现的，但此部分资料参考足以。

图（1–38） 光绪的款识

7.一点说明

以上介绍的资料只是目前已被发现的，尚未发现的肯定还有。限于篇幅，图片也只是取了部分有代表性的款识，这部分的研究希望待其他研究者补充上去。

本章以上介绍的情况，无论造型、纹饰、写款等特点都是人为的。古人能做的今人也能做到，不要认为今不如昔。同时也不能认为上面没有出现的就不是古代的，没见过的太多了，此书不能包容一切，已出版的书也不能包容所有。读书有益但不能读死书和死读书，还要有点独立思考，这是我一贯的主张。

第二章 比色法

一、概论

瓷釉是由某些基本釉料组成。如二氧化硅和三氧化二铝是胎或釉的主要成分，然后再加入着色剂则产生颜色。如棕色是由有氧化锰产生的，褐色是由氧化镍产生的，蓝色由氧化钴，红色由氧化铁，绿色由铜或铬的化合物组成。但是各时期的配方由工匠自己掌握，其用量也并非严格控制，所以同一种配方也可出现不完全相同的结果。再加上窑温控制不当，更因此产生偏差。所以同一个颜色在不同时期和不同环境下其结果不同，这样就必然产生色差。

我们就利用这个缺陷来作为鉴别的手段。就说青花吧，元朝前期和后期的色差很大，永乐的青花深蓝泛黑，宣德青花正青，成化青花淡雅，万历青花艳丽中有紫色，而洪武的青花就走了样，简直不像青花，康熙青花美如蓝宝石，雍正青花多纯艳。如此等等，差别多大，怎么用一个“青”字能全都概括了?

既然都存在差别，各不相同，就利用这些不同来找出各个时期的特点来断代。但仅用文字淡青、深青、艳青这是没法具体区分的，只有用色差，用色谱上的色标来说明色差才可区分。这就是比色法的目的。

二、色差的原理

颜色的生成是由几种单色互相构成的，一般叫三色组合原理。由蓝、红、黄三色相互配合就可组成许许多多的彩色。如今还加入一个黑色，可实现四色组合。除此之外还可加金银组合，这个可用于美术工艺中。釉料色谱有四色即足够用了。

每个单色都可分成由淡到浓的十个区段，用数值表示即：10 20 30 40 50 60 70 80 90 100，分别对应这个单色的10％～100％的浓度。如果数值是0则表示单色为0％的浓度，即是白色；数值100则表示为单色的100％浓度，是单色最饱满的颜色状态。当然这些数值也可以有3、17、54、79等其他数值，但是在研究瓷器釉彩这个问题上，没有必要做这么多颜色等级的区分，太细致了一般人的肉眼将无法准确分辨。这样的每10％的色彩浓度从淡到浓的色彩，就成为进行颜色对比的一组色彩标准，简称色标。

比较实用的划分还可用数值5为一个阶段，则四个单色可单独组成40个色标或80个色标。再由两个色分别组成混合色，即红和黄组成100个色标，红和蓝组成100个色标，红和黑组成100个色标，蓝和黄组成100个色标，蓝和黑组成100个色标，黄和黑也组成100个色标，这就构成了640个色标了。然后由三色即蓝、红、黄组合成1000个色标，用四色组合成10000个色标，共计11640个色标。这么多的标准色是用不完的，这也就为比色法提供了技术条件。

三、比色用工具书

一般使用色谱，有不少这方面的书籍出版，如由四川美术出版社出版的《实用速查色谱》，还有一本叫《现代色典》由伊犁人民出版社出版。

图（2–1） 比色用工具书

四、比色表示方法

在色谱上习惯用印刷业的专业术语来表达，用C表示蓝色，用M表示红色，用Y表示黄色，用K表示黑色，也有用BL代表黑色的。

当用外文字母不太习惯时也可直接用蓝、红、黄、黑来表示。

如某红色表示为：C-30 M-70 Y-30 K-20。

图（2–2） 比色的色标

也可写成：蓝30 红70 黄30 黑20。

如某蓝色表示为：C-100 M-10 K-10。

也可写成:蓝100 红10 黑10。

如某黄色表示为:C-10 M-10 Y-100 K-10。

也可写成:蓝10 红10 黄100 黑10。

诸如此类操作。

五、注意事项

1. 要在自然光下操作，当光线不好时也可以使用日光型灯管的日光灯。

2. 有色盲的人不能看比色，容易看走眼。

3. 看色标时要将色标与器物接近相对比。

4. 对比时得出的色标数据可能不完全吻合，只要在相近的位置差别不太多是可以的。

5. 本书能提供的实物标准色标非常有限，请不要受限制。本书没有的标准也不一定不对，应全面考虑。

6. 比色法仅是诸多鉴定方法的其中一种，有些瓷器釉色缺少标本，本书目前还无法充实，即便缺少这一项也可以采用其他方法综合进行鉴定。

7. 一般书上印出的色彩可能存在色差，不可用书作标准色，还是以文字表达的为准。对照时可在一定范围内比较为宜。但专业的色谱书还是能够作为标准来使用的。

六、实测标本举例

1.高古瓷类：

唐白釉瓷

带状四系罐，罐高26cm，腹部贴有四朵宝相花，肩部四个带状系。单色釉，釉面有蛤蜊光，罐口短直，底平无足，胎色黄白。

其釉色标为：C-10 M-10 Y-40 K-10。

图（2–3） 唐白釉四系罐

唐钧瓷

唐钧是很少见的一种古代名瓷，只有在陶瓷史的文献中有提到，没有人见过实物。其实唐钧造型极好，釉色很美，是比宋钧还有身价的珍稀品。

它的釉色标准为：C-100 M-60 Y-30 K-10。

汝窑粉青釉

笔筒为文房四宝之一，此筒直径6cm，高14cm，通体无纹，为素色粉青釉，亦有细小支钉痕和香灰胎的特点。

其釉色受到土沁而色淡，色标为：C-20 M-0 Y-20 K-30。

图（2–4） 唐钧釉觚

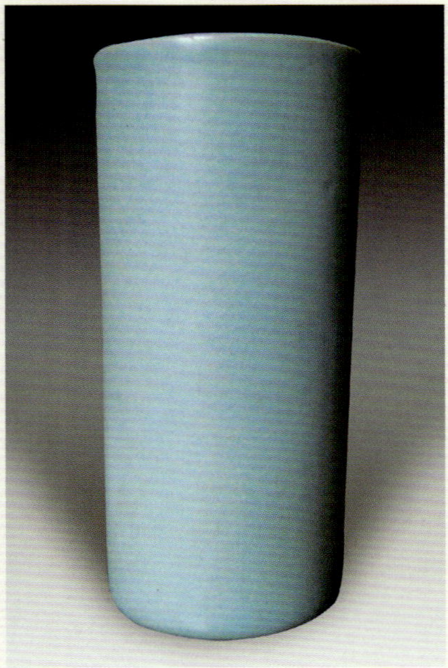

图（2–5） 汝瓷笔筒

图（2–6） 汝瓷荷叶边小碗

宋汝窑天蓝釉

这只荷叶边小碗是出土不很久的南宋汝瓷。其特点是小巧玲珑，釉色极美，胎薄为香灰色，有小如棕眼的支钉痕，是绝对可靠的真品。

其釉色标准为:C-40 M-0 Y-20 K-30。

汝瓷粉青釉

这种小炉也叫文房四物之一，即闻香用具，是用来烧檀香木的炉。炉体小，很流畅的造型，别有风味。这里介绍一下何谓文房四物，即闻香(炉)、品茶(壶)、看画和插花(瓶)。

此炉的釉色标准为：C-30 M-10 Y-20 K-20。

图（2–7） 汝瓷双耳小炉

汝瓷粉青釉

帽形洗也是文房用品，为洗笔着色等用。洗的造型多姿多彩，其形各有千秋。

这只洗的釉色标准为：C-20 M-0 Y-20 K-30。

图（2–8） 汝瓷帽形洗

官窑粉青釉

此炉亦为文房四物之一，袖珍精美，釉色柔和，通体开小片隐若可现叫蟹爪纹。这是宋官窑中的精品，它的釉色标准为：C-0 M-0 Y-30 K-30。

图（2–9） 官窑粉青釉双耳小炉

官窑粉青釉

此长颈瓶的特点与上述小炉相似，蟹爪纹和紫口铁足都很明显。长颈瓶口为小浅盘式，腹部为小球形，工艺极精良，小巧而别致。

它的釉色标准为：C-20 M-10 Y-30 K-30。

图（2–10） 官窑粉青釉长颈瓶

图（2–11） 元哥窑长颈瓶

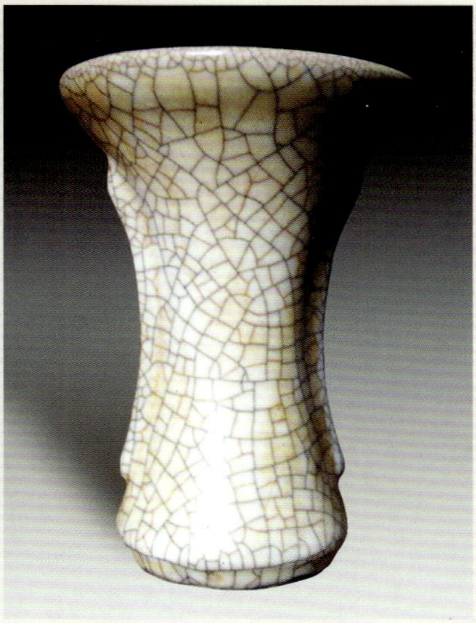

图（2–12） 哥窑炒米黄釉出戟尊

元官窑酱色釉

此长颈瓶开片线纹很粗，与宋官瓷不一样，但釉色特殊比较有特色，十分好看。

它的色标为：C-30 M-40 Y-80 K-30。

宋哥窑炒米黄釉

哥瓷是宋瓷中一大特色，人们很喜欢它，很难寻觅。它的特点是胎厚釉厚，金丝铁线，大开片为美。有时发现釉面有湿润出汗的感觉，其实并不出汗，只是釉面没光泽。

此出戟尊的色标为：C-20 M-30 Y-60 K-30。

哥窑炒米黄釉

此葵口三足炉釉色亦为炒米黄色，是哥窑中极好的珍品。它炉口边外折成葵花形，十分好看，是近乎难得的藏品。其器形体积都很理想，价值不菲。

它的色标为：C-10 M-10 Y-30 K-10。

图（2–13）
哥瓷葵口炉

这是一批新发现的南宋官窑瓷，它全带款识，而这些款从不被人发现也未被人认可。我考察了五年时间，走访过全国许多文物市场均未发现有同类物品，故可断定不是现代仿品。如果排除了仿品的可能就有研究价值，很可能是一批从未发现过的南宋官瓷。

图（2–14） 哥瓷粉青双耳小炉

图（2–15） 郊坛下窑小炉

哥窑粉青釉

这也是一种少见的哥瓷，它釉色偏蓝，大开片，片纹粗，胎色灰暗，表面光泽不强，很有哥窑器特点。底部有"皇宋元年正月十六临安府督造"十三字款。

它釉色同一般哥瓷，其标准为：C-0 M-20 Y-30 K-10。

南宋郊坛下窑小炉

此炉为乳白色釉，釉中闪银色小点，有官窑特点，开片如蟹爪纹。但不是黑胎，而是灰色胎。

它的釉色标准为：C-0 M-0 Y-10 K-5。

南宋郊坛下窑玉壶春瓶

此瓶造型很流畅自然，釉色像肉红色，有开片纹。纹线偏红紫色，釉层厚润，无光泽的玉质感。这类器物少见，经多年考核应属南宋官窑。

它的釉色标准为：C-5 M-10 Y-30 K-0。

图（2–16） 郊坛下窑玉壶春瓶

南宋修内司窑包袱尊

修内司官窑是南宋元年临安府（今杭州）建的官窑。它是郊坛下窑的前身，专为皇室烧制各类用瓷。这件包袱形龙纹尊（酒器）曾被笔者定为仿品。后经多方考证还是认为是南宋的官瓷。特别值得介绍的是它的造型别致，龙纹是浮雕工艺，其工艺精良，是一件人见人爱的珍品，很有收藏价值。

它的釉色标准为：C-5 M-10 Y-30 K-0。

图（2–17） 宋官窑包袱尊

宋定窑白釉

这是一件白定小碗，碗为八方形，印花纹以大雁为主题。平底，底部无釉。

它的釉色标准为：C-0　M-10　Y-20　K-10。

图（2–18）　白定小鸭碗

宋定窑白釉

这是一件极精美的瓷枕，瓷枕在唐宋年间非常流行，也很讲究。即使是一种生活用品，也很讲究它的艺术造型和装饰。这是一件白定，它白如玉，白中泛黄，它形如小孩，故又名娃娃枕。枕面用金色的薄片雕刻成花纹包贴在枕基和枕面上，是一件极美的艺术作品。同时还嵌上三颗神秘的蓝宝石，显得极为华贵。

它的釉色标准为：C-10　M-10　Y-30　K-0。

图（2–19）　白定瓷枕

宋定窑紫釉

这还是一件瓷枕，它是紫色釉，故又叫紫定。定窑的釉色有黑、白、紫、红、绿等色，其中白、黑二色最多。这件瓷枕也是娃娃枕，也贴上金色片和嵌上一颗红宝石，很有艺术风格。说明当时人们把枕当作财富珍藏。

它的釉色标准为：C-0 M-60 Y-20 K-30。

图（2–20）　紫定瓷枕

图（2–21） 绿定盘

宋定窑绿釉

这一件印花盘为绿色釉，故又名绿定。其直径为21cm，斗笠形，内部印花，外为素面，中心为一朵开放的莲花，内部另加金属片包扎，显得更为珍贵。

它的色标为：C-30 M-20 Y-60 K-60。

图（2–22） 武士俑

图（2–23） 紫钧羊头壶

宋钧窑紫釉

这一件枣红色钧釉羊头壶，是很开门的钧瓷。壶高约为15cm，以羊头张口作流，流在壶颈的中部。内外均施紫釉，釉不到底，底露沙胎，胎质粗糙。

其釉色为：C-70 M-100 Y-40 K-0。

宋青瓷

这是一件武士瓷俑，为陪葬品。造型为一武士，身披甲装，头戴钢盔，一条巨龙缠绕于身，显得十分勇猛强悍。

其釉色为：C-20 M-0 Y-20 K-10。

宋钧窑

这只高足碗为钧窑粉青紫斑釉。造型似一荷叶，在碗内加一块紫斑点缀，产生一点自然美。这就是钧瓷一个特征。釉面已失去光泽，很开门。

它的釉色标准为：C-30 M-0 Y-10 K-10【粉青色】。

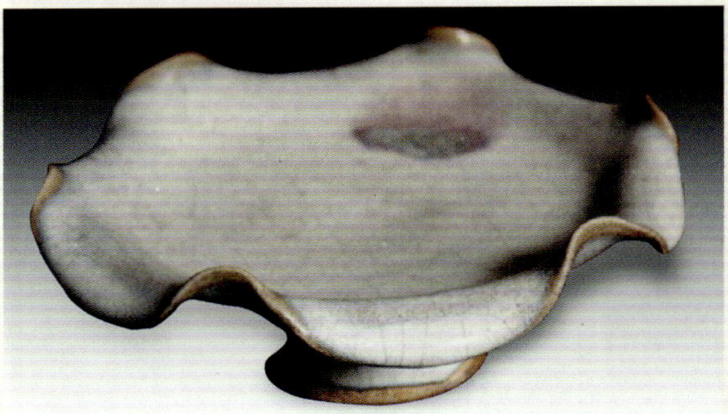

图（2–24） 钧瓷荷叶边笔掭

图（2–25） 鼓丁小口瓶

现代仿钧窑

钧窑一直在烧，故仿品时时都有。看仿品也很开门，一个新、一个火光、一个假胎色（上酱色釉）便可知道。同时造型也真是不伦不类。

这件仿品的釉色为：C-60 M-10 Y-30 K-0。

图（2–26） 仿白定长颈瓶

现代仿定窑白定

这是一件仿白定的盘口长颈瓶。仿制技术很高，其造型很好，工艺很精，胎色和胎质很像，几可乱真。不对的地方人们一般用目测法无法发现，它只是白釉中不见糠斑，釉下气泡被表层釉遮住了，其容重偏大。

它的釉色标准为：C-0 M-0 Y-30 K-5。

图（2–27） 仿汝平底洗

仿汝瓷

这只粉青平底洗是近代仿品。它制作粗糙，造型简单，胎泥不细，釉色欠火候，不润滑，一看便知是假。

釉色标准为：C-50 M-20 Y-30 K-10。

图（2–28） 现代高仿哥瓷双贯耳瓶

图（2–29） 三彩马

现代高仿哥瓷

这是由陶瓷工艺十级大师徐某制作的成果。虽属仿品，但这是经过几十年研究的结果，达到了炉火纯青的地步。因此得到了国家的荣誉。这件作品为炒米黄釉，金丝铁线，紫口铁足的正宗哥瓷。几可乱真，难分真假。但釉下气泡很多，容重也大，这就可以区别了。

它的色标为：C-0 M-10 Y-40 K-30。

唐三彩马

唐三彩是极为珍贵的名瓷（实为陶），它被世人珍爱。由于它是用红、黄、蓝、绿几个颜色构成，一般称它为三彩。三彩器中多数为动物，动物中又以马为主，所以唐三彩马最有价值。三种釉是分别浇在马的身上，所以各色釉之间不存在渗入，而是各自分层堆积的。所有釉都开片，有的片极小，有的片较大。

它的釉色标准为：黄色釉 C-0 M-60 Y-80 K-30，绿色釉 C-40 M-0 Y-60 K-30。

仿三彩马

这是一件现代仿三彩马，三种釉色互相渗透，表面火光很刺眼，一看便知真假。

它的釉色为：C-0 M-30 Y-80 K-0（黄釉）。

图（2–30） 仿三彩马

图（2–31） 辽皮囊壶

图（2–32） 梅子青贯耳瓶

辽皮囊壶

此壶为浅酱黄色釉，很开门。属辽代用瓷，很有特色。

它的釉色为：C-20 M-30 Y-60 K-30。

龙泉窑瓷

龙泉窑创于南宋兴于元朝，它釉色以粉青、灰绿为主。其梅子青是最佳品种，经常被人看中。此贯耳瓶为龙泉窑瓷中珍品，其釉色柔和，制作精细。

它的色标为：C-30 M-10 Y-30 K-0。

图（2–33） 青釉小壶

宋青釉瓷

此小壶为青瓷，类似耀州窑器，但比它好。釉茶黄色，玻璃质透明，开细片，很美。

其釉色色标为：C-30 M-30 Y-40 K-10。

2.元明瓷类

元红绿彩瓷

彩瓷在元朝是比较少的,整个元朝留下的瓷类不多，所以人们只认识明清时期的东西。这只红绿彩瓷笔者也是初次相识，它是一只荷叶青蛙洗，洗的直径约16cm，乳白釉地上绘红绿彩的折枝花。青花釉画边，洗中心坐一青蛙，十分可爱。洗底露胎，胎质很粗为浅黄色，有旋刀痕，为元朝特点。

乳白釉的色标为：C-0 M-20 Y-40 K-10。

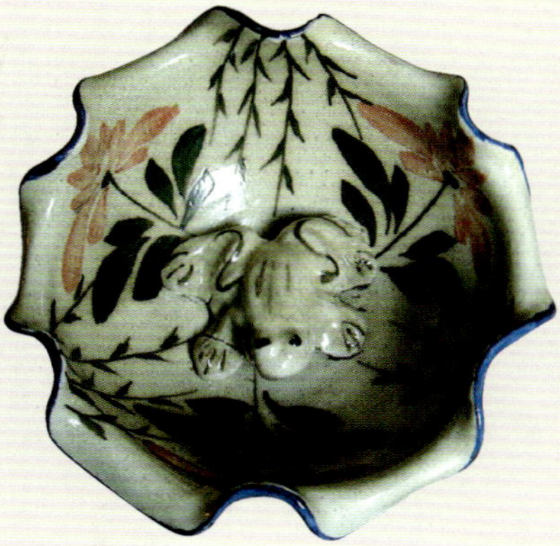

图（2–34） 元红绿彩瓷洗

早期元青花

图（2–35） 鼠柄小壶

元青花被美国人发现后大家才知道中国的元青花大多流失到国外了。其实中国私人手中还是大有存在的，只不过很难被人认可。元青花分早、中、晚三个时期，早期为国产青料外盖乳白釉（也叫卵白釉）。中期为出口东南亚的小件器，也用国产料。后期大器多，出口中东地区，全用进口青料。

此件早期青花鼠柄小壶是乳白釉盖在青花上，故色调不够艳丽，很不透明。

它的青花色标为：C－100 M-80 Y-20 K-60。

淡雅色元青花

图（2–36） 元青花长颈瓶

此器也属于国产青料加乳白釉烧成。元人习惯骑马，此壶可在马背上喝酒（奶）用。造型极好，绘制水平很高，受人珍爱。

它的青花釉色标准为：C-30 M-10 Y-10 K-30。

至正型元青花

图（2–37） 至正型象耳元青花

国外曾为至正型元青花引起过轰动，也为鬼谷子的天价而大为炒作。其实在鬼谷子没出现之前，我就见过三只。怎么能说佳士得拍出的是唯一的一件？至正型象鼻耳长颈瓶也非只此一对，这里也有一件。也许有人不承认它。现展示一下，只为说明它的釉色是怎样的，同时也用仿品比较之。

其色标各为：至正型：C-100 M-60 Y-30 K-60，现代型：C-100 M-80 Y-10 K-30。

图（2–38） 鬼谷子下山青花罐

鬼谷子青花罐

这就是北京大收藏家严先生早就收藏过的鬼谷子，在英国拍卖所谓世界唯一的一件青花鬼谷子下山罐之前我就见过这件东西。大家对此都很了解，也不必详述。

它的釉色标准为：C-100 M-80 Y-60 K-30。

图（2–39） 釉里红大碗

洪武瓷釉里红

釉里红起源于元朝，但因烧制工艺难度颇大，一般发色不正。这只大碗就是一个实例。它的碗径约有18cm，在碗内绘满团花纹。可以说每朵花纹的釉色都不相同，有深有浅，有的浅到变成灰色。这里只能取其中一个色深的来标定。

它的色标为：C-10 M-40 Y-30 K-30。

图（2–40） 皇冠形扁壶

图（2–41） 永乐青花碗

洪武青花瓷

洪武时期无论烧制釉里红还是青花其发色都不太正，就因为此洪武时的存世品也不多，所以人们很难收到洪武器。这是一件皇冠形的扁壶，造型特别，青花幽蓝，是一件很好的出口瓷。下部足圈为长方形，壶上开光绘有人物故事，壶口外撇成喇叭形，有一排款识“大明洪武年制”，这样款识很少见到。

青花色标为：C-60 M-20 Y-10 K-60。

永乐青花瓷

永乐年间皇室对烧制瓷器开始重视，开始正规用款。一般在中心部位书写篆体“永乐年制”四字，周围用一火圈包着。

它的袖色特殊，偏黑，其色标为：C-100 M-60 Y-20 K-60。颜色只能是靠近这个区域，实际上很难对上永乐青花的色标。

宣德红釉瓷

此为红釉拔白鱼纹高脚碗，并有荷叶莲花相配，釉色极美。碗上有宣德年款识，是一件官窑瓷。

红釉为：C-60 M-100 Y-100 K-0。

图（2–42） 红釉拔白鱼纹碗

宣德五彩瓷

到宣德时期瓷的生产有了很大的发展，生产的类型也很多，款式也各不相同。这是一件宣德年的青花五彩灯台，工艺上十分讲究，画工很好，彩色艳丽，总高40cm。微观看达到要求。

红色标为：C-0 M-60 Y-40 K-0。

图（2–43） 宣德青花五彩灯台

宣德五彩瓷

这是一只镂空开光龙纹佛顶罐，两边有象鼻耳环，顶部有盖，盖上有佛，故又叫佛顶罐。总高48cm，绘画很精，色彩很美。

其中色标红色为：C-0 M-60 Y-40 K-10，黄色为：C-0 M-10 Y-60 K-10。

图（2–44） 佛顶罐

图（2–45） 宣德红釉大碗

宣德红釉瓷

这也是一件红釉器，宣德的红釉很有名，其中宝石红最有水平。此器的白釉花纹为石榴、海棠和折枝花，也有宣德年款。微观下均达到要求。

它的色标为：C-60 M-100 Y-100 K-0。

现代中国红

中国红是近几年一项科研成果，它在红釉发展上创造了一项了不起的成绩。中国红的色比任何过去的红都明亮、鲜艳，是一种非常好的红料，与宝石红、祭红、豇豆红相比各有特色。

中国红的色标为：M-100 Y-100。

图（2–46） 中国红球形瓶

宣德青花五彩

图（2–47） 青花五彩缸

青花作为一种色彩再加釉上五彩则叫青花五彩，它能更加艳丽。这是一件大缸，总高36cm，满身纹饰繁多，色彩鲜艳，是一件很好的生活用瓷。

它的红色色标为：C-0 M-60 Y-40 K-0。

成化斗彩

图（2–48） 成化斗彩盖罐

斗彩又叫填彩，它是用青花在釉下画出图形的边框，然后填入釉上彩。这是成化年的一种创造，同时还研制了一种紫色叫槎紫，这是成化时独有的。在成化的绘画中多用鸡来表现，此缸又叫鸡纹缸。色彩鲜艳，画工精细，是一件不多见的斗彩大件。底部有方框双线六字款，款书“大明成化年制”。

微观观察也都达到要求，它的色标为：红色：C-0 M-80 Y-30 K-10，绿色：C-80 M-0 Y-100 K-0。

成化斗彩

这是一件斗彩小缸，小件也是成化的一个特点。成化皇帝的皇后身材小巧，故而宫中用物皆宜偏小。器物虽小但玲珑别致，这就是识别成化瓷的又一特征。器底有双圈六字款“大明成化年制”，成化款的书写由一人经手，由书法体识别也是鉴定依据之一。

图（2-49） 成化斗彩小缸

它红色色标为：C-10 M-80 Y-40 K-30，绿色色标为：C-80 M-0 Y-60 K-30。

成化青花

成化青花也有成化自己的特色，它不同于永乐，又与宣德青花有别。这是一件高脚盘，用青花在盘上画了六只狮子。底款为“大明成化年制”楷书体。

青花色标为：C-70 M-10 Y-20 K-60。

图（2-50） 成化青花高脚盘

图（2–51） 嘉靖孔雀蓝长颈瓶

嘉靖蓝釉

明嘉靖年创制一种孔雀蓝透明釉。釉色明亮，但显得单薄。在釉下先用墨彩绘花纹（鱼纹）然后再上孔雀蓝釉。这种釉色独特，一般少见。底部书写“大明嘉靖年制”款。

釉色标准为：C-80 M-5 Y-20 K-20。

万历五彩瓷

此乃大明万历年将军罐，四面开光，上绘五彩纹饰，为麒麟海水图纹，盖上立一只小狗。罐总高75cm。

它的釉色色标为：黄色：C-20 M-30 Y-60 K-10，绿色：C-70 M-40 Y-60 K-10。

图（2–52） 万历五彩将军罐

图（2–53） 嘉靖青花盖罐

嘉靖青花瓷

球形口小碗形盖罐，满身绘缠枝宝相花、莲花和八宝纹。青花蓝艳，有下凹的铁锈斑，斑上盖一层闪亮的银色膜，很有特色。罐肩部一横排款“大明嘉靖年制”。书写方式达标,是一件合格的古瓷。瓷上青花下沉入骨,容重符合要求。

它的青花色标为：C-100 M-80 Y-30 K-30。

成化红釉瓷

胭脂红是一种受国外文化影响的产物，虽不及中国红色鲜艳庄正，但它有一种轻快明朗的气氛。它的造型很美，长长的细颈和圆圆的瓶腹，绘上海水波浪和海兽、狮子等,很讨人喜欢。总高39cm，有双圈六字款“大明成化年制”。

蓝色色标为：C-10 M-60 Y-60 K-0。

图（2–54） 胭脂红海水兽纹瓶

3. 清朝时期

清朝进入又一个制瓷工艺的新时期。顺治忙于打江山夺天下，所以还来不及关心瓷业，故此时的制瓷工艺没有多大进展。到了康熙、雍正、乾隆时期，习惯上称“清三代”，为瓷业高度发展时期。尤以雍正的瓷艺登峰造极，世人无不钦佩。

康雍乾三代的瓷器是大众收藏的目标，嘉庆、道光还算可以，晚清瓷器质量日益下滑，只有光绪还稍有一点精品。本人收藏目标到乾隆为止，所以晚清的东西很少，甚至没有。

康熙时期青花

康熙的青花很特殊，他们创造一种叫“五彩青花”的工艺，用一种色可画出浓淡不同的有立体感的画。这种画如同水墨画，色釉亮丽故又有宝石蓝的美称。同时还有一种浅色青花，也很蓝艳。

这只印泥盒就是一只宝石蓝釉的青花。它画的山水、人物、飞鸟、屋宇等，有远近高低之分和大小之别。用一种色釉画山水这是康熙时开的先河。

这只印泥盒青花的色标为：C-100 M-60 Y-20 K-30。

图（2–55） 康熙印泥盒

康熙的青花加三彩

青花加三彩也是一项发明。这只碗是在青花烧成之后再加上三条不同色彩的鱼。

青花色标与上项相同，鱼纹的红釉色标为：C-0 M-60 Y-60 K-10。

图（2–56） 康熙青花加彩碗

康熙青花拔白小罐带盖

小巧玲珑，开面开光，绘花纹图案，底部有双圈款，应属康熙官窑。

蓝釉色标为：C-100 M-80 Y-10 K-0。

图（2–57） 康熙青花小罐

图（2–58） 康熙青花豆

康熙青花

这是浅淡的青花，对它的配方还不太了解。它不同于宝石蓝的色泽艳丽，但也很明亮，也可画山水。这是一只有盖豆式高足容器，底下为双圈款，工艺和画工都不错。

青花色标为：C-80 M-30 Y-20 K-10。

图（2–59） 雍正青花天球瓶

雍正青花

雍正青花釉是青花中最标准、最纯正的色，很少见其他朝代的青花有如此之美。这只天球瓶可算得上是一件极为珍贵之作。它的画工也很精细，修胎工艺也很讲究，称得上是一件十全十美的珍品。

它青花釉色色标为：C-100 M-60 Y-20 K-30。

图（2–60） 雍正斗彩小梅瓶

雍正斗彩

自成化创烧斗彩之后，其他朝代很少有斗彩出现。斗彩比五彩更美，所以雍正朝仿烧斗彩，而且非常成功，也只在雍正朝才能做出这种成功的作品。这是一件斗彩梅瓶，以缠枝花为主，胎体很薄，修胎工艺很细，色彩很多，这都是雍正时期的特点。

它的绿色色标为：C-70 M-20 Y-40 K-10，黄色色标为：C-0 M-20 Y-80 K-10。

图（2–61） 大箭筒

乾隆时期是一个产瓷高峰时期，品种多、数量大是它的特点，如古铜釉、乌金釉、仿布、仿石、仿竹等“仿生釉”都是一大特色。这里首先介绍几种大件。

乾隆大箭筒

箭筒是武将家用的摆设用器，专放箭支用。此筒高60cm，直径30cm，上下各10cm长为绿色，中间红色筒上全部贴花装点，有花瓶、人物、家具等图纹。两边还有象鼻耳环，色彩很艳，制作很精美，是一件精品。底部有六字篆书款:“大清乾隆年制”。

其色标红色为：C-0 M-100 Y-100 K-10，绿色为：C-60 M-0 Y-40 K-10。

乾隆粉彩天球瓶

这是一件大器，又是一件名器，可称得上是一件瓷王，它由京城大收藏家严先生珍藏。此瓶由宫廷画师郎士宁亲手绘制，细笔精工画出了十条宠物—洋犬。题款为“十犬图”，落款为“郎士宁”。底款由唐英书写，全文为“内务府员外郎唐英督造”，另外在中心部位还有印章款“乾隆御制”。凭这些写款足以说明这是一件宝中之宝。

它的两种釉色为：咖啡色标：C-40 M-60 Y-80 K-50，红色色标：C-10 M-60 Y-60 K-10。

图（2–62） 瓷王——天球瓶（大图）

乾隆白地粉彩孔雀碗

此碗以牡丹花和孔雀为主纹饰，集诗、书、印、画于一体，绘制色彩丰富，画工细腻精巧。碗上有盖。底下有印章款“乾隆年制”，为官府用瓷。

其色釉红色色标：C-10 M-40 Y-10 K-10，绿色色标：C-50 M-0 Y-30 K-30。

图（2–63） 乾隆白地粉彩孔雀碗

图（2-64） 珐华彩盖罐

青花珐华彩

珐华彩是一个新品种，什么叫珐华彩？珐华彩始于元朝，明中期以后景德镇开始仿烧。珐华彩的釉采用牙硝，它的做法是彩画中用“立粉”技术，即在陶胎表面用特制带管的泥浆袋，勾勒成凸线的纹饰轮廓，分别以各种色料填出底子色和花纹。也就是说它的花纹是有边的，这些边都是凸出的。这就是珐华彩。这是一个大盖罐，盖顶上坐一狮子，器身用青花绘人物故事。总高46cm，青花明显下沉。

三种釉色比较，绿釉为：C-50 M-0 Y-30 K-60，红釉为：C-0 M-60 Y-10 K-30，青花为：C-90 M-100 Y-20 K-0。

图（2-65） 德化白瓷

德化白瓷

与其他白釉不同，它为牙白色。不注重色彩，只重视雕工，它以雕花为主，精如刻玉。此器为荷花形的玉壶春瓶，上贴双龙戏珠，下为滔滔海水。釉汁光溜细润，胎薄透明。艺术价值很高，为收藏精品。

白釉色标为：C-5 M-5 Y-0 K-0。

图（2–66） 美人醉小瓶

乾隆美人醉

这是乾隆时的又一杰作，它是仿制康熙时豇豆红失败的结果。豇豆红以红釉为主，其中有很少点状绿色，而美人醉则出现了红绿各半的点状色。所以是仿中失败，由失败成了一个新品种，叫它美人醉。小瓶瓶口外扩，颈小腹大，底部有“大清乾隆年制”款，足圈露胎。

红绿二色色标为：红色：C-10 M-80 Y-30 K-10，绿色 C-60 M-10 Y-60 K-10。

光绪青花斗彩

光绪瓷为晚清时期水平较高的，有粉彩、斗彩多种。此碗彩釉鲜艳，绘画精美，其容重也正符合要求，容重为2.29，是真正光绪时官瓷。

色釉青花为：C-70 M-20 Y-0 K-30，红彩为：C-30 M-80 Y-100 K-10。

图（2–67） 光绪青花斗彩花碗

道光粉彩百子图瓶

瓶上全绘幼儿玩耍和嬉戏，生动活泼，其色彩鲜艳，画工精细，栩栩如生，底部款识为“大清道光年制”。

此粉色釉的红色色标为：红色：C-40 M-100 Y-100 K-0，黄色：C-20 M-0 Y-80 K-0。

图（2–68） 道光粉彩百子图瓶

第三章 容重测定法

什么叫科学？尊重自然规律，按自然规律办事，用最少的人力、物力和时间去解决现实生活中难以解决的问题。这就是科学！

容重测定法是鉴定古陶瓷的一门科学的方法。与其他三种方法结合使用更具有科学性。所以它们是当今一种省人力、省财力和省时间的最佳选择。

一、思考的过程

牛顿发现地球引力是由于看到苹果往下掉的现象，这样就引起了他许多力学上的思考。科学发现大多是从现实生活中来。

容重测定法也是由生活中产生的。在二十年前，我家的地板装上了瓷砖。从那以后发现瓷砖的中间缝变小了，过三五年又拱起来了，再过几年又拱得更高。而且是冬季回缩一些，夏季又拱起多些。总的是一年比一年拱得高些，最后都被挤碎了。不得不重新装换地板。

这种现象使我联想到瓷器应该也有这个规律，只不过用眼睛看不到它的变化。而在别的地方是有例可查的，如野外的石头裂开了，多年的红砖变酥了，年久了的木头里面疏松了，如此种种叫它风化也好，疏松也好，都是这一现象。这样就引起我的关注和思考。

二、基本原理

凡事都要从理论上入门。容重测定的基本原理是按照所有物体的一个基本物理特性叫“热胀冷缩”。这个规律对所有物体都有作用，只不过有的物体受影响大些，有的小些。例如铁轨一定距离要留神缩缝，水泥公路施工每距10米或5米也要留条缝。这都是考虑到了膨胀的因素。

陶瓷也少不了有这个现象。它的成分是铝和硅的化合物（三氧化二铝和二氧化硅）为主的无机物质组成，它在经过高温烧成后又起了化学变化，使之成为一种复杂的分子结构体。其硬度加强了，分子结合也牢固了，但是其密度比原始矿物要小些，因为在烧制过程中会留下许多气孔。受到环境温度的变化它必然会出现膨胀与收缩。物体的膨胀率虽然不很大，但积累起来就产生明显的变化。一般物体的线膨胀率为十万分之一多一点，体积膨胀率则达到了十万分之六左右（即温度每增高一度物体则膨胀十万分之六的体积），这就是基本原理。

三、容重的概念

物质的一个物理量叫比重，比重是对原始物质在密实条件下的重量对同体积水的重量之比，比重是没有量纲的纯数值。容重是指每一种物体单位体积的重量，其量纲是克/立方厘米。一般对原状物质只用比重表示，对再生物则用容重表示，因为容重会因再生物结构不同而容重也不相同。任何物体不但都有容重这个物理量，同时都还有一个与容重相关的物理特性，这就是“热胀冷缩”。

瓷器是由瓷土烧制的再生物体，它的密度大小要用容重来表示。容重一般小于同物质的比重，比重对某一物质来讲是不变的，而容重则随时都能不同。这就是使用容重的道理。

四、容重在鉴定瓷器上的应用

瓷器是由高岭土（瓷土）一元配方或二元配方烧成，瓷土的比重为2.58—2.60，其硬度为1，釉料的比重要小一些，但它所占比率要少些，所以除了脱胎瓷外，一般按胎质来考虑。

烧成的瓷器一般开始的容重都在2.40左右。在不同的环境中温度会发生变化，如白天热，夜晚凉（每天温差8—10摄氏度），冬季冷，夏季炎（每年温差达到40—60摄氏度），日复一日，年复一年，这个累积效果也就不小。气温和环境都在不断地变化，无论是传世保存的还是土里埋的陶瓷或多或少都要受到影响。当温度高时它会膨胀，当温度降低时它会缩小。白天大，晚上小，冬天小，夏天大，天天在变，年年在变，变时往大处变容易而变小则难（因内部结构阻力），变来变去只能慢慢变大。在重量不变的情况下体积大了，故容重就变小了。由于膨胀收缩效果累积的原因，年代久远的瓷器自然体积膨胀得大一些，容重也就相对较小；年代近的瓷器体积膨胀小一点，容重相对离当初成型时的2.40比较接近。

这是自然规律，不与人的主观相关。发现这一规律再去通过实践测定，证实所有瓷器（包含所有物体）都符合这个规律。它就为我们找到了一条科学鉴定的捷径。

五、容重的计算

容重的计算单位为每单位体积内所具有的重量，即克/立方厘米（相当密度的大小）。

按此得出公式：$E=G/V$

式中E表示容重，G表示该物的重量（克），V表示该物的体积（立方厘米）。

式中的两个数据就得由我们去测出来。其中重量可称量出来，这叫在空气中的重量，而难求的是物体的体积。物体形状各异，没有任何简便的公式可以计算。作者只有利用水静力学中的阿基米德原理来解决这个难题。

阿基米德做过许多试验得出一个原理，即物体在水中排出的水量即为该物体在水中所占的体积。所以我们常说的船只装载量也叫排水量。换个方向思考一下，便可以说：物体在水中的浮力即是该物体的体积。那么我们要求的体积即可换成去求它的浮力就行了。

浮力如何求？同样用水静力学知识，即物体在空气中的重量减去物体在水中称得的重量（用G1表示）写成公式则为:$V=G-G1$

由此容重计算式为：$E=G/(G-G1)$

但要说明一点，此公式用“=”号是不对的。因G-G1的单位是克，怎么又变成体积？因为我不是公式推导出来的，而是用原理中的概念换出来的。即用了“相当”这个概念，所以其浮力即“=”体积。这个问题不讲清容易发生误解，但是对得到的数值并不会产生影响。

在这个公式中我们对每件物体的容重测试只需测出G和G1便可知容重了。其中G值可直接称出来，而G1则在水中去称，按上面要求去称准了便可。原本是一个复杂的问题，这不就简单化了？科学中往往有一种神秘的东西，像纸一样，轻轻一捅就破了。“这不容易吗?”可是多年来一直没人想到它，谁想到了谁就是发明者。正像美国哈佛大学何教授说，你这个发明就是伟大的，必将留名青史！他还强调某些科学鉴定太麻烦了，太花时间了，而且还是马后炮。不如这“四合一”方法又快又准又省钱，随时都可灵活应用。所以他给予我极大的支持也同时向港台和国外传播。我受他鼓励之下干劲倍增，决定再好好写这本书。

六、所需测定工具

本方法简便易行，能快速测定，可适合于现场操作，也可家庭自测，无须花钱也不求人，是经济、便捷的好方法。

所用工具：塑料大桶一只，直径在0.6米以上，高1.0米左右；杆秤两到三把（500克的，2000克的，5000克的各一把）小秤的星子为1克，大秤的星为5克，能读出克为准。误差不能大于2克，以1克为好。因此最好定做标准秤。另一办法是用电子秤，不过电子秤只能在有电源的地方用。（现代电源应当处处可找）

图（3–1） 杆称

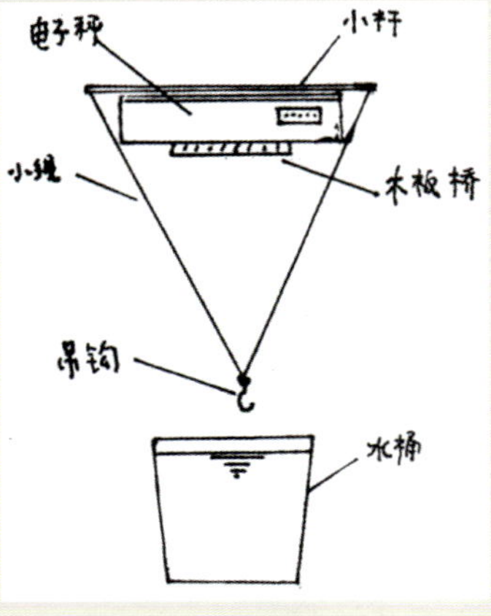

图（3–2） 电子秤安装示意图

电子秤。在不用杆秤时可用电子秤，电子秤不大方便携带，只能在家里用，但它的精度很高。只能用台式的平板电子秤，如图4-6-2所示。先用一长条木板搭一个桥，板长1.5米左右，电子秤放桥中间，下面放大水桶，秤的平台上放一小杆（木、竹、铁均可），从杆两端系一小绳，在下部吊一小钩，即可挂上被测物浸入水中称重了。但要注意将秤放上附属小杆、小钩后读数归零。

计算器一个。

以上工具投资少，携带方便，操作简单。

七、称秤时注意要点

1. 先称器物在空气中的重量（干重），后称在水中的重量，不可先浸水再称干重，否则干重很容易不准。

2. 被称物放入水中时一定要将物体内空气排完，让物体充满水。凡有封闭空间的物体不能称。

3. 被称物要悬在水中，下不接触水桶底，上不露出水面，左右也不能碰触桶壁，而且秤提扣要稳定。不可上下动，由于水的阻力，上动会增加重量读数，下动会减少重量读数。产生两克以上误差。

4. 电子秤由于是固定的，不存在误差问题，只将附属物先放下调整好归零而已。

5. 绑系瓷器的时候注意牢固，避免从绳线中掉落损坏。

八、容重值的标定范围

本方法关键是找到标准值，这个值不能凭几件东西来定，而是要大批实物反复测定，同时还要经多人验证才可得出结论。而且对每种器物也不能由一两件定论，也要用批量测试，最后才找到它的标准。

如唐宋的古瓷其容重都在2.00左右，元代的在2.00至2.10，明代的大多为2.10至2.20之间，清代则为2.20至2.29，故取保险值为2.30。在2.30以内的属清朝以前的，2.30以上为民国以后的。当然还有特殊的不能在这个标准中，应对特殊情况特别分析后方能决定。

九、特殊情况的几个方面

1. 出土瓷。长期埋在土里的东西受温差影响小些，土中一百年不及地上十年。所以出土瓷容重不会太小,但决不会大于2.30。

2. 出水瓷。长期在海水中浸泡的东西受温差影响也更小，对它的测定也可放宽范围。

3. 对脱胎瓷考虑到胎厚与釉厚相差不大，其容重被较轻的釉料所“中和稀释”，必然小许多，与正常范围还当小些。

4. 唐朝陶胎和元朝粗胎其密度较小,则容重自然偏小。

5. 此容重值确定范围是以宋五大名瓷和元、明、清白瓷胎为主要研究对象，其他胎质不同的要作各方面分析。

6. 尚有不明白的地方应全面分析再定。

7. 对于仿造者有可能有意识按照容重数值来作伪，但他们只能用非瓷土作假，所以要认识胎泥。

8. 高古瓷（唐以前）胎的原料不同，不能照此相比。

十、容重实测对比物

高岭土的比重	2.58—2.60
红土的比重	2.45—3.25
釉料的容重	2.10—2.20
现代瓷容重	2.40—2.50
耐火砖容重	2.20—2.23
青砖的容重	2.10—2.20

注意造假者有时不用瓷土制造而用耐火土或用烧砖的料取代，虽然容重小但胎质不对，应当小心。许多造假人都在胎上伪装。

十一、实物所测容重

南宋汝瓷小洗	2.0	黑建金丝盏	1.89
南宋汝瓷觚	2.14	元青花釉里红	2.06
紫钧小杯	2.25	元青花梅瓶	2.10
白定小碗	2.25	元长颈壶	2.21（可能为明代）
建窑黑盏	2.21	元仿官瓷大碗	2.24
唐青花小碗	2.14	耀州窑小瓶	2.20
唐青花尊	2.21	洪武大扁壶	2.23
唐三彩马	2.08	元釉里红梅瓶	2.10

宋钧花盆	2.14	永乐青花	2.28
宋哥水注	2.14	（永乐瓷比一般瓷重，其因不明）	
磁州窑球形罐	2.20	宣德大盘	2.22
龙泉窑双环瓶	2.19	宣德青花盒	2.04
元哥釉大碗	2.24	明青花炉	2.22
邢窑白瓷壶	2.17	明象耳尊	1.82
酱釉寿字壶	2.00	成化斗彩碗	2.25
宋秘色瓷碗	2.20	成化小杯	2.20（脱胎瓷）
万历青花	2.14	嘉靖青花	2.20
康熙青花杯	2.10	豇豆红	2.22
康熙印泥盒	2.28	雍正斗彩	2.23
康熙青花碗	2.10（胎薄）	雍正大碗	2.25
雍正珐琅彩	2.10	乾隆祭红	2.17
乾隆珐琅彩	2.25	乾隆粉彩	2.25
乾隆锦地开光炉	2.28	乾隆苹果罐	2.23
古月轩瓶	2.24	光绪叶形杯	2.29
乾隆百花盖碗	2.23	光绪青花斗彩	2.29
乾隆粉彩杯	2.26		

十二、仿品的容重

仿官瓷	2.30	仿粉青长颈瓶	2.35
仿汝洗	2.38	仿宣德青花	2.40
仿乾隆瓷	2.32	仿雍正瓷	2.33
仿雍正凤盘	2.33	仿洪武净水碗	2.40
仿八桃瓶	2.37	现代青花	2.40
民国瓷	2.31-2.35		

十三、附几件真品图

图（3-3）

图（3-4）

图（3-5）

图（3–6）

十四、附几件仿品图

图（3–7）

图（3–8）

（图4-14-5）

图（3–9）

图（3–10）

十五、再分析一下仿品容重不对的情况

仿雍正粉彩八桃瓶

此瓶用目测法无法识别真假，很容易叫人走眼。但用四合一方法测其结果显然不同。

它的画工和技巧虽然已达到一定水平，但所用釉料不同其色差必然有距离。例如桃子的颜色偏红，而真品的颜色是绿中泛红；又如树叶的色是绿色，而真品为嫩绿；仿品叶面不开片，而真品叶面有玻璃光且开细片。此瓶有做旧的刷痕，其容重为2.37，而真品应为2.23。另有民国仿的此瓶，容重为2.30。

图（3–11） 八桃瓶三只对比图

雍正青花双凤纹盘

在工艺制作和画工上都有很高的水平，目测法非走眼不可，尤其在修刀技术上比真品还高一筹。

但用四合一方法马上会发现几个问题：从微观看青花不下沉，在青花上不见白釉的气泡，只见许多杂质，其白釉因酸洗过而出现不少黑色斑，从容重测出已达2.37，与2.23有距离。

这些足以证明为仿品。

图（3–14） 雍正青花双凤纹盘

仿宋定盘口长颈瓶

球腹长颈，牙白色釉，底部有“易定”二字。字体写法与上博藏品完全相同。看它的造型及工艺非常到家。但发现两处不对，微观下发现被埋在保护层下的气泡，其容重已达到2.35，与2.2相差太大。

图（3–15） 仿宋定盘口长颈瓶

仿成化斗彩盘

成化斗彩是有名的珍品，此盘曾多次被人看中，但发现色品上不同。从比色而言红色太暗，真品红色鲜红。从画工上看不流畅而生硬。其容重已超过2.3，当然不对了。

图（3–16） 仿成化斗彩盘

十六、几点说明

1. 容重测定是重要的一环，其他方面过得去而容重不符便可一票否定。

2. 测定时要读数准，不可大概计算，而应估计精确到克位，否则误差很大。

3. 一定把秤星看好，有人不认识秤，很易读错，可考虑用电子秤。

4. 以上所测容重能作一定参考，不是绝对标准。特殊情况有很多，只要容重不超过2.30就可分析原因再定论。

学好容重法是鉴定的必要手段，希望大家发现问题补充材料不胜感谢！

第四章　微观法

一、概论

每个朝代的瓷器，由于工艺技术、材料来源等方面有相对接近的特征，所以在瓷的胎釉内部结构上由于材料技术的不同特征会使得它们显示出不同的观察效果。因此从鉴别真伪的角度来看，即便后世仿造者能把瓷器的表面特征做得比较接近，但是工艺材料上的区别也会使得瓷器胎釉的微观表现有非常大的区别。从不同朝代类似瓷器的断代上看，微观表现更是比较容易区分的一个方面。

微观法就是依靠不同时代瓷器的微观表现特征不同来区分真伪或断代的一种方法。

微观法的发现是借金相学的方法而产生的。“金属工艺学”简称金相学，在分析金属的内部结构时是用几百倍的电子显微镜来拍摄金属材料的显微造影，这就是金相学的技术特点。

微观法就是参照这一特点对瓷器胎釉内部情况进行观察而启发个人的思维。但是想要利用电子显微镜来拍摄图片是不可能的，因为电子显微镜下只能用被测实物的磨片（切下一小片的断面）来观测，这对瓷器是做不到的。不仅不能切片，更不能破坏实物，否则测它有何用?

所以在考虑到微观观测的开始时，就被用什么工具来观测所难住了。一只完整的东西在电子显微镜下不行，在任何显微镜下都不行。这样一来，首先找到合适的工具是关键。

首先想到的是数码照相机，因为数码相机有许多方便的地方，但放大的倍数还不够理想。后来又出现了高倍放大镜，有50-100倍带灯光的放大镜。在有了这两种工具之后，再用本人发明的“创新思维方式”中的叠加原理——即用数码相机与放大镜叠加就可拍出微观图。它与金相学上的图谱很相似。这一下经过许多试验总算是成功了。

二、工具

所用工具都很简单：

1.放大镜

自带光源并能放大50-100倍的放大镜。

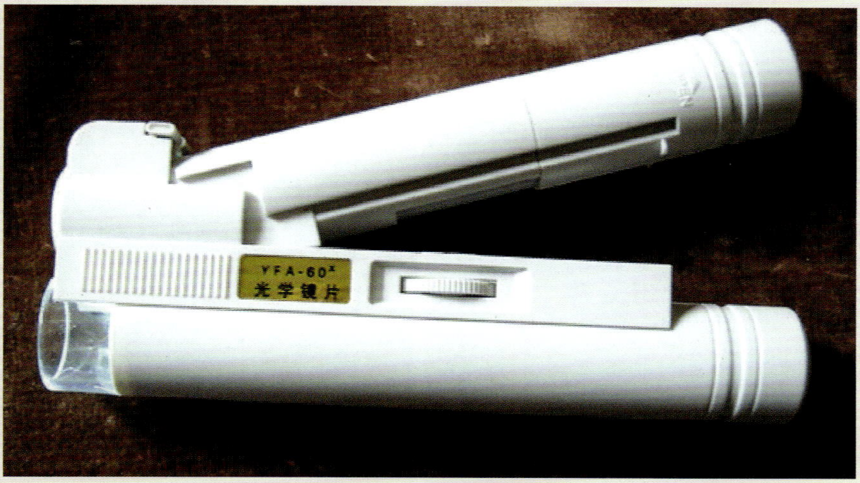

图（4-1） 放大镜

2.数码相机

300万像素以上的数码相机就够用了，但是必须要小镜头的相机，这样相机镜头与放大镜的观察镜片正好能对上位置和大小。如果镜头太大则会在拍摄时摄入放大镜观察镜片以外的区域，会使放大的景象与没有放大的景象在同一个镜头中出现，影响照相机对准焦距；不同区域的光源强度也会互相妨碍相机光圈的获取，从而严重影响照片质量。一般采用傻瓜式相机比较方便，用微距模式拍摄，相机能自动调节到合适的光圈焦距来拍摄。

图（4-2） 数码相机

3.操作方法

最好两人合作。一个人持放大镜将被测物的观察点选好，再调焦距。观察者的视力应当要好一点，不能按老花眼或近视眼的清晰度调，否则拍下的图像不清楚，因为数码相机并非眼力不好。

当放大镜准备好之后再将数码相机对接到放大镜的目镜上，再调相机的焦距，达到清晰为止。拍图像时相机不须闪光。

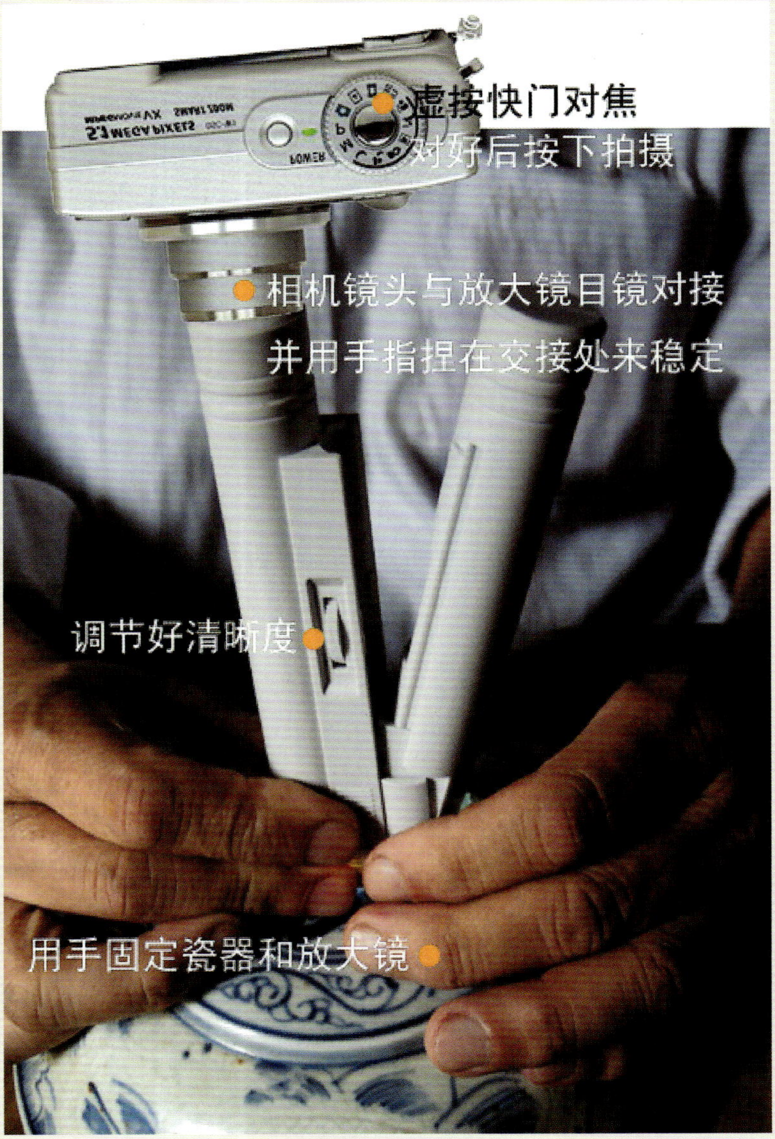

图（4–3） 操作方法

三、微观显示目标及分析

微观下能看到的现象很多，各个时期的瓷器有各不相同的特征，所以需要看的目标也不能全一样。没看过的人初次观察不要被美丽的现象所迷惑，防止看错目标。下面分别介绍各方面显示出的特点，以及对现象的分析和判断。

1.气泡的观察

釉下气泡是一个颇有争议的问题，各有各的说法。有人说有，有人说没有，有人说有一点但不多，有人说大，有人说小……总之各有各的说法，大多凭主观想象，不实事求是。自己不去看、不实践，只听人家权威说或看书上怎么讲，又不动脑去分析问题，只在人云亦云地乱传播，这是没有好处的，也是在自欺欺人。

实际上气泡是某些时代的瓷有、某些时代的瓷没有。有就是有，没有就是没有，不必争论一看便知。为什么有人宁可不看事实（省事）非要自找麻烦来争议?

气泡在微观下或在拍摄出的图谱上能看得很清楚。凡是气泡都应该是圆圆的、亮亮的、有大、有小、有多、有少，绝不是似是而非的。有不少人把白色结晶的石花看成了气泡，这是错误的，是走了眼。这种错误在用低倍放大镜时容易出现，有时用50倍放大之后还看起来像小气泡或像聚末攒珠，但再放大时或拍出照片一看，则全是白色的石花和晶斑。气泡不是白色点状物，而应当是圆圆的、透明的小球状。没有这个特点仅凭白色的微细状东西就定为气泡是不确切的。所以好多人用5-10倍放大镜去看就证明是气泡，这很不慎重。

还有人引用古人云“寥若晨星”来证明有气泡。我要问一声：“什么时代的古人说的? ”据瓷考的文献，不是元朝便是明朝，他们所指古人不是宋便是唐。我不知道他们用什么工具可以看出釉下存在气泡。50倍手持放大镜近10年才出现，而能放两三倍的放大镜到清朝末期才引进。不懂这个历史的人去盲目相信书上的话真有些悬。

有的人仅凭一两片瓷片便证明釉下有气泡，这更是片面观点。

其实真有能见到气泡又很像宋瓷的情况。据我们从实践中发现，凡有气泡的汝瓷或官瓷全都是明清仿品，这一点都不奇怪。

2.气泡观察的目的

气泡是断代的重要依据。据陶瓷相关资料介绍，在唐宋时期上釉的方法与现代的不同。那时都喜欢用热熔釉的工艺，热熔釉技术是从古代冶金术而来。中国最发达、最先进的技术是冶炼青铜，而且相当之成熟。反过来化工技术产生时代相当晚。水溶釉属化工过程而热熔釉属冶炼技术，所以唐宋时沿用冶炼技术是自然的。

热熔釉是将釉料粉碎成细粉末，然后将粉末放置熔炉中熔化，再将素烧好的胎浸入釉中或由工人往器物上浇。这样对于许多古瓷产生的特异现象都能解释得了，不然令人不明道理。

如唐三彩的釉是一层一层往上堆的，为什么？钧瓷的釉往下流，而下边都留下许多地方不上釉，且流下的釉却堆积成厚厚的半球形或堆成圆带状。为什么不像明清瓷那么均匀干净？这些只能说明施釉工艺不同，别无其他原因。

看气泡不是看多少和大小。气泡大小是与施釉厚度有关，釉厚它的气泡就可能大些，釉薄它的气泡必然小些。总不可能1毫米厚的釉层中气泡的直径为1.2毫米。气泡的直径只能小于釉层的厚度，否则冲破釉层气泡也不存在了。

看气泡要看有无，有就有，无就无。釉中含水分子多必然产生许多气泡。釉中无水分子必然不产生气泡。不存在有一两个、三五个气泡之说。“寥若晨星”之说是无稽之谈。

有气泡是元以后的工艺。元初还有没气泡的。唐宋瓷（个别钧瓷除外）是看不到气泡的，这是一个分水岭，也是断代的指标。

为什么钧瓷出现气泡？钧釉在红色和紫色部分也不见气泡，只有粉青色部分才发现有。这是实测的结果。元钧则气泡很多，而钧瓷各朝代都在烧，可能断代有误，也可能是宋元之间的。一般宋钧应该全都看不到气泡。

看青花下沉和晕散与青花上浮之别也可由气泡说明问题。青花下沉叫青花入骨，青花上浮则青花不晕散。晕散的青花上盖有一层白釉，这白釉中便可看到许多白色气泡。如果青花上浮则上面不见白釉也不见白气泡。

青花上浮与青花下沉（入骨）是现代瓷与古瓷的鉴别要点。虽然从瓷片上能明显看到，但我们鉴定的时候不能看瓷片而只能看完整的实物。真假古青花也必须由气泡有与无来决定。

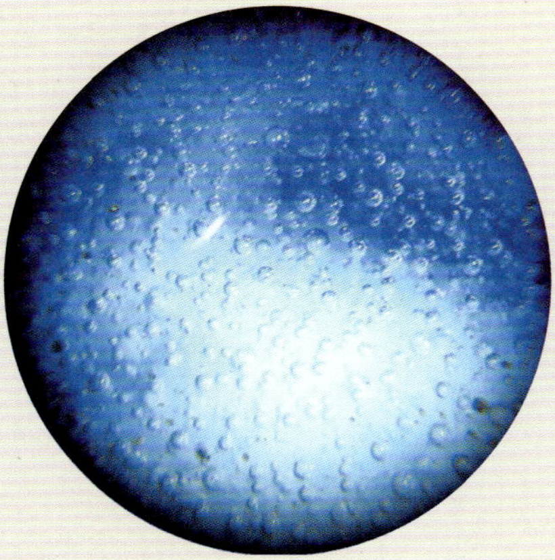

图（4-4） 气泡图

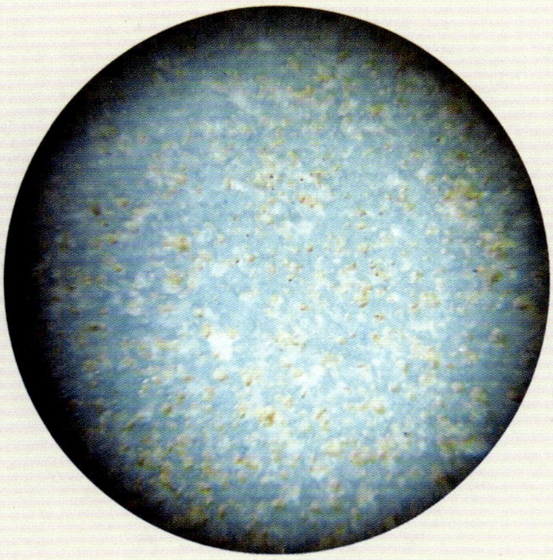

图（4-5） 无气泡图

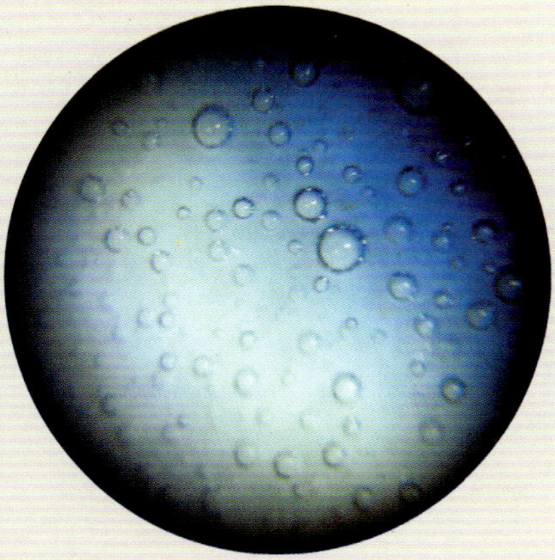

图（4-6） 晕散青花图

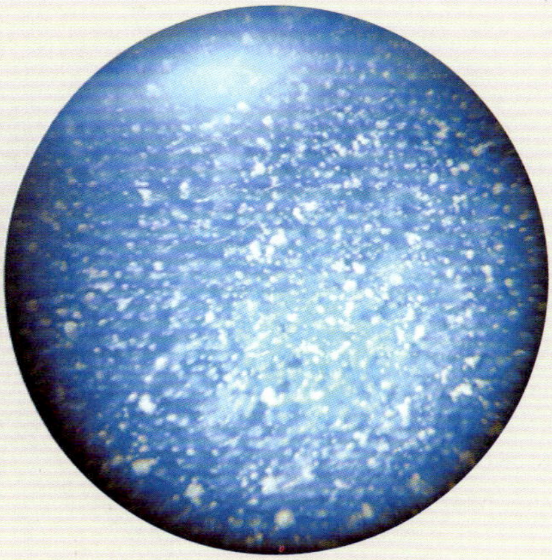

图（4-7） 仿青花图

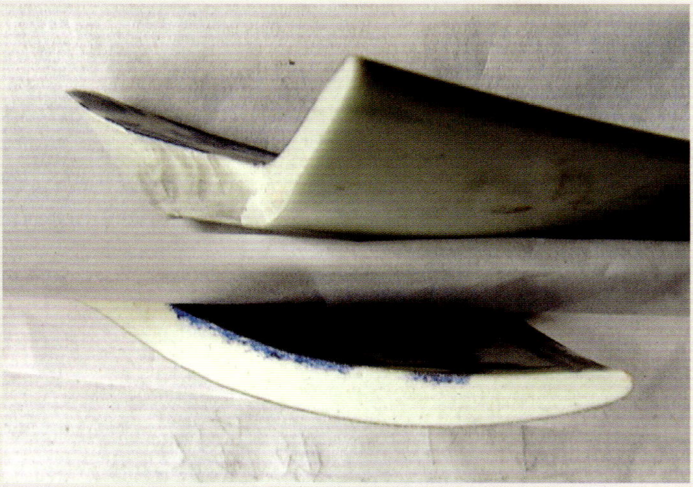

图（4-8） 青花下沉与青花上浮

3.吃土[土咬]的微观识别

市场上的赝品多，都喜欢做旧。最容易做旧的是出土物。有埋入土中三五年的，有用泥浆水煮上三五天的，有把胶水调泥抹上去的……

乍一看很像土里出来的，对新入藏门的人很好蒙，但仔细一点就不会上当。

玩古的人有句经验之谈，即新的多做旧，旧的不怕新。让大家明白做旧的东西是新的，真是旧的古的东西都会保持得像新的一样。千万别以为有泥就是古货。

吃土不吃土不看表面，要看里面。表面的假土一洗就没有了，用纸一擦不见了。而真吃土的表面上看不到，甚至像新的一样。个别有土染的，年代在500年以上，它把釉色改变了，变成了泥巴色。不管泡多久都洗不去。泥巴牢固的染色层，它是浸入泥水中形成的。所以凡看古瓷不能仅看外表，还要看釉里面。

开片的缝中有土也不一定是真吃土，这也可由人工做成。真吃土必须在没有片纹的地方有散状的土斑，这是由毛细孔渗入的土，有时纹缝中也有土。有的在开片的纹缝中不见土，反而只见散状的土斑分散在满器各部位，这更能说明是真吃土。它是吃土前没开片，出土后才开片，所以纹片中无土。凡吃土的东西在土中时间起码有800年以上。

图（4-9） 吃土微观图

4.看腐蚀斑点

入土的东西在土中年代久了容易被土中酸性或碱性物腐蚀。如唐三彩就有这一情况，从微观下可以看到黄釉上出现锈色的腐蚀点。一般瓷器上找不到这个特点。

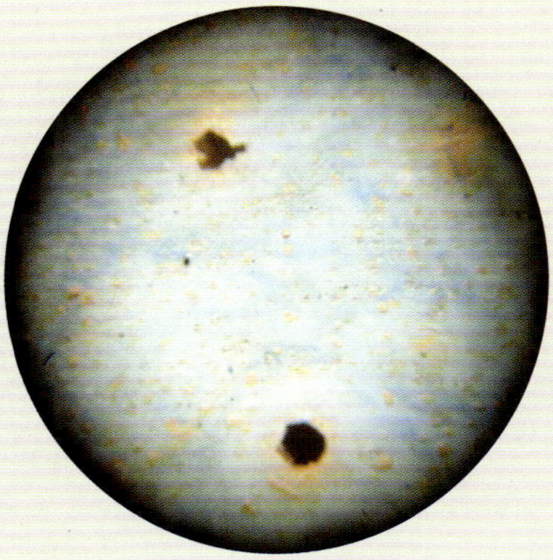

图（4–10） 腐蚀点

5.看开片大小及往上翘

唐三彩开极细片，小片小到比1毫米还小，有好多片是往上翘，也有往下压的。宋瓷多为向下压，明清瓷多为向上翘。上翘与下压的现象与烧制工艺有关，高古瓷胎是凉的，釉是热的，上釉之后胎不变形仅釉变冷而收缩，故釉面开裂。此时釉片必然往下弯。所以宋以前的瓷都如此。元以后的瓷是冷釉法烧制，同时都加热，当出窑时一同冷却，而胎厚釉薄，则胎收缩的多（力也大）釉收缩的小（力也小），则片纹比原有空间大，故只能向上翘（互相搭起）。从这一现象可区分高古瓷与后代的关系。

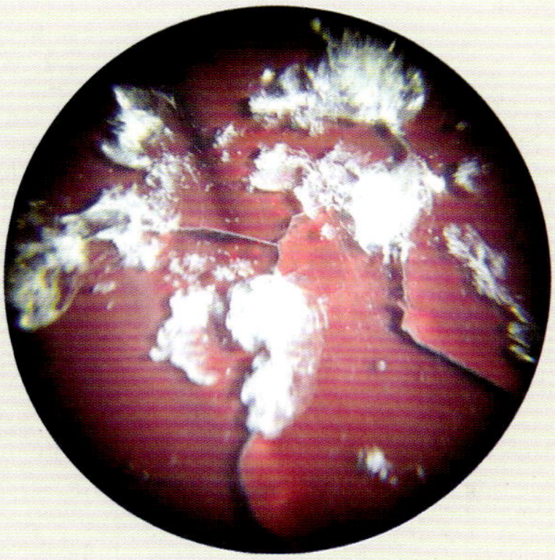

图（4–11） 纹片上翘

6.看铁锈斑

元中期到明中期以前所用青料大多有进口料。进口料中含铁质多，故在青花上出现铁斑。铁斑明显的表现在白釉下，呈一边沿不整齐的向下凹的斑块。人工造假是用黑色釉由毛笔点上的。它的形状像水珠，滴状或圆球状。同时是浮在青花之上，二者显然不同。从另一个角度比，真铁斑上面必有一层白银色的膜，非常好看。假的则没有。

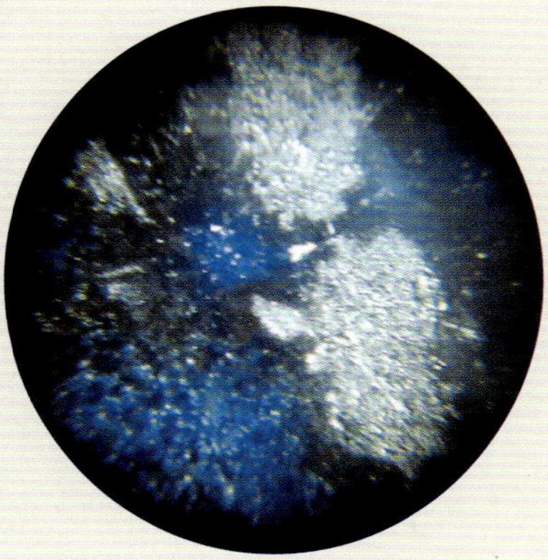

图（4–12） 铁斑与反银图

7.看反银

铁斑有反银，不是铁斑也有反银的。如唐三彩、宝石红等釉因年代久远皆可在玻璃层下产生几片银色光。它就叫反银。新仿或到代的都不见反银。

8.看釉的笔纹

粉彩釉有印花贴烧，它与笔绘不同。印刷花纹是快速批量生产的现代品，它制作快但不牢固，看着很美但久了会变色或脱落。真品是艺术人员手工画的，它比较牢固。微观下见到笔纹是真的，见到点状纹或网纹是假的。有用金描花纹的，印刷贴金也是条状纹，而真描金则是金粉粒状物粘在上面不规则的。

9.看彩釉的开片

绿色、蓝色和黄色釉都有眼力直接看不到的开片纹，必须在50倍以上的放大镜下方能看到。如花草的绿叶，仅有3毫米宽，五六毫米长的小叶上可开裂成十多个小片。每个片的大小才不到十分之几毫米，是无法用眼直接看到的。微观图就能显示出来，而且很清楚。

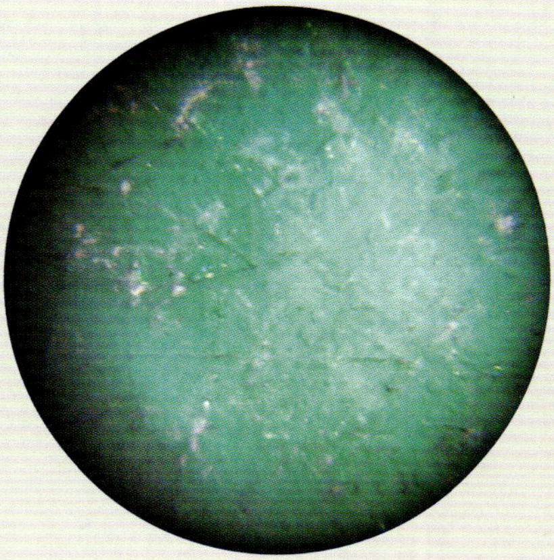
图（4–13） 彩釉开片微观图

凡是过去老货因为用料不同，它们都有极细的开片，尤其浅绿色更明显。而现代仿品，无论五彩或粉彩都不开片。这是鉴定彩瓷的一道关卡。

10.看蚯蚓走泥纹

蚯蚓走泥纹是什么样？许多人被误导了。不少书上误传说：蚯蚓走泥纹是开了裂的釉在烧窑时，因釉被熔化了而流入裂缝中便叫这裂缝为蚯蚓走泥纹。这些裂缝都呈直线状,横着竖着都有，这怎么叫蚯蚓走泥纹？可笑的是真有人按这种形状仿制了不少仿品。

可惜这些人连基本常识都没有，该动脑子想一下吧。当釉在混合状态下被高温熔化时，它由混合物变成化合物时，其分子结构都发生变化了，它还能让原有裂缝保持不变吗？其实早就全部熔化成一个整体了,都是平的,什么缝隙早就给填满了。

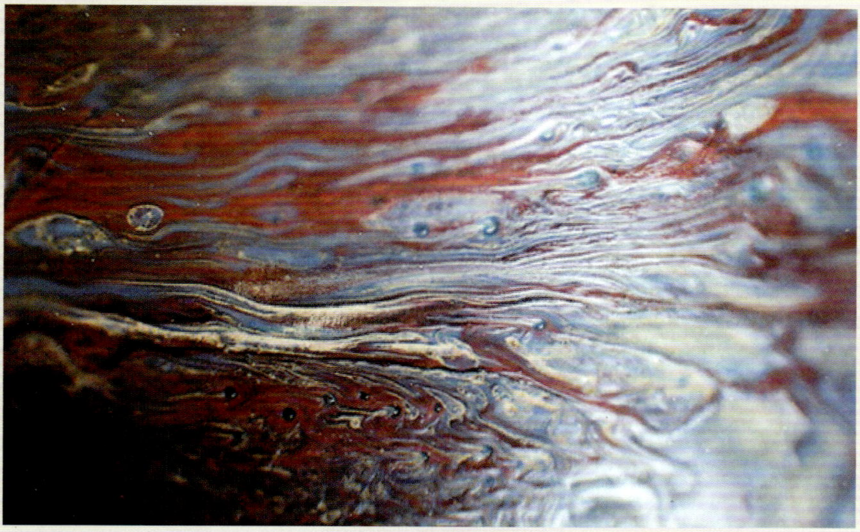

图（4-14） 蚯蚓走泥纹

真正的走泥纹应是热熔釉条件下，边流边冷却过程中产生的。也只能出现在直面流动的地方，像弯弯曲曲的两色交织的纹才叫走泥纹。这才是钧瓷的特点。

11.看其他

如汝瓷釉有梨皮纹，即有些点状物。还有看石花和结晶现象。许多人不特别放大是看不准的，他们常把结晶的石花当作气泡或叫聚沫攒珠。只有拍摄成微观图片让大家共同观看，是什么就是什么，不会由于各人的眼力不同而各持己见。

以上诸方面的微观目标是我个人的发现和总结。希望有人提出更多的目标来充实它。

四、部分微观图谱群汇集

微观图谱是放大200倍拍下的图像，出书时按照版面要求印刷，这里先给大家展示一个整体印象，然后再分别解说。见图4-15到图4-22。

这些微观图谱汇集了釉下的各种典型情况，有吃土、不吃土的，有腐蚀、反银、铁锈斑的，有开裂、不开裂的，有有气泡、没气泡的，有透明、不透明的，有杂质、氧化、水沁的等等。

另外需要注意，光照条件的变化，会影响呈色效果，跟宏观的色彩感觉有不同之处。

图（4–15）

图（4-16）

图（4-17）

图（4–18）

图（4–19）

图（4-20）

图（4–21）

图（4-22）

第五章　古瓷艺术美

一、历史悠久古陶瓷

唐——长沙窑瓷

长沙窑在今湖南长沙市铜官镇，西临湘江，又名铜官窑，是唐代南方的重要青瓷名窑。所烧制的瓷器反映了唐代从注重瓷器的釉色美转移到装饰美的发展新方向，在中国陶瓷发展史上占有重要地位。

长沙窑的釉下彩绘瓷器，是釉下彩瓷的祖先。其装饰的方法是先在瓷器素胎的表面涂一层白色化妆土，然后绘各种图形，绘好后再在表面罩一层淡黄色或青黄色透明的薄釉，所绘图画在釉下就显得清晰、明亮。

唐——鲁山窑花瓷

鲁山窑创烧于唐代而终于元代。其花釉瓷器是河南地区唐代瓷器中一个创新品种，在黑釉、茶叶末釉、酱褐色釉或灰褐釉上出蓝色、天蓝色、黄褐色、灰紫色或自然的淡蓝色乳光，给人以天然造化、变幻莫测的感觉。

鲁山花瓷是通过釉中含铁量的多少来烧制不同花色，大体分为两类：一类是黑或褐色釉上饰以白、月白等浅色斑状装饰；另一类以黑、月白或铜蓝色釉为底釉，衬以天蓝色等不规则的釉斑。其特点是：一在制瓷工艺上创造了二液分相釉的新技巧，尤其为黑釉瓷系的美化和装饰开辟了光辉灿烂的窑变效果；其二是它的艺术性，造型敦厚拙实、粗犷雄放、彩斑智妙入神。它在瓷器格局中独树一帜，受到世人的重视和喜爱。鲁山花瓷存世量不多，但艺术成就很高，油彩泼墨般的装饰效果，豪气奔放、气贯长虹，对后世陶瓷装饰艺术影响巨大，是一个需要特别介绍的品种。

五代——越窑瓷

在中国陶瓷史上以青釉为瓷器最早的色釉，应属于越窑。越窑最早出现在东汉，发源地为浙江的上虞、余姚、德清等地，这种青瓷在早期无精细的配料标准，无最佳的烧制温度，所以釉料成色不太稳定。但在那样的条件下，这种制瓷工艺已是很有水准了。

中国最古老的瓷器应是青瓷，越窑是中国最早的青瓷。越窑瓷以绿青色为主，这种青色泛黄、泛微黄、泛灰青闪黄等，以铁为着色剂，成色后的青色为灰黄闪绿或微绿色，这种瓷统称青瓷。

五代是越窑的全盛时期，这一时期制瓷原料处理精细，胎质呈浅灰色或灰色，质地细腻，胎壁薄，器形规整，精致秀丽。器物均施满釉，釉薄而匀，釉色可与佳玉媲美。纹饰汲取了铜镜、锦绣和金银器的装饰特点。

五代越窑瓷以后又出现了五大名窑汝、官、哥、定、钧窑以及多种窑口的瓷器。

唐——长沙窑褐彩开光花鸟纹凤首壶

目测法：器身瘦长，壶盖塑造一个高冠、大眼的凤头，尖嘴曲喙，凤首后部有一束长羽披落，斜直颈，上细下粗，颈下部饰凸弦纹两周。壶体一侧为细长圆形弯曲的流，无柄，鼓形腹，圈足。器高44cm。这种凤首壶是唐代流行的一种造型，系仿中西亚地区的金银品样式，但器腹、曲流等部位又有自己独特的风格。

瓷土黄白色，胎体较粗，原料加工不细，甚至含砂。釉层也稀薄，胎体表面的釉层几乎被胎体吸收，只留下一层薄薄的釉色。有的胎体和釉层密合不严，釉层常有剥落的现象。

装饰时先将褐彩料相当随意地施在胎上（或化妆土上），然后用刻、划、塑、贴等技法，饰开光、花草、鸟兽等图案，再罩以淡棕黄色釉，入窑高温焙烧时，彩釉熔融成朦胧之釉色。

比色法： 青釉色标为C-40，M-70，Y-100，K-0，呈色褐黄，符合长沙窑色调。

容重法： 器重2680克，但进不了水，无法测量容重。

微观法： 见釉下开片，呈玻璃相，极少小泡，又见褐彩晕散在青釉之中，白色斑较多，呈古瓷相。

总结： 无法进水，失去“壶”的实用性，这是个待研究的问题。其余几项鉴定，仍可确定此器为唐代长沙窑真品。本器不仅釉色美，且造型独特，制作精美，殊为难得之珍品。

图（5–1）

图（5–2）

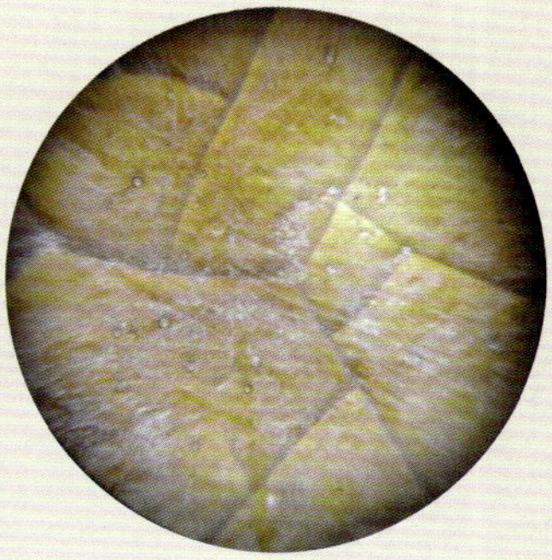

图（5–3）

唐——鲁山窑黑釉蓝白斑执壶

目测法： 唐代鲁山窑首创了窑变技术，其花釉瓷器蓝白相间，粗犷豪放，光怪陆离，被很多专家认作钧窑之肇端。此壶直颈，口略外翻，长流嘴，S形柄，肩安双花形系，肩部有两道玄纹，腹鼓圆，浅圈足。胎为黄白色粘土，质细而密实。体先施黑釉，再饰乳白斑纹在黑釉之上，不过烧制不成熟，白中泛蓝，产生钧瓷风味的玉质美感。壶高23.8cm。

比色法： 黑色色标为K-100。

容重法： 在空气称得重量926克，水中称重为471克，其体积相当于926-471=455cm^3。容重E=926/455=2.035。很好的数值，证实是唐代古瓷。

微观法： 釉下见细小开片纹，没有气泡，只有不圆不方、不明不亮的石花斑和咬土孔斑。

总结： 无论从哪个方面测定，都可定论此壶为稀有的唐钧瓷珍贵古瓷。

图（5-4）

图（5-5）

图（5-6）

五代——越窑青釉贴花瑞兽纹三足洗

目测法： 造型为洗广口连以浅直腹壁，平底承以三足。器以小支钉支烧，底有五个细小支钉痕。洗口径17.4cm、高4.8cm。胎质细腻，胎呈灰色，胎壁较薄。釉质腴润亚光泽，半透明；青釉色泽偏黄；釉层薄而匀；釉胎结合紧密，不见剥釉现象。装饰以素面为主，内面采用贴、印花工艺饰瑞兽纹。以上呈现五代越窑青釉古瓷相。

比色法： 青釉色标为C-30，M-20，Y60，K-10。与古秘色瓷釉色相比较，色调少绿多黄，但符合五代越窑古瓷色调。

图（5-7）

容重法：洗在空气中称重480克，在水中称重274克，则其体积相当于480-274=206cm^3。洗的容重E=480/206=2.33。此值偏大，但可排除近现代仿品瓷。再则本洗非白瓷土质，为古瓷紫金土质，其容重稍大于2.30，亦在高古瓷合理数值之中，证实为五代古瓷真品。

微观法：见釉下开片和白色石花斑，又见土咬斑，基本无明显气泡，呈古瓷相。

总结：以上实鉴说明，此器较开门，符合高古瓷相，可定为一件珍贵的五代越窑青瓷。

图（5-8）

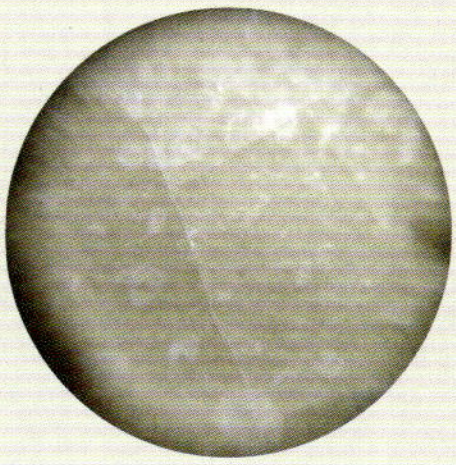

图（5-10）

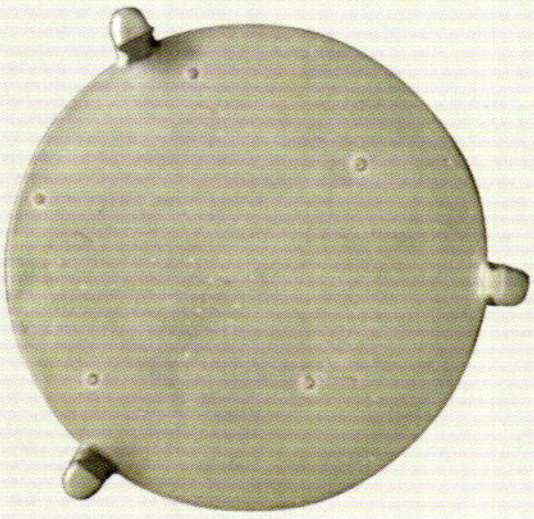

图（5-9）

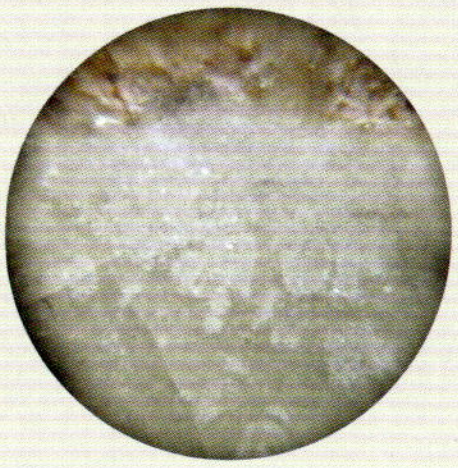

图（5-11）

二、玉质莹厚汝窑瓷

汝窑是宋代著名的官窑，它是我国自东汉末期以来所烧制的青瓷器在工艺上达到炉火纯青的杰出代表，在宋代灿若繁星的群窑当中高居榜首。

汝窑青瓷的第一大特点是它的胎质，汝窑青瓷的胎质一般都很细腻，呈香灰色，故有“香灰胎”之称。但也有显白胎的，这是化妆土层或釉硅化造成的，其实里面还是灰黑色。胎壁多轻薄，但亦有个别厚胎器。然而不管是薄胎还是厚胎，质地均很细腻。

确实，不以装饰纹样取胜的汝窑青瓷，最与众不同的当属其有着“雨过天晴”美誉之绝妙釉色了。从无锡雅蔚苑集藏的七件汝窑瓷器来看，所有器物的釉色都呈现出一种比较纯正的天青色，虽然有的釉色稍微深点或浅点，乃至还有粉青、卵青、灰青等，但是总而言之色调没有大的变化，也就是说釉色比较稳定，基本上都离不开天青色这个基调，这说明汝窑匠师已经完全掌握了胎釉中呈色剂的主要成分——铁的含量，以及瓷器烧成时还原火焰温度的控制。

另外，汝窑釉中含有“玛瑙”，汝窑瓷器釉色之所以会呈现出天青色，还与瓷釉中含有氧化硅的成分有关，而玛瑙的主要成分就是氧化硅。这就是汝窑青瓷的第二大特点。

汝窑青瓷的第三个特点，不仅与含有玛瑙这种贵重釉料有关，而且更与宋室宫廷肆意挥霍的奢侈风气相连，因为工匠在往素瓷上施釉时往往根据监工的要求，不惜工本地施加了很厚的釉料，而施釉过厚的结果就是使釉面经过高温后，在冷却过程中由于胎釉收缩速度不一致而造成釉面开裂，从而出现许多细碎的白纹开片，其状恰如蟹爪一般，这就是文献中所谓的“蟹爪纹”。

汝窑青瓷的第四大特点，就是采取满釉支钉支烧的方法烧造成器。所谓满韵，就是采用荡釉工艺对圆形器进行通体施釉，即器里、器外、口缘及底足等部位全部施釉而不露胎体本色，这就改变了唐以前瓷器施釉不及底的传统工艺。但这种满釉瓷器已经不适用以往采用垫饼或垫圈的支烧工艺了。于是，汝窑工匠也许是借鉴了隋代湖南湘阴窑创始的支钉支烧之法，发明了小支钉支烧的技术，即用三五个如芝麻粒一般大小的沙粒等距离地放在器物底部，支撑着满釉器物不使其粘连在一起，然后再入窑烧造。因此，以此法烧造而成的汝窑瓷器底部都有三五不等的支钉烧痕。无锡雅蔚苑收藏的七件汝窑瓷器圈足内均有5个细小的支钉痕。有趣的是，即便汝窑瓷器采用了这种小支钉支烧的烧造方法，人们依然能够从细小支钉痕处看到满釉里面的瓷胎本色——香灰色。

不知何时开始，瓷器在器型上仿造起青铜器来，而这在汝窑瓷器身上体现得尤为明显，从珍稀的汝窑瓷器藏品中的温酒执壶、四方觚、花棱觚、出戟尊、玉壶春瓶、纸锤瓶、龙耳瓶等为证的话，我们完全有理由相信汝窑瓷器确实大量仿造了汉代青铜器的形式。这是汝窑青瓷的第五个特点。

因为玛瑙有七种之多的彩色，故汝窑青瓷出现最奇异之处是随时间的光照变化而变化。这是汝窑青瓷的第六个特点。

汝窑青瓷的第七个特点，是用适当放大镜微观，就可见汝窑釉下有像玉中雾棉一样的东西，气泡要在雾棉下，釉层下还有微小的有色粒状物，这就是所谓存在釉层中的色料粒和玉石、玛瑙。

宋——汝窑天青釉四方觚

目测法： 器高17cm，器形仿古铜器式样，四方形体，分三层带棱部和二间隔凹槽。上层弧形撇口喇叭形，四条曲线形凸棱；中层长方形腹部，四条弓形凸棱；下部外撇八字形座，四条曲线形凸棱。胎质细洁，胎体较薄，胎土颜色为香灰色。通体施釉，器内外、口缘及足际皆不露胎。釉面温润似玉，青釉不透明、无玻璃光泽，呈天青色，棱上薄釉处有泛黄色彩。釉面有少量缩釉点。器底四角有角脚。采用支钉支烧的工艺，有五个芝麻状支钉痕，断面瓷胎呈灰白色。

图（5-12）

比色法： 天青釉色色标为 C-50 M-10 Y-20 K-30，这符合传世汝瓷的本色。

容重法： 空气中称重为370克，水中称重为199克，体积相当于370-199=171cm³，容重E=370/171=2.16，符合宋汝瓷容重范围。

微观法： 见釉中含玛瑙原料的珍珠状结晶点及乳白云雾状物质，不见气泡，造成汝窑瓷独有的乳浊感。纹片细密而较深，可见密集破泡的纹片翘起，似有冰雪即将融化的美观。

总结： 从四个方面测出均达标，可定为宋汝瓷真品。

图（5-13）

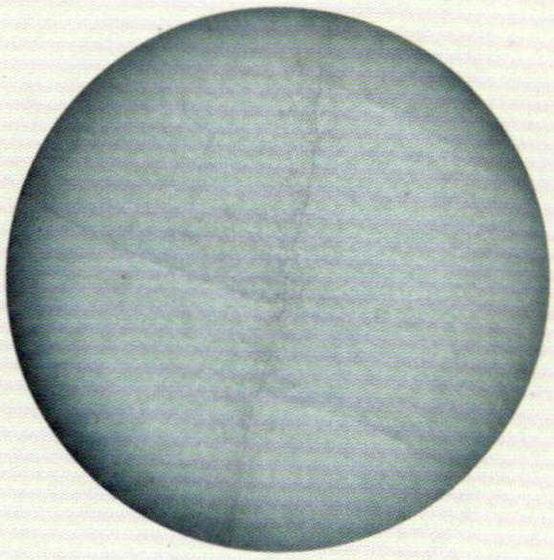

图（5-14）

宋——汝窑卵青釉无流球腹执壶

目测法： 此壶通高17cm、腹径8cm。龙形壶柄高出壶口，流口合一，长颈上微凸5圈弦纹，喇叭形脚座，无圈足，留有5个芝麻钉痕极小。香灰胎，胎厚2毫米。浇满釉，釉色天蓝，柔和蕴润，不透光，有玉质感，很细腻，开片很美。整器小巧玲珑、工艺细致、造型优美，壶形超过一般形体，与辽金时代的鸡首壶很相似，这也算得上精美多姿了。

比色法： 此器为天蓝色，色标为：C-40 M-0 Y-20 K-30，这是传世汝瓷的本色。

图（5-15）

容重法： 在空气中称重为278克，水中称重为150克，体积相当于278-150=128cm^3，容重E=278/128=2.17，是宋汝瓷标准容重。

微观法： 见釉下釉的流动如同流动的棉絮与豆花一般，分布在其中的气泡随处可见，大小气泡差异较大，但分布自然，有层次感，呈现活泼生动的韵动感。气泡外层具较厚的乳白状圈痕，造成宋汝窑特有的乳浊瓷相。

总结： 无论从哪方面都可定论此器为宋代汝瓷中小巧玲珑、美观精湛的珍贵文物。

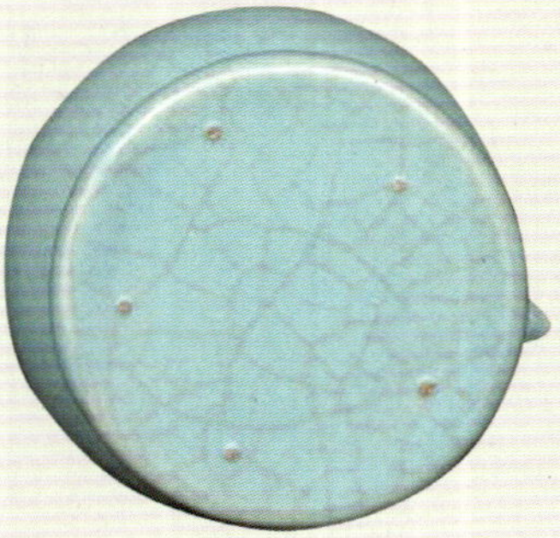

图（5–16）

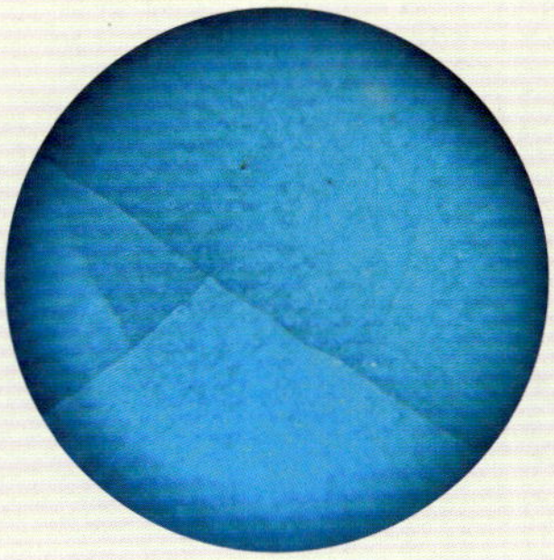

图（5–17）

宋——汝窑天青釉出戟樽

目测法： 器高14cm、口径10cm。此樽喇叭口外延，颈部内收，折肩鼓腹，喇叭形高圈足，圈足微外卷。颈、腹和足的四面出戟，显得庄重典雅，此为祭祀之物。

胎体略厚，胎质细腻，胎色呈香灰色。

通体施汝青釉，釉质润、坚、细，在棱筋处釉质稍薄而莹润过之，有“出筋”现象。另外，由于本器胎土中含有微量铜，因此，呈显汝窑的特点之一，是迎光照看，微见红色。近底部有缩釉处。

釉色美如“雨过天晴、云开雾散”的天青色。釉面纹片细密且深，有层次感，并有陈旧感，用手或脸抚之同婴儿的嫩皮肤感，绝非人工开片。底部有5个支钉痕，都特别细小，像芝麻钉痕，且不影响美观，是一件极美的古瓷。

比色法： 青釉色色标为 C-30 M-5 Y-10 K-10，符合宋汝瓷天青釉色。

容重法：空气中称重为346克，水中称重为185克，体积相当于346-185=161cm^3，容重E=346/161=2.15，属宋古瓷真品条件。

微观法：釉下见白色石花斑（破气泡），如星斗有距离地分布在全品上。又见极少小气泡，明亮如珠，也没有土咬，是传世古瓷。

总结：从上测定分析，完全符合宋汝瓷之特征，可鉴定本器为宋朝的汝瓷真品无疑，异常珍稀。

图（5–18）

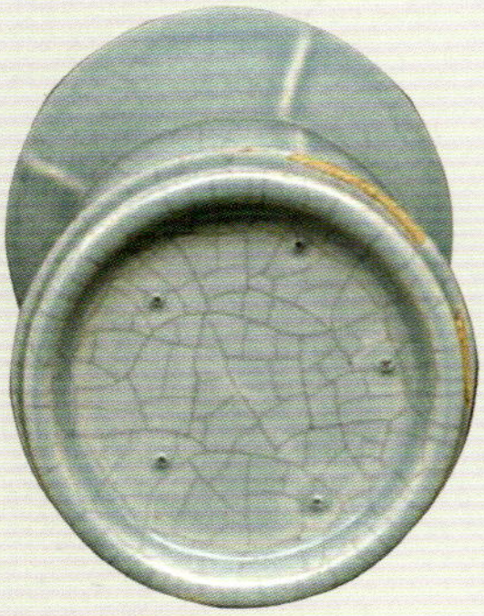

图（5–19）

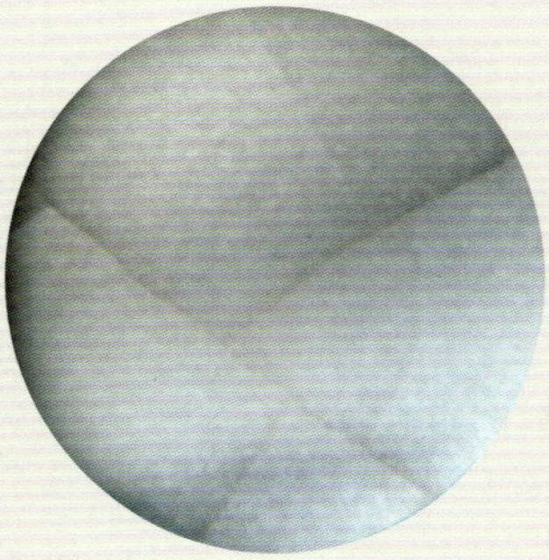

图（5–20）

三、古朴精纯官窑瓷

青釉瓷在宋代，由于上层社会对它表现出一种特别持久不衰的迷恋与偏爱。无论在制瓷工艺和艺术诸方面，直到现在仍保持着世界领先的地位，所以历代制瓷工匠都以宋瓷为楷模。

宋代文化在中国文明史上有着辉煌的一页，凝聚在宋瓷上的文化艺术更是空前绝后的。以宋官窑代表典型的供御用瓷，其釉色平淡含蓄，素雅之中表现着内心的意蕴。从美学角度，它的艺术格调是高雅的，特别受到西方人的倾赖。细密的冰片，隐约间闪烁着钻石的光芒，仿佛是宋代艺人无意间冰镐敲击的严冰穿过时空来到了我们面前、温润而细腻。

毋庸置疑，宋代官窑的制作技术是起源于“唐代秘色瓷”与“五代柴窑”的基础上发展出来的。

北宋官窑特征

1、器型结构匀称、规整，注重修坯，上端和下端一样整齐、平滑，看不到粗糙的地方。胎有灰白、灰褐两种，胎骨较为厚重，紫口铁足是共性。

2、施釉整齐均匀，玻化程度好，有漂亮悦目的光亮感。釉色以白色、蓝中微显绿色居多。釉中大、小气泡密如攒珠，与汝瓷釉中气泡分布的状况有极大的差异，官窑的釉色更趋向追求玉色。

3、造型以仿古青铜器为上，简洁雅致、干净利落，有一种特别古朴的年代感。仿佛一出窑就经历了千年的风雨，历史的沧桑。

4、开片为冰裂纹，开片有大、小之分，大片与小片相错。大开片器，裂纹深入胎骨，独树一帜。

5、烧制方法，有支钉支烧和垫饼支烧。支钉支烧的器物，支钉痕迹大，多数器物是采用垫饼支烧。

北宋官窑与南宋官窑是父与子的关系，从遗传学讲，有其共同特征：器物紫口铁足，釉下气泡密如攒珠，釉面开冰裂纹片，个别器物采用大支钉支烧，这些均体现了两个窑口的共性。

南宋修内司官窑特征

1、胎质细密坚实，有灰胎、黑胎、香灰胎、紫色胎，还有少量的灰白胎；

2、釉质具有明显的半失透乳浊性，温润如玉；釉色有粉青、天青、月白、米黄、蜜腊、青灰、浅灰、窑变、翠绿、黄、浅紫等；

3、器物以厚胎簿釉、厚胎厚釉者为主，簿胎厚釉较少，釉面大都开具不规则斜切冰裂纹，釉内会出现较透明长条形和浅白色隐纹现象。也有鱼子纹和蟹爪纹，“紫口铁足”常见。放大镜微观釉下可见釉内反射结晶现象。

4、烧制方法有用支钉支烧的，也有用垫饼、垫圈、垫环垫烧的，支钉数量不等。

宋——官窑月白釉双耳扁壶

目测法： 此壶尺寸为：高26cm，口径6cm，腹宽20cm，壶体厚9cm。器形微敞口，短颈，颈下部微叙，自颈部到肩部有“3”形双耳，壶体扁腹，椭圆形圈足，为仿古铜器型，造型端庄，线条挺健，呈显宋古瓷的古朴素雅。釉色为月白色，浑厚滋润，如玉似冰。釉面包浆成熟，开片自然，底足与口部隐呈紫口铁足。

图（5–21）

双面壶腹中心有凸起的圆圈描金图案，圈内以汉代游龙和旭日作装饰，龙昂首，龙头及躯体、四足、卷尾呈回环卷曲状，体态圆转有动感，中心一轮红日。图案富有“吉祥”寓意。

比色法： 月白釉色色标为C-0，M-0，Y-5，K-5，这是乳白釉色。

容重法： 空气中称重1304克，水中称重736克，壶体积相当于1304-736=568cm^3，E=1304/568=2.29，由于本壶胎土非白瓷土，再则这值小于2.30，还在宋瓷范围，所以定为宋古瓷是妥当的。

微观法： 见釉下乳浊相，均见不到气泡。开片为冰裂纹，裂纹深入胎骨，是宋官窑瓷真品。

总结： 从四方面测定，均证实该壶为宋官窑瓷无疑，特为珍宝。

图（5–22）

图（5–23）

宋——官窑菊瓣口碗

目测法： 碗敞口大微敛，呈菊花瓣形，深弧壁，瘦底小圈足。器型凝重，端庄，呈现轻灵华贵的特点，具有大方典雅的宋代作品神韵。碗通高7.8cm、口径18cm、足径5.5cm。

胎土细腻温润，胎体沉重，下坠感较强，呈黑紫色胎质。

除圈足外通体施青釉，近圈足施釉不到底，釉层较厚，因在完全氧化焰烧成气氛中烧制，而形成极罕见的米色（淡黄色）官釉制品。呈有凝脂般的玉质感，偶见缩釉斑和棕眼。釉面布满很美的冰裂纹，纹片短而密，呈鱼卵状，并呈网目形。碗口呈上扬状态，口部边沿比较尖薄，由于釉的流动，使口边只能挂到一点稀釉，胎土中的黑色与青釉相互作用，呈现浅紫色。足部平直圈足露胎，足墙厚3.5毫米，足脚全部包裹施满酱色护胎釉，用正烧法烧制，呈现黑铁色。这样就形成通常所称的“紫口铁足”特征。靠近足脚的胎釉结合处屯积厚釉，结合处釉层边缘修整随意而不整齐，露出的足墙达2-5毫米不等，胎釉边缘隐现一条晶莹的自然黑，犹如天然纹路，十分好看。

底足凸刻方圈内“官”字款。

图（5–24）

图（5–25）

比色法： 釉面色标为C-20、M-10、Y-70、K-10。极罕见的黄绿色调。

容重法： 碗在空气中称重为503克，水中称重为285克，体积相当于503-285=218cm^3，则碗的容重E=503/218=2.31，这个值可否定现仿的存在，再则本碗胎体非白瓷土，质地含铁量较高，此值可在古瓷范围，所以认定它为宋官窑瓷是合理的。

图（5–26）

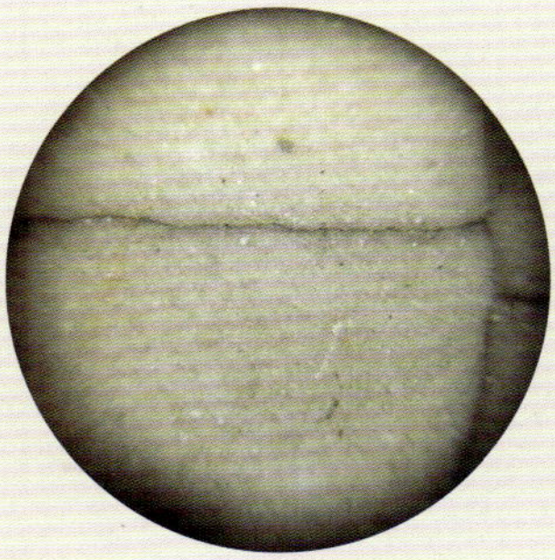

图（5–27）

微观法： 见釉面似被熔蚀，平润模糊如雾态，少量沁色自然，见明显冰裂纹，且看不清釉中气泡信息。

总结： 这是一个极罕见的瓷碗，从四方面测定分析，不可能为近仿，应为宋官窑瓷，特显珍品。

南宋——官窑双贯耳扁瓶

图（5–28）

目测法： 实测瓶高19.8cm、口径8.8cm×6.4cm、足径9.4cm×7.4cm。造型为仿古铜器祭器中的贯耳瓶，形态端庄。

胎体显厚，胎质细润。由于此器采用垫烧法烧成，故圈足露胎无釉，露胎为褐色。整器呈现“紫口铁足”特征。

除圈足外，通体施青釉，釉色灰青而亚光，底足釉与通体釉有色差，釉面肥厚莹润，乳浊感极强，有玉石之貌。釉面有开片纹，大纹黑色，小纹冰裂无色。

比色法： 官窑釉色色标为C-30，M-10，Y-40，K-30。官窑灰青釉色。

容重法： 瓶在空气中称重921克，在水中称重513克，其体积相当于921-513=408cm^3，E=921/408=2.254，此值符合宋古瓷之范围。

微观法： 釉下见开片纹，不见明显气泡，且满身密聚小气泡沫，部分釉面有白色膜花斑，符合宋代官窑瓷相。

总结： 从四方面测定分析，其胎质、釉面、容重、微观诸方面均符合宋代官窑器之特征，是南宋官窑珍稀之传世真品。

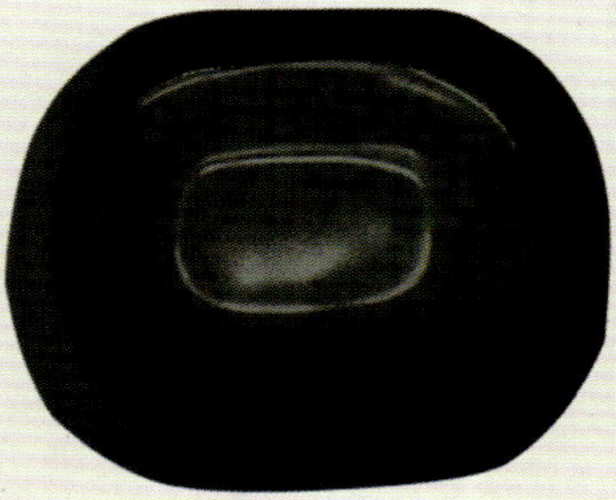

图（5–29）

图（5–30）

四、如玉似冰哥窑瓷

哥窑是宋代五大名窑之一。据史料记载，浙江龙泉南宋时有章家二兄弟，均以陶瓷为业，各主一窑，兄所主之窑名哥窑，弟窑亦称龙泉窑。

要真正算得上名副其实的宋代传世哥窑瓷器，它起码应当具备以下特征：

1、它的器形优美端庄高雅，必须具有“金丝铁线 ”和 “紫口铁足” 。前者是哥窑瓷器的与众不同的裂纹，大纹为“铁线”，纹粗而色深，大纹中套的小纹为“金丝”，大纹小纹合称为“面圾破” ，它应当密而不疏，曲而不直。其开片特点多样化，有鳝鱼纹、黑蓝纹、浅黄纹、鱼子纹、冰裂纹等等；后者是哥窑显露的较为特殊的胎色，但两者往往如鱼与熊掌一样不可兼得，瓷胎满釉器有“紫口”而无“铁足”。哥窑瓷器的特点是里外披釉，晶莹滋润，不仅扣之瓷音清亮，而且造型挺拔大方，轮廓亦柔和流畅。

2、哥窑器釉色为青釉，浓淡不一，所施的釉属无光釉，犹如“酥油”般的光泽，色调丰富多彩，有粉青、米黄、奶白诸色。因窑变作用，釉色多显两种或两种以上的色泽，非人为主观意志所为。哥窑瓷器的胎质有瓷土、澄泥（砂）之区别，少花纹，无年款。胎色有黑灰、深灰。杏黄、浅灰等。釉水肥厚，底足之釉最厚，有的可达4毫米。釉层极其细腻滑润，光泽明亮而温润，精光内敛，整体的感觉是玉而非瓷。烧成工艺为蘸釉用支钉或垫块立烧之器。

3、哥窑瓷器的底足也颇为特别，其圈足底边狭窄平整，非宽厚凹凸，足之内墙深长，足之外墙浅短，难以用手指提拿起来。

4、哥窑瓷最主要、最奇妙、最令人称道、又最被人忽视的特征：釉下微观只见白色石花斑，不见明显气泡，即所谓“聚沫攒珠”瓷相。

另外，这一闻名世界的传世哥窑的产地迄今还未发现，尚待文物考古学者的分晓了。

南宋——哥窑粉青釉羊首双系罐

目测法： 器型仿青铜器式样，口大，器口微微外鼓好似在胎里镶嵌了一根铁丝，其实这是哥窑的厚釉所致。口沿向下斜放无肩、无颈，大鼓腹，直到底部稍收。有圈足而不太规整，圈足端面较为平整，但不宽。上腹两旁有羊首系耳。罐通高17.5cm，造型具有古代雅典之美感。

胎骨厚重，为澄泥（砂）胎质，呈土黄色，质地细腻而坚致，通体施哥釉，仅圈足端无釉，釉色粉青偏蓝，釉层肥厚如堆脂，呈现油酥般的光泽，有明显的乳浊玉质感，釉面布满“金丝铁线”，极富艺术观赏美感，底部有缩釉现象。

比色法： 粉青釉色色标为C-50，M-5，Y-30，K-10，这是一种少见的哥瓷，偏蓝色。

图（5–31）　　图（5–32）

容重法：空气中称重2522克，水中称重1309克，体积相当于2522-1309=1213cm^3，E=2522/1213=2.079，非常理想，确证为哥窑古瓷。

微观法：见釉下白色石花斑盖釉面，似聚沫攒珠，有开片，并含有少量残留石英颗粒物，符合古瓷相。

总结：从四方面测定分析，可定为南宋稀有的传世哥窑瓷，非常珍贵。

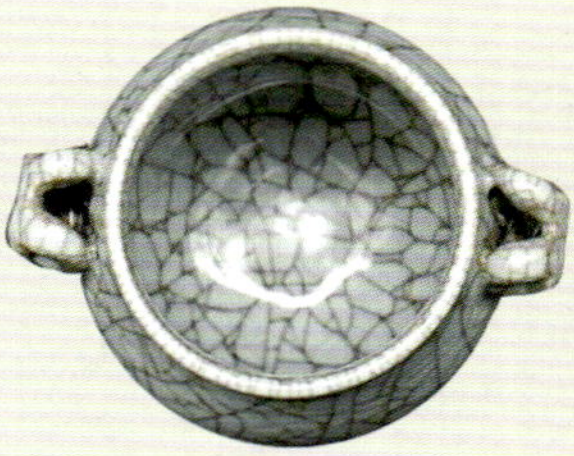
图（5-33）

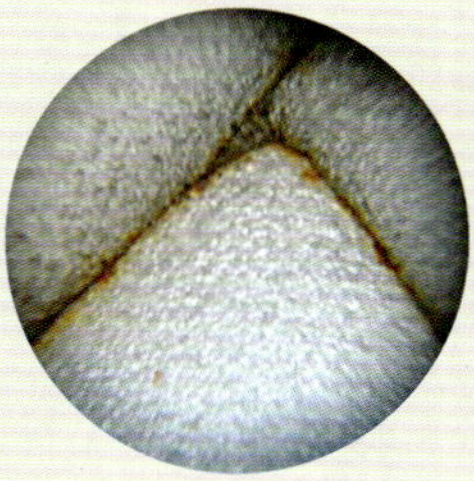
图（5-34）

宋——哥窑黄釉双耳三足炉

目测法：这是一件典型的五大名窑哥窑瓷中最具代表性的米黄色哥窑瓷，双耳炉造型为仿古青铜器香炉，很美。釉色为纯正如玉米黄，犹如美玉，米黄色彩清丽、雅致，令人爱不释手。

胎体坚致较硬，胎色黑酱色。釉层较薄，里外施釉，釉汁滋润，略带油腻感，包浆明显，为不透明的失透型。三足底均涂酱紫釉，明显的“铁足”，底

图（5-35）

图（5-36）

部一足腿跟部，有三个棕眼（缩釉斑）。釉面开小开片，铁线很自然而黑，金丝呈色较淡，口边沿稍厚，不呈现“紫口”现象。以上符合宋代哥窑瓷特征，是一件不可多得的珍稀品。器通高21.3cm。

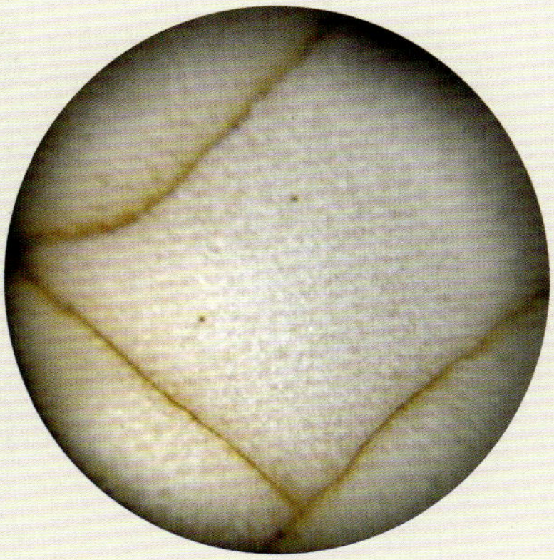
图（5–37）

比色法： 以黄釉测出色标为C-5，M-30，Y-50，K-10，为很标准的玉米黄釉。

容重法： 空气中称重1236克，水中称重661克，体积相当于1236-661=575cm^3，E=1236/575=2.149，这个值符合宋古瓷条件。

微观法： 釉下开片纹深沉，色呈“老窑桔红色素”。釉里只见一片白色石花斑，不见气泡，为传世宋代哥窑瓷真品相。

总结： 从四方面测定，都证明为正宗传世宋代哥窑瓷炉，传世量极其稀少，故珍贵无比。

宋——哥窑月白釉圆形洗

目测法： 造型似盆、浅腹、浅平底。口径23.8cm、高7.5cm。

胎骨厚重，为澄泥胎质，呈土黄色，胎质细腻而坚致。通体施哥釉，仅圈足端无釉。釉质为失透的乳浊釉、釉色月白、光亮明快，釉厚而呈油酥般的玉质感。偏体开一色细碎纹片，有大纹铁线和套浅灰白色小纹丝，大纹小纹合称为“面圾破”，纹路密而不疏，曲而不直，呈宋哥瓷特征。

器足宽厚、不施釉而露土黄色质胎，底部厚釉中刻“官”字篆书款。

比色法： 月白釉色标为C-0，M-0，Y-10，K-20，呈浅灰白色调。

容重法： 洗在空气中称重为2626克，在水中称重为1478克，则其体积相当于2626-1478=1148cm^3，洗的容重E=2626/1148=2.287，此值符合非纯白瓷质的宋代古瓷。

图（5-38）

图（5-39）

微观法： 见釉下白色板上干瘪气泡和小亮点水泡之密似攒珠，不见明显气泡，有见细小石英颗粒点斑，铁线上翘明显，符合宋哥窑古瓷相。

总结： 从四方面测定来看，本洗可定性为宋代的哥窑古瓷，是非常珍贵的传世绝品。

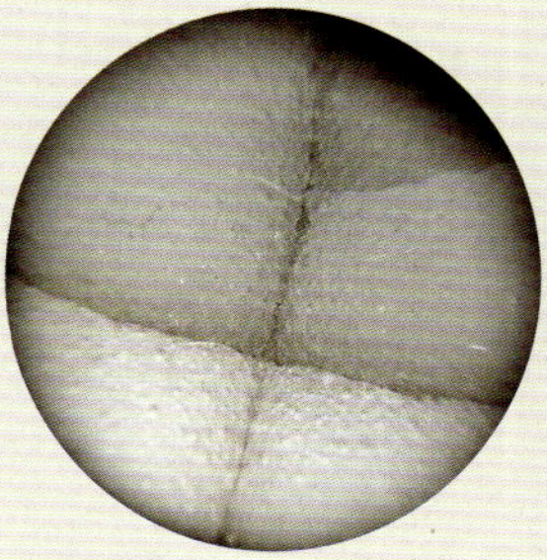

图（5-40）

五、纤细优雅定窑瓷

定窑是继唐代邢窑而起的北宋著名窑场，定窑窑址位于河北曲阳涧磁村以及东西燕山村一带。这里宋代时属定州，故名定窑。定窑白瓷的烧造始于唐代晚期，终烧于元代。北宋初期，定窑瓷器脱颖而出，完全取代了邢窑（邢窑就此衰落）。虽仍以烧造白瓷为主，但另兼烧黑釉、绿（蓝）釉、酱釉及白釉剔花器。在官、定、汝、钧、哥五大名窑中，定窑是以覆烧法和器物芒口为特色，以精美白瓷和纹饰丰富取胜。其鉴定特征是：

1、胎质。胎料加工精细，经过细致筛选。胎质坚致细腻，胎薄而轻，胎色洁白。无论酱釉、褐釉，还是黑釉、绿釉等颜色釉品种，都是白胎，即与白瓷所用的胎料完全一样，只是外罩的色釉不同。

2、釉面。早期釉色白中闪青，中期以后白釉略带乳黄，俗称“象牙白”，质感柔和悦目，有玉质感。宋代制瓷追求玉质效应，以有玉质感的为上品，特别是作为宫廷烧造的瓷品，更是必须要烧出玉质感来的。因此，一件定瓷器物上手（无论是白定，还是色釉定都是如此），首先要看有无玉质感？真品应是釉水莹润，富有灵动之气，就如白玉一般的。仿品因胎釉原料和烧造温度等不易掌握，很难烧出玉质感来。一般都是气韵呆滞、釉色苍白，无玉质感可言。个别能烧出玉质感来，但常见色彩显新，有火爆之感。五代之后，定窑器施釉前已不施化妆土了。所施白釉的釉水为白中闪黄，所以釉面之色呈所谓的“象牙白”色。少数质差的釉为白中微闪灰黄。白定釉面呈半透明状，因为施釉较薄，所以薄处能隐约看到胎色。在器物的折腰处可见积釉呈浅浅的黄绿色。积釉处气泡稀疏通透，大小不一。这也是一个鉴识时要注意的要点。仿品因掌握不了定窑特定的烧成气氛，故难以烧出“象牙白”的釉色来。釉色常不是偏白就是偏黄，在器物折腰处也难见浅黄绿色。

釉面极少开片。积釉处多见泪痕，隐现黄绿色；薄釉处能看出胎上的旋轮痕，俗称“竹丝刷纹”。定窑的制胎工艺中，在胎半干之时，有用竹丝刷子旋修这一道工艺，因此在胎面上就留有一些“竹丝刷痕”。定窑因为施釉较薄，烧成后，在釉薄处透过釉面就隐约可见竹丝修胎所留下的刷痕。这是定窑瓷的一个基本特征之一，在鉴识时必须特别留意。仿品中常不见这种“竹丝刷痕”。有的做了，但做得生硬拙劣，不够自然，据此可以鉴别。

“泪痕”是指器表的流釉现象，定瓷流釉往往呈条状，宛如垂泪，故称“泪痕”。这种“泪痕”是由于上釉不均匀，入烧时釉水垂流所致。垂流釉的下部似蜡泪状凸起，球面下部呈浅水绿色。这种“泪痕”只出现在盘碗的外部。有否“泪痕”也成为鉴识是否北定的一个基本特征。当然，不是每一个定窑瓷都有“泪痕”，但有“泪痕”比没有“泪痕”的要容易确认。一般的仿品是较难做出这种“泪痕”来的。

“竹丝刷纹”是指在定窑碗、盘类器物的外壁，经常可看见的细密如竹丝的划痕，这些划痕是器物初步成型后用竹丝小刷修理时留下的。

3、器型。主要有碗、盘、瓶、碟、枕等，还有净瓶、海螺等佛前供器。

4、烧造工艺。定窑瓷器在北宋中期以后，对碗、盘类器皿采用覆烧工艺，其目的一是增加窑内装烧量，节约燃料；二是防止碗、盘焙烧时变形；烧造出来的瓷器，其口沿部位一周均无釉，文献中称其为“芒口”。

5、纹饰。主要装饰方法，按工艺细分，可列为刻花、划花和印花三种。刻划花纹多装饰在器物的一面，或里或外，里外双面都刻划纹饰的极少见，常见纹饰是莲花荷叶纹、水塘双鱼纹、莲池游鸭纹以及龙、螭等图案。刻划花的装饰手法流行于北宋。刻花以其线条纤细流畅、刀法娴熟精湛而享誉宋代；所刻花纹轮廓线的一侧呈单线，另一侧呈双线，双线由外粗内细的线条组成。印花以花卉纹居多，常见莲、菊、牡丹、梅、海棠、葵花、萱草等，也有龙凤、狮子、孔雀、凤凰、鹭鸶、鸳鸯、飞雁、鸭、游鱼、牛、婴戏等图案，画面整齐严谨，讲究对称。

6、底足。定窑器物的底足类型不多，主要分为平底与圈足两大类，而其圈足具有与其它窑口器物圈足明显不同的特点，这些特点体现在北宋中期以后覆烧成型的定窑器上，由于覆烧的发明，器物圈足得以裹釉，而将露胎处移至器上，然而裹上釉层的器足在外观上的表现并不那么完美，北宋定窑圈足器足面（圈足与地面接触部分）总是显得不够平整，有些地方釉厚，有些地方釉薄，以手抚之，明显地感到凹凸不平，所见的器物无一例外。这种现象十分奇怪，但在鉴定中却非常有效，凡北宋定窑圈足器（采用覆烧法，圈足上釉者）均有此特征，此为鉴定关键。定窑瓷器有的在底上刻有“官”、“易定”等款字。

从釉色来看，北宋时滋润，而带有粉质感，亦显得较为稀薄，突出于器表的纹饰微露白色。泪痕现象仅见于北宋定窑器，唐至五代定瓷并无此特征。北宋则凝厚而泛黄，釉内气泡大而多，釉层在烧结过程中随器垂挂流淌，形成泪痕。也有一些定窑白瓷，泪痕方向为横向，十分奇怪，形成原因尚待研究。

占定瓷大宗的北宋定窑白瓷，具有以下的特征：

1、“硬”。北宋定窑的刻、划花技法与当时的其它窑口瓷器颇为不同，给人一种很“硬”的感觉，这种感觉只可意会，不可言传，但可以打一个比方来形容，如用钢刀在松软的木料上刻花，受刀处周围的木料表面会随着刀具的刻压而下陷，此谓之“软”，而在坚硬的红木上刻花，受刀处周围的木料表面则不会下陷，使刻纹轮廓更为鲜明，此谓之“硬”。

2、“竹丝刷纹”。当然在其它窑口的器物外壁也可见到旋坯痕，但不如定窑的纤细密集，此为鉴定定窑器物的一个特征。另外，定窑圈足器之圈足有大小两种

类型，大圈足器之足底往往可见竹丝刷痕，刷痕呈同心圆，而小圈足器则无这种现象，但无论大小圈足，足均极浅，足墙均窄，小圈足器挖足不过肩，几乎无钩手。

3、"变形"。定窑器物，尤其是碗类器物，大都有些变形，若是完整器，将器物倒扣于桌面，便很容易发现这一特点。

就目前在市场上所见到的仿定白瓷而言，泪痕现象已可做到，竹丝刷痕亦不难实现，至于器物的变形非人力而可强为，而取决于烧造时的火候、窑位、气氛等等因素，若以人力做作，不免留下故意造作的，不自然的痕迹。现在只有一点还难以企及，就是足面的不平现象，这种现象的形成完全出于自然，且在目前尚未引起仿造者足够的重视，仍可作为鉴定的一个标准。

宋——定窑白釉印花小底碗

目测法： 碗型为敞口，碗口镶金属圈，浅腹和小底足。口径15.5cm，足径4cm。胎料细腻而含微细杂质，胎体薄，胎色白而微黄。胎质十分缜密、坚硬，叩之清脆含金属声。胎体修削精细，形显轻盈秀美。器物外壁隐露"竹丝刷纹"。底足墙低矮，足端平切规整，足边粗细相等。这是定窑制作工艺的特征。

施釉裹足满釉，釉色白中含暖色调的淡赤色，釉层薄，瓷胎色调透过釉层而呈现一种柔和的象牙白，富艺术效果而甜密可人，釉面聚釉处有浅显缩釉"泪痕"，底足圈聚釉处隐显水绿色。

因采用"覆烧"工艺，碗口沿露胎无釉，出现一圈"芒口"，镶包上金属边圈，此为宋代定窑瓷器的一大特征。

图（5-41）

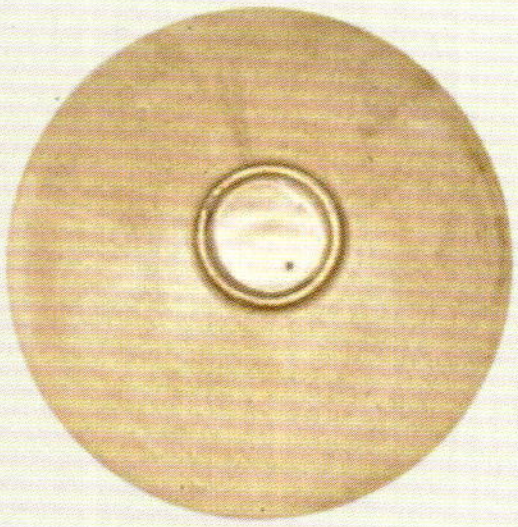
图（5-42）

图（5-43）

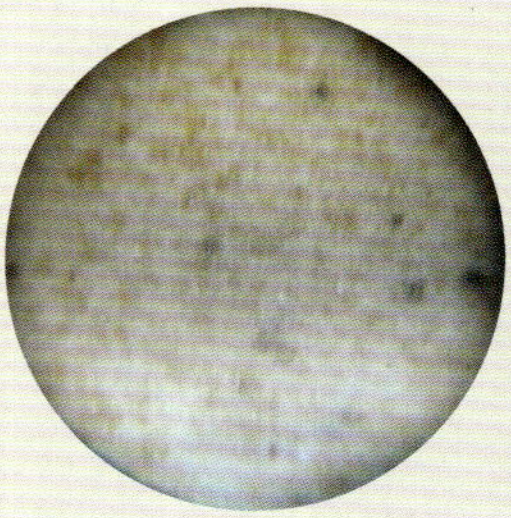
图（5-44）

碗外壁光素面。内壁凸饰模印纹饰三层：近碗口一周印定窑常用的边饰回纹；中层印四朵缠枝牡丹纹、花繁叶茂、纹饰丰满、枝条纤长、线条舒展；碗心装饰一朵团花。模印纹饰深而清晰，上下呼应，和谐统一，仿似浮雕，十分优美。这也是定窑纹饰的特点。

比色法：白釉色标为C-5，M-20，Y-20，K-10。符合宋白定色标。

容重法：在空气中称重141克，在水中称重69克，体积相当于141-69=72cm^3。E=141/72=1.958。这个值达宋瓷标准。

微观法：釉内见糠斑而不见气泡，符合真品条件。

总结：从四方面测定均达标，可确定此碗为宋定窑名品。

宋——定窑蓝釉印龙凤呈祥纹折腰碗

目测法：碗敞口，折腰大圈足，造型规整。口径12.2cm、足径5.3cm、高3.3cm。

胎白质坚，胎壁较薄。通体施蓝釉，釉厚滋润，不透明，由釉浆自上而下流淌的“泪痕”。用覆烧工艺，口沿无釉为芒口。这均为宋定窑瓷的明显特证。

碗外壁光素，碗内沿印刻一周回纹，其下为两对凤凰飞翔，内底印刻穿云龙纹，龙纹继承唐朝风格，祥云围绕，独龙身形矫健，昂首腾飞于祥云之间，龙尾与后腿缠绕，龙嘴露齿，欲吞火珠，背有鳍，身刻鱼鳞纹，龙须飘动，龙肘有毛，纹饰印刻工精致，图案清晰，栩栩如生，是定窑印花工艺之精品。

比色法：蓝釉色色标为C-90，M-50，Y-0，K-0，呈绿中偏蓝色调，旧籍有时以绿、蓝并类，归称绿釉。

图（5-45）

容重法： 在空气中称重103克，在水中称重55克，体积相当于103-55=48cm³，E=103/48=2.145，符合宋古瓷标准。

微观法： 釉表见细小气泡，推断为厚釉造成。也不见糠斑，偶见土咬斑，呈古瓷相。

总结： 从观诸方面测定，可确定本碗为宋定窑罕见蓝釉古瓷精品无疑。

图（5-46）

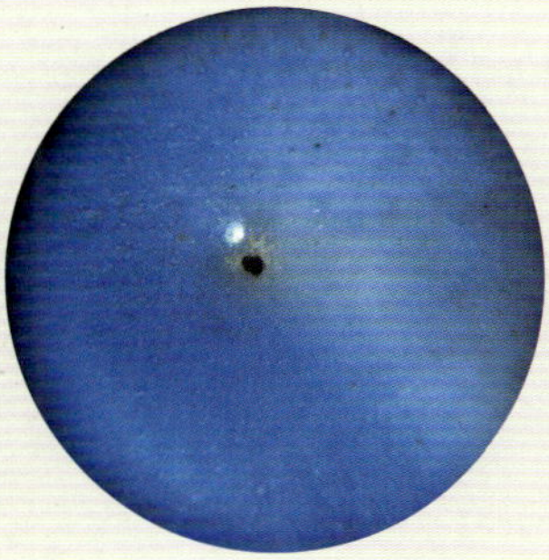

图（5-47）

宋——定窑白釉刻花双龙柄瓶

目测法： 器型盘口、细颈、溜肩、长圆弧腹、矮圈足。肩部有两条龙柄连接盘口与颈瓶肩上，龙嘴紧紧衔住盘口，生动别致，对称的布局更增强了装饰效果，它们与瓶身构成了虚实对照补充，形成了此瓶最突出的部分，给人以匀称稳重之感，同时便于提拿，集装饰性与实用性于一体。腹部线条圆润优美，底部敛收至圈足，与口、颈、曲柄顾盼呼应，形制非常规整，给人以一丝不苟的感觉。瓶高27.5cm。

胎薄而质细密坚致。釉面细腻，是一种柔和的乳白色，莹润光洁。

颈部刻弦线纹，肩部刻斜叶片纹，腹部刻牡丹花型硕大、花瓣、枝叶筋脉清晰。纹饰用刻画和印压两种工艺，线条活泼、流畅，极具写实效果、富立体感。在薄胎上的刻画深度适中，造型轻巧而又静雅，装饰尽显器物的沉稳华丽。

底部刻“易定”两字款。

比色法： 乳白釉色标为C-0，M-0，Y-10，K-0。

容重法： 在空气中称重为757克，在水中称重为431克，其体积相当于757-431=326cm^3，E=757/326=2.32，容重因宋瓷胎质与后代白瓷胎质有本质区别，所以其值偏大也是合理的。

微观法： 釉中上层见稀疏而有亮度的气泡像鱼籽大小，亮泡不见泡底。又见稀少糠色老化沁斑。下层几乎全是小干泡。证实是宋定瓷相，年代久远。

总结： 从目测法看造型好、工艺精、胎釉符合宋白定瓷，比较开门。又从比色、容重、微观诸方面测定，均与宋白定瓷相符合，所以定性为宋代白定瓷是恰当的，是珍贵之古名瓷。

图（5–48）

图（5–49）

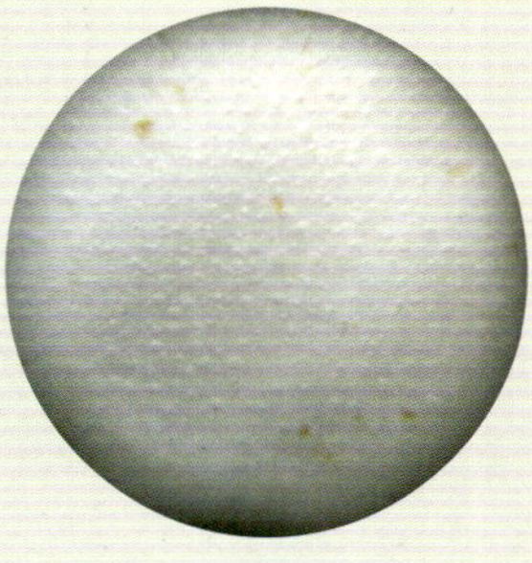

图（5–50）

六、窑变花釉钧窑瓷

成熟的钧瓷缘起于中国古代瓷器的鼎盛期，当时在瓷器烧造技术上达到了前所未有的高度，宋代钧窑首创用铜的氧化物作为着色剂，在还原气氛下烧制成功铜红釉，颠覆了传统瓷器单一釉色的概念，为我国陶瓷工艺、陶瓷美学开辟了一个新的境界。

钧窑瓷器最大的贡献在于它开了宋代复色釉工艺的先河。钧窑瓷器分两次烧成，先烧素胎，后施釉，而后再次进窑烧成。由于铜红釉的呈色与着色剂属石灰碱厚釉，它的加入量，基础釉的化学组成以及温度和气氛等因素都十分敏感，条件俏俏偏离规定要求，就得不到正常的红色，技术难度比较大。再则这种瓷釉在高温下流动很慢，黏度大，而素胎先经烧造干燥，时常会出现一些干裂的痕迹，遇到釉质填充后，自然形成了形似蚯蚓走泥纹的奇丽景观，就像纹饰一样浑然天成。这本质上是由钧釉窑变形成的万彩现象，造成了钧瓷世上无两件完全相同成对的原因。

宋代钧窑首先创造性地烧造成功铜红釉，这是一个十分了不起的成就。这一成就对后来的陶瓷业有着深刻的影响，它使陶瓷装饰的百花园中又陆续开放了不少瑰丽的鲜花，如宋元时期钧窑的海棠红和玫瑰紫，明清时期的宝石红、霁红、郎窑红、桃片红以及某些窑变花釉。元代烧造成功的釉里红是一种名贵的釉下彩，元以后历代都有烧造，这种釉里红的着色剂也是铜的氧化物，它的发明显然也与钧瓷有关。

宋代钧瓷造型古朴、工艺精美。胎色呈深灰色，器壁一般略薄，质地坚实，圈足均无釉。辽、金钧瓷的圈足也露胎（无釉），底中央施浅绛色釉，胎质粗松，釉面多棕眼。元代钧窑瓷器工艺粗陋，釉色晦暗且偏天蓝色，多见棕眼，且多见鸡心底，器物明显较大，更厚重。

图（5-51）

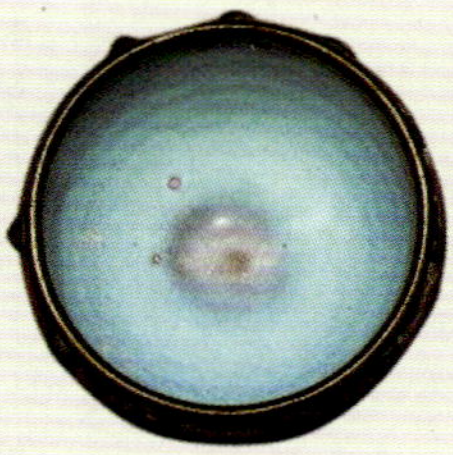
图（5-52）

图（5-53）

宋——钧窑鼓钉钵

目测法： 此器呈钵式，唇口、圆腹、高圈足，口沿处饰鼓钉11个，钵通高10cm、口径13cm，器物外形优美流畅，极富韵味。胎质坚实细腻且滑润，胎色酱黄，为粘土质。器内外施天蓝和玫瑰紫两种釉，包浆很陈旧，釉面无火光刺眼，有细密小坑点和走泥纹，全部开小片、流淌现象均可证明为古瓷施釉的特点。釉汁凝厚、窑变美妙、绚丽多彩、光彩莹润，表现出一种优雅含蓄之美。底部刷芝麻酱色釉，足底内刻有“一”字。

比色法： 天蓝釉色的色标为C-60，M-5，Y-20，K-30，紫釉色的色标为C-60，M-100，Y-60，K-30，都符合宋钧瓷正色。

容重法： 在空气中称重730克，在水中称重326克，体积相当于730-326=404cm^3，E=730/404=1.806，很好的值，证实年代久远，为宋古瓷。

微观法： 紫釉中有明显的蚯蚓走泥纹，见开片纹同时见气泡。天蓝釉中见开片纹同时见气泡，为宋钧瓷特点。

总结： 紫釉下见气泡呈古瓷相，诸多方面衡量都达宋钧瓷标准，故认定为宋代钧瓷佳品为适合，非常珍稀宝贵。

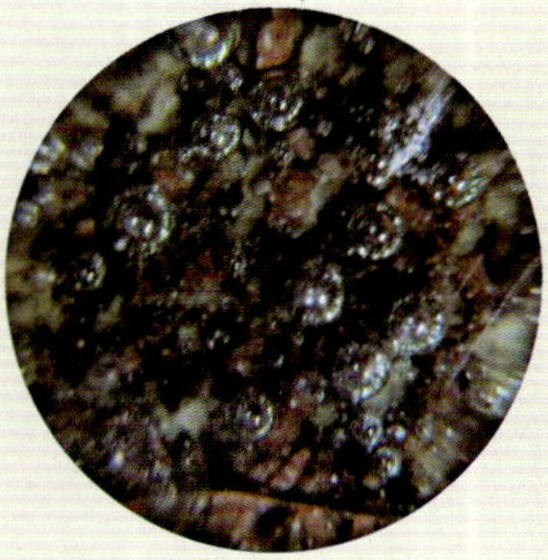
图（5-54）

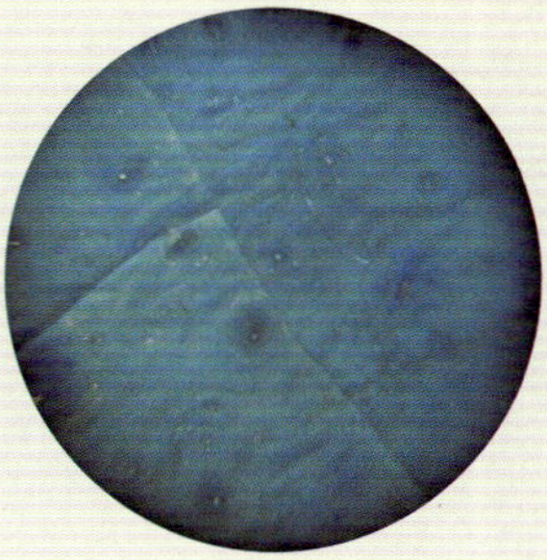
图（5-55）

金——钧窑天蓝釉子母口碗

目测法： 实测碗口径15cm、高5cm，碗口呈子母口形，胎质较粗厚呈灰色，有明显的拉坯痕迹，但修胎比较细致，用手触摸感仍光滑，圈足统旋直足，所掏窝子一刀而过，窝子不正，深浅不一，器型和工艺均具金代古瓷特征。

天蓝釉面装饰，釉面敦厚古拙，施釉不到底，近足缩釉处，釉面垂而不流。釉面有少数紫红色彩斑，其波散成晕，色彩暗哑朦胧。底部亦有釉，圈足刷褐色护胎薄釉。呈钧瓷特征。

比色法： 青釉色色标为C-70，M-30，Y-10，K-10，为偏绿钧窑天蓝釉色。

容重法： 碗在空气中称重405克，在水中称重227克，其体积相当于405-227=178cm^3，则E=405/178=2.275。由于本碗非白瓷土质，故值稍偏大，但仍符合金代古瓷范围。

微观法： 天蓝釉下见白色膜、开片纹、大气泡疏朗，红紫色釉下见明显蚯蚓走泥纹、不见气泡、有开片纹，这是继承宋代钧釉的独特现象，以上均呈金代古钧瓷特征。

总结： 从四方面测定均符合金代钧瓷特征，故可确定本碗为金代古钧瓷，特显珍贵。

图（5–56）

图（5–57）

图（5–58）

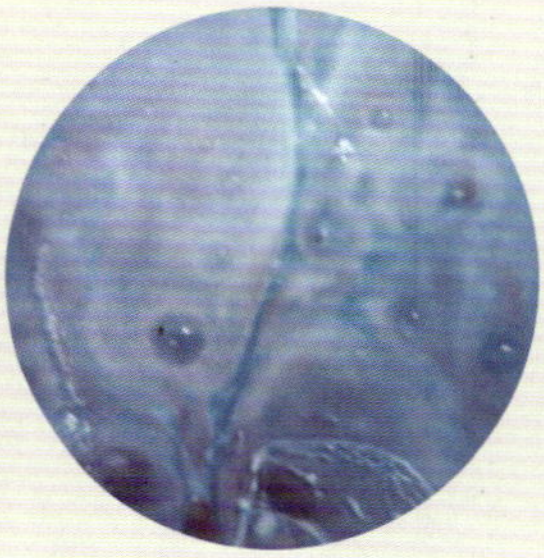

图（5–59）

元——钧窑“凤鸣九天”四系盘口瓶

图（5-60）

目测法： 盘口瓶肩上雕塑四只美丽的凤凰作耳，护着瓶口，并形成四系瓶。瓶通高51cm。不仅造型讲究，而且瓶腹部窑变成“凤形”钧紫釉斑块，又造就一只美丽的鸣凤形图纹，其在高歌“凤栖高梧声自远，鸣来朝阳彩云间。九州共起生平舞，天下同福永无边”，非常珍稀，可为世上钧瓷佳品。胎质泛土黄色，圈足统旋直足，足窝深浅不一。通体施明快的天青釉，底部刷褐色护胎薄釉。钧釉的颗粒结晶很大，釉面有玻璃光泽，窑变流动形成红斑、紫斑，聚釉处泛绿斑，其波散成晕，呈现“泼斑成晕，变晕成彩”的钧瓷风范。底部钤“金堂钧窑”篆书方章。

比色法： 天青釉色的色标为C-10，M-5，Y-20，K-10，紫釉的色标为C-40，M-80，Y-40，K-0，均符合均釉色标。

容重法： 在空气中称重4380克，在水中称重2350克，体积相当于4380-2350=2030cm^3，容重E=4380/2030=2.157，符合标准。

微观法： 见有开片纹，天青釉下有气泡，明亮的圆形很规则，紫釉下气泡稀少，呈元均特点。

总结： 从四方面测定均符合元代钧瓷特点，可认定为世上绝无仅有的“凤鸣九天”元钧极品。

图（5-61）

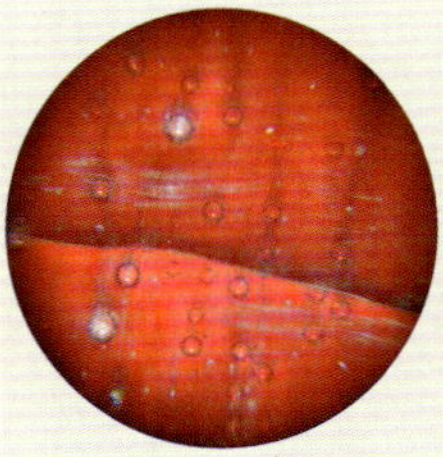

图（5-62）

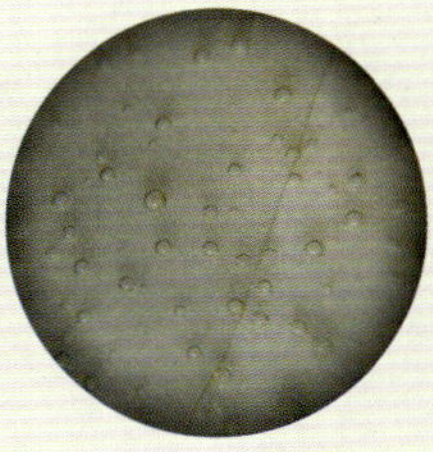

图（5-63）

七、粗犷奔放磁州瓷

以瓷为枕的历史一直可以追溯到隋代，并在唐、宋，金、元朝成为一种流行。

长28cm、宽13cm、高7cm的金代磁州窑女胖娃枕，整个造型为一女胖娃伏卧在榻上，两臂交叉环抱，圆圆的脑袋伏枕其上，两只眼睛专注地望着前方，面部表情显得调皮而有趣。让人感到忍俊不禁的是，这个胖女娃的头发两侧各扎有一髻，这种被称作“鹁角儿”的中国古代女孩童常见发型，任凭哪个大人见了都忍不住想伸手爱抚一下。至于胖女娃臀部稍鼓，双脚合并上翘，一副悠闲自得的模样，就更是让人感受到她的顽皮可爱。

胎土瓷质较差，瓷化程度不高，胎色灰白。

在装饰工艺上，它先在瓷胎表面涂一层微带黄的白色化妆土，以遮盖和弥补磁州窑瓷器粗糙和颜色不纯的胎体，同时还遮盖了胎体表面的凹凸不平，使胎面变得洁白光滑，为用笔作画创造了条件。这是宋、金代磁州窑瓷器的典型工艺特征。

利用化妆土的这个特点，随后用像铁锈一样的黑褐铁制料或以当地所产的花斑石为绘料，用毛巾蘸颜料绘以黑色或赭石色瓷画，后再施以透明釉工艺入窑烧制。

纹饰女娃头脸部绘五官和发髻，背部枕面绘花卉图案。笔法简练而奔放、娴熟，其构图自然，色调明快，黑白对比鲜明，风格清新，格调朴拙粗犷，具有浓郁的民间生活气韵。

金——磁州窑白釉釉下黑彩女胖娃枕

目测法：实测枕长28cm、宽13cm、高7cm，工艺匠师独具匠心，塑造了一个天真、活泼可爱、伏卧于榻上的女胖娃形象，以女娃背部为枕面，两臂交叉环抱，头脸仰枕其上，臀部稍鼓，双脚合并上翘，一副悠闲自得的样子。

胎质瓷土较差，瓷化程度不高，胎色灰白，瓷胎表面施有白色化妆土，这是宋代磁州窑瓷器的典型特征。

利用化妆土的特点，在装饰技法上巧妙采用施白釉釉下黑彩绘。纹饰女娃头脸部绘五官和发髻，背部绘花卉。笔法简练而奔放、娴熟，黑白对比鲜明，风格清新，格调朴拙粗犷，具有浓郁的民间生活气韵。

比色法：白釉色色标为C-0，M-0，Y-30，K-10，符合古瓷暗白色。

图（5-64）

容重法： 枕在空气中称重1165克，在水中称重648克，其体积相当于1165-648=517cm³，E=1165/517=2.25，此值在古瓷容重范围内，可证实此瓷枕为古瓷器。

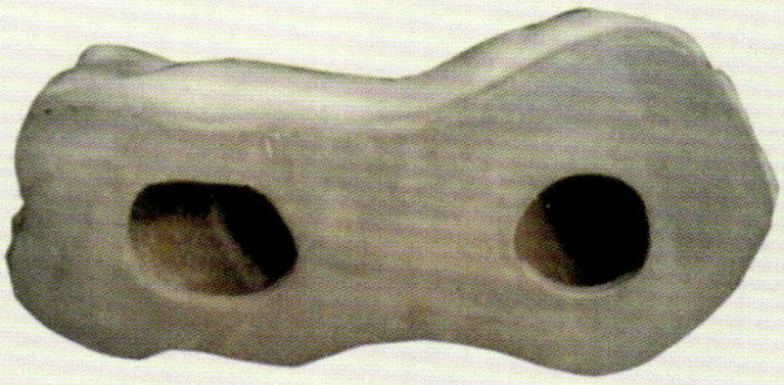

图（5-65）

微观法： 见釉下黑彩深沉、有稀少小气泡、有土咬点斑，为古瓷釉相。

总结： 从四方面测定，均符合宋、金代磁州窑瓷器特征，宋代有男娃瓷枕，金代才出现女娃瓷枕，所以这是一件金代珍稀的古瓷器。

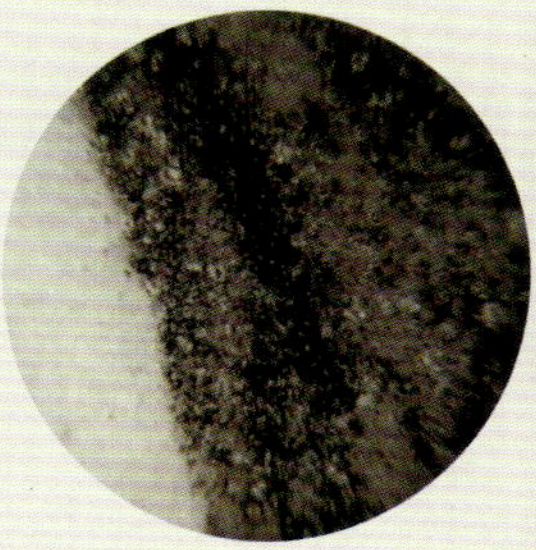

图（5-66）

金——磁州窑白地釉下黑彩鹭鸶纹直口梅瓶

目测法： 器高32cm，平口，浅足平底，体长腹大。造型实用，线条简洁明快，大方朴素，坚固耐用，乡土气息浓厚。胎壁较厚，胎色呈灰褐色，使用白色化妆土，胎体制作不大规整和精细。白釉肥厚莹润，纯白如牛奶，看上去有一种粉质感，不太透明。装饰具有浓厚的民间特色，主题绘釉下黑彩四只草原上的飞鸟。画面具有水墨画风格，运用奔放的笔法，熟练的技巧，表现出蓬勃的生命力和灵气。鸟纹浑洒自如、简练流畅，成功实现了制瓷工艺与我国传统绘画艺术

图（5–67）

的高度结合。造型和纹饰具金代风格。

此器入过土，器物上有腐蚀痕、缩釉点和棕眼，见细小开片，彩面造成有一种白色云雾状物质覆盖痕迹，很自然，绝非人工伪造假痕。

比色法： 白釉色标为C-0，M-0，Y-5，K-5，釉下黑彩色标为C-0，M-0，Y-5，K-40，达标。

容重法： 空气中称重3582克，水中称重1935克，体积相当于3582-1935=1647cm^3，E=3582/1647=2.17，此值很好，可确证为金代磁州窑瓷器。

微观法： 见白釉下黑彩深沉，有气泡且大气泡稀疏。呈年代久远之金代古瓷特点。

总结： 从四方面测定均符合金瓷条件。此白地釉下黑彩梅瓶，极富民族艺术魅力，是珍贵的磁州窑古瓷。

图（5–68）

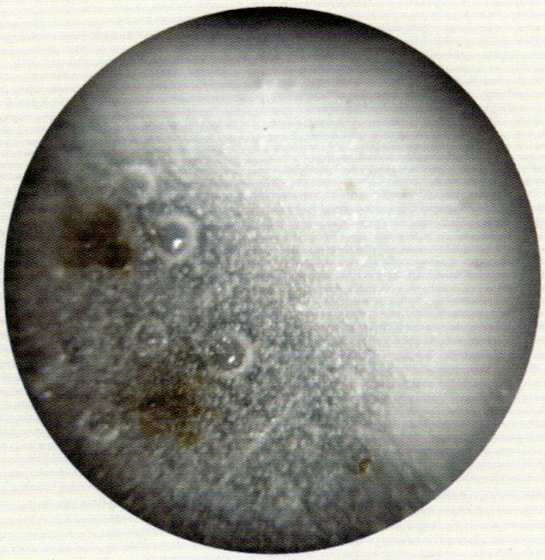

图（5–69）

八、刀锋犀利耀州瓷

耀州窑，宋代著名窑场。它创烧于唐，成熟于五代，盛于宋，到元代以后渐趋衰落，至明代中期以后基本上就终止了。

耀州窑是宋代我国北方烧造青瓷的最大窑场，耀州瓷种类繁多，装饰题材丰富。其中以刻花青瓷、印花青瓷和黑釉剔花瓷最富特色、最具代表性。它以日用瓷器为主，尤以刻花的青瓷著称于世。

耀州窑瓷最突出的成就，是装饰图案巧夺天工，精美绝伦，图案内容题材丰富，线条犀利而洒脱。其遒劲洗练的刻花技法和“巧如范金，精比琢玉”的印花技法，在我国陶瓷史上占有辉煌的一页，对当时乃至后世产生了深远的影响。

耀州窑青釉瓷器的瓷胎以灰白色胎质为主，胎体非常紧密和精细，但胎骨较龙泉窑器要稍薄。因为胎质内含铁量较高，胎色呈深灰色，整个器物常见有点点褐色布满全身，在露胎处常可见酱色氧化铁的小斑块，在器物的釉薄、缩釉之处隐现淡褐色。在放大镜下，这种褐斑和釉下透出的褐黄色可以较清晰地看见，这是耀州窑瓷的一个重要特征。

宋代耀州窑青釉瓷釉色显青翠，釉质细润，但施釉一般较薄，且釉色深浅多变，一般都是在青中闪现黄色。而且是年代越晚，闪黄越明显，到元代以后，几乎成了黄釉瓷器。

北宋——耀州窑橄揽釉刻花提梁倒灌壶（水注）

目测法： 器型为蟠龙爬在十二瓣瓜棱壶上，制作工艺既规整周正，达到瓜瓣距离与弧度相等，也配合谐调。壶通高20cm，宽23cm，底径9cm，造型精巧，栩栩如生。

龙首为流口，引颈啼鸣。龙身为提梁，颈、四爪和尾巴紧抓贴壶身。壶顶是瓜蒂状装饰。壶腹部剔刻十二瓣花瓜棱。主花纹的刻刀锋较深，陪衬部分锋利则浅，均有一定倾斜度，层次清楚，给人以立体的艺术美感，具有浮雕的艺术效果，这是耀州窑的独特风格。

瓷胎为浅灰色，胎质致密坚硬，胎体薄厚均匀，无圈足，平底。

图（5–70）

图（5–71）

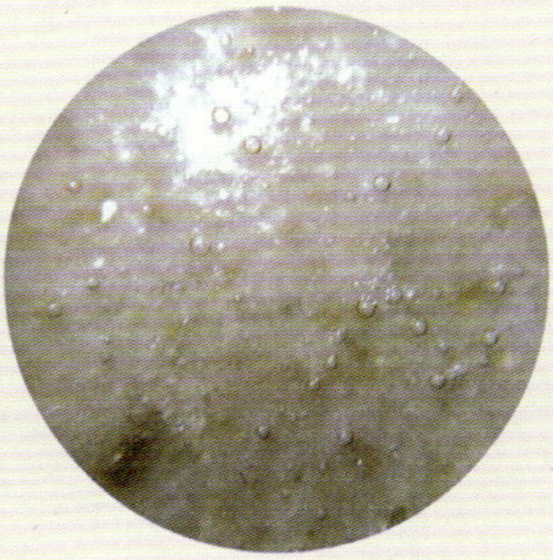

图（5–72）

通体施橄揽釉，釉汁不到底。器底无釉，凡露胎处均黄褐色，这均是耀州窑的特征。釉色绿中闪黄，釉面光润肥厚，看似一个色调，但由于有雕刻工艺，因光线关系显出亮度不同，具有玻璃质感。

壶作盛酒器，灌水时要将壶倒置，从底足中心孔注入，灌到水从龙首流口处流时方盛满，将壶放正后，滴水不漏。此为耀州窑最突出的产品之一，又名：水注。

比色法：橄揽釉色色标为C-10，M-20，Y-50，K-30，绿中闪黄。

容重法：空气中称重1066克，水中称重545克，体积相当于1066-545=521cm^3，E=1066/521=2.046，这值非常理想，符合了宋古瓷标准。

微观法：釉下见疏朗小气泡，有稀少黑褐色斑点。

总结：从四方面测定，可确定此壶为宋代耀州窑真品无疑。

金—耀州窑它青勒印花双孔雀口衔折枝花果图碗（三件）

目测法：此碗敞口，弧形深腹，腹下部内收，小圈足甚矮，釉和足部露胎交界边线上泛有淡火石红，露胎呈深灰泛红，这是化妆土造成的。这也是宋、金时代耀州窑瓷的特征。本碗高5cm、口径15cm、足径3.8cm。

器外素面无纹，器内印两只孔雀口衔折枝花果中玩要图案，呈吉祥寓意，这

图（5–73）

图（5–74）

种印花图案在宋、金耀州窑瓷器上广为流传。通体施青釉，釉色青绿中微泛黄，釉面滋润，有密集的微桔皮痕。釉下密集的百圾碎纹比宋瓷较明显，口沿和底部釉薄处呈浅褐黄色，近足圈处釉厚呈色较深青绿色。

比色法： 青和色标为C-40， M-10，Y-50，K- 30，青绿中微泛黄，符合金耀州窑瓷色调。

容重法： 本碗在空气中称重为207克， 在水中称得14克，计算碗体积为207-114=93cm^3，则本碗容重E=207/93=2.23，因为本器胎土非白瓷土质，所以这个小于2.30的数值，用作确定本器为金耀州古瓷是合理的。

微观法： 见釉下大、中气泡疏朗存在，气泡明亮，大气泡外围浅灰色环，冰裂纹明显而有凸起感。这釉下微观符合金耀州瓷特征。

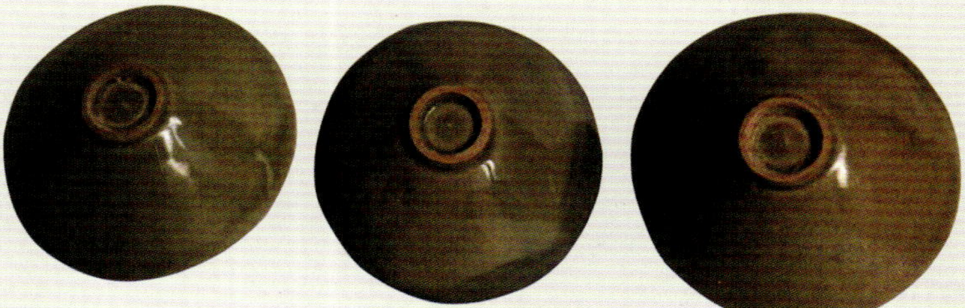

图（5–75）

总结：北宋中、晚期，耀州窑为了国内外市场需要提供更多具有类似刻花装饰风格的瓷器，耀窑工匠又发明了与其刻花工艺手法相同风格的印花新工艺。金代瓷匠继承了这种工艺。

图（5–76）

此种印花工艺是先采用刻划花手法制作出印花范模具（又称母范），然后翻制出印花范，再将与之造型相同的器物坯件扣在印花范具上印出纹样，修饰后施釉烧成。这种由刻花工艺发展而来的新工艺，具有制作简捷、方便、快速的优点，深受市场的欢迎。所以一经问世，工匠们就将其发展的重点用在纹样图案的着力构思和设计上。从而使宋、金代耀州窑的印花青瓷也达到了同时代同一工艺的最高水平。

本器物从各方面鉴测来分析，是一件开门器物，定它为金代耀州窑古瓷是妥当的。

元——耀州窑青釉刻印花笠式碗

目测法：实测碗口径19cm、高6.5cm、足径4.8cm，碗呈斗笠式、敞口、口以下束收。小圈足，圈足稍高且直。

图（5–77）

瓷胎灰白色，胎质致密坚硬，胎体厚薄均匀。露胎处呈酱黄色。

器内外及足底均施青釉，釉色为橄榄青中闪黄，釉面开细小冰裂纹片明显。釉层较厚，从上至下釉层渐薄，呈温润晶莹，有玻璃质感。胎釉交接处呈“姜黄色”，釉面多有细小褐斑。

图（5–78）

碗外刻旋条斜纹，单线刀刻，线条宽厚，进刀倾斜，斜纹轮廓处深刻，外侧浅刻，刀法娴熟，线条犀利，层

图（5–79）

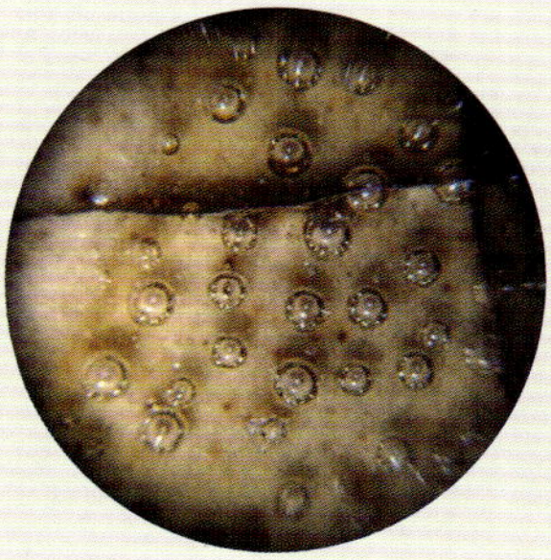

图（5–80）

次分明，立体感强，颇有浮雕艺术效果。碗内为印花装饰工艺，多为阳文。内壁分六幅，婴戏纹和折技花卉纹间隔。娃娃头大、细躯，三娃荡枝于花卉间，天真活泼、悠悠自得。碗心为十二瓣云花纹。纹饰布局严谨，对称匀衡。是传统婴戏图瓷器中的佳作之品。

比色法：青釉色色标为C-20，M-20，Y-60，K-10，呈橄榄青中偏黄色，符合耀州窑瓷器主色调。

容重法：碗在空气中称重306克，在水中称重167克，其体积相当于306-167=139cm^3，E=306/139=2.20，此值证实本碗为古瓷器，很好。

微观法：釉层下见玻璃相开片纹，疏朗大气泡明显，呈元古瓷相特征。

总结：从四方面测定，可确定该碗为元代耀州窑之佳作，代表了耀州窑刻印花青瓷烧造的高水平。

九、美如珠翠龙泉瓷

龙泉窑是继唐代越窑、婺州窑而起的一一个烧制青瓷的窑场，它分布在浙江省丽水地区，以龙泉县境内的窑址最为密集，故此窑系称为龙泉窑。龙泉窑兴起于北宋中晚期，南宋至元是全盛期，明代中叶开始衰落，清代中叶停烧。

北宋是其初创期，产品较粗糙，其特点是灰胎，青、黄釉，盛行繁缛的刻划花。早期的龙泉窑受到越窑的强烈影响，很多方面都与越窑相似。

到了南宋，瓷器大量外销，龙泉窑得到迅速的发展，工艺上达到了炉火纯青的地步。胎泥经过长时间的陈腐，十分细白。由于所用胎泥较软，多数器物胎体很厚重，以防变形。同时，还创造了一种薄胎厚釉瓷，胎体很薄，多次上釉，使釉层丰厚、柔和、滋润。

龙泉窑最成功之处在于极其美丽的釉色，有青翠欲滴的梅子青，状如美玉的粉青和豆青，把我国古代青瓷生产推上了顶峰。装饰方面有刻花、凸弦纹、浮雕和堆贴等工艺手法。另外，由于胎料中加入了适量的含高铁的紫金土，在足底露胎部呈现一圈纤细的朱红色。

元代时龙泉窑上承南宋，生产规模扩大，外销势头不减，发展了刻、划、印、贴、堆、塑、镂、雕等各种装饰手法，釉色青黄。明成化、弘治以后，龙泉窑逐渐衰落，胎体厚重，釉色灰暗，至清中期停烧。

北宋——龙泉窑鎏金释迦牟尼坐像

目测法： 佛像盘坐于莲花宝座上，宝座宽阔而矮，采用北宋才开始流行的浮雕莲花瓣工艺制作，具有美感和稳重感，座像通高23cm。法相合目俯首，左手掌心置摩尼宝珠，右手抚膝，身着褊衫。显佛之庄严沉静、神态逼真，人们总会被其超凡的艺术气质所感动!

以黑色瓷石为胎料，胎体较厚重，底足露胎处见赭褐色窑红。釉层薄而透明， 略有玻璃质感，釉色淡青带灰黄。其苍翠欲滴的青釉，在面凸显处一掠而过， 出现“白筋”现象，在凹陷处堆如凝脂，加上鎏金及美不胜言的开脸，把佛像善良、慈悲的内涵表现得淋漓尽致。

图（5–81）

图（5–82）

图（5–83）

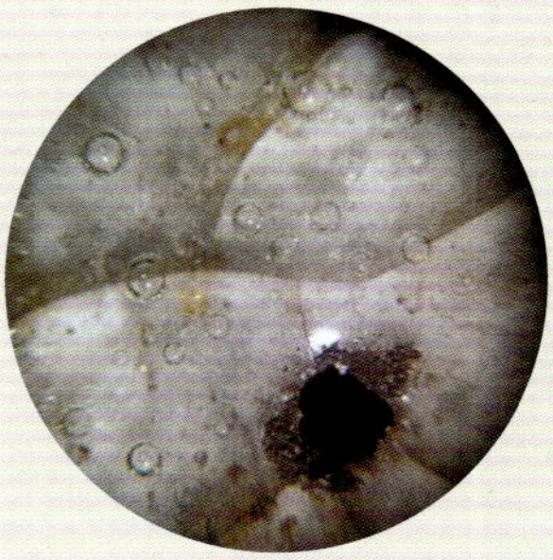

图（5–84）

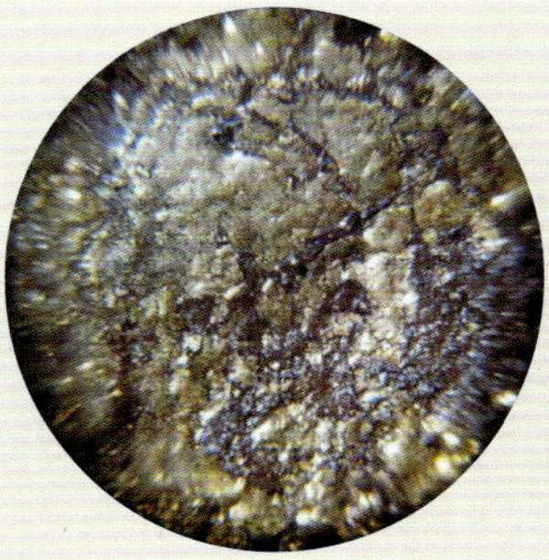

图（5–85）

这是一件出自浙江龙泉系窑口，烧制于北宋的一尊官窑佛像；工匠（艺术家）在烧制施釉上刻意的摹仿了同代哥窑的一些技术物质，又继承鎏金工艺，从而造就了这件既有龙泉之貌，又有鎏金、哥瓷之美的艺术佳作。

比色法： 面釉色标为C-40，M--20，Y-50，K-30，呈青釉薄而流动性较大的特征浅淡色调，积釉处青釉色标为C-50，M-0，Y-50, K-40，呈北宋龙泉青釉之本色。

容重法： 座像在空气中称重1432克，在水中称重761克，其体积相当于1432- 761=671cm^3，则E=1432/671=2.13， 因本瓷器由含铁量较高的黑瓷石组成，所以凭此值确定其为宋古瓷，仍在合理之中。

微观法： 见釉透明度较好、大小气泡均稀疏、冰裂纹明显、有土咬孔、有黄色土糠斑，呈宋古瓷相。另从鎏金微观相中分折，鎏金工艺是采用真金料，可证实其是官窑瓷器。

总结： 从四方面测定分析，本座佛像为官窑传世品，是珍稀的北宋龙泉窑佳作。

南宋——龙泉窑天青梅子青釉贴双鱼纹葵口碗

目测法： 碗口荷叶形状，口径13.5cm，高4.5cm，碗稍深，造型纤巧秀丽。胎质地细腻，胎薄而坚硬呈白色，玻化程度良好，通体施釉，釉层略带透明，釉层厚润光泽，碗口釉薄处见白色“出筋”，圈足里外积釉处呈正绿色，釉色柔和淡雅，是近似碧绿湖水的最美色调。碗内壁暗刻水藻纹，内底釉里贴两条相向的白色游鱼。

碗底钤“天一坊”印章款。本碗充分发挥了青瓷釉与质地之美，为龙泉窑瓷中珍品。

比色法： 青釉色标为：C-60，M-5，Y-50，K-0，呈碧绿湖水正色。

容重法： 碗在空气中称重185克，在水中称重100克，其体积相当于185 100-85cm^3，则E=185/85-2.177，在宋古瓷范围。

微观法： 见小气泡如粉末状浮于釉层中、又见糠斑存在，呈古瓷相。

总结： 从上四方面测定，均符合宋瓷条件，证实本碗为一件古瓷艺术珍品。

图（5-86）

图（5-87）

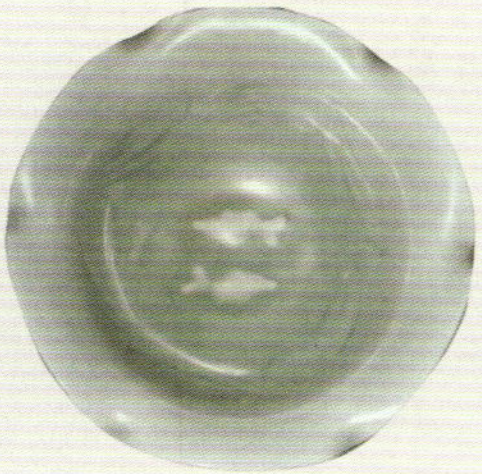

图（5-88）

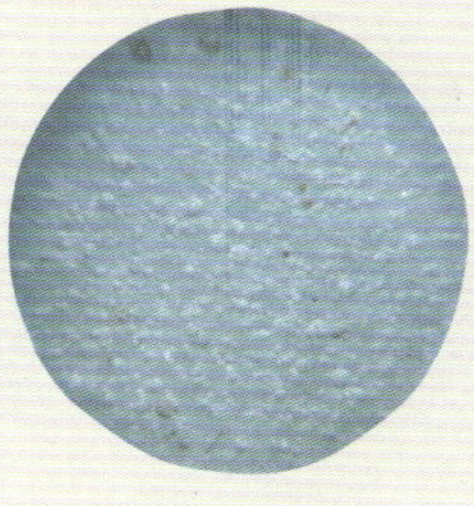

图（5-89）

元——龙泉窑青釉“五马鸣啼”塑荷叶盖罐

图（5-90）

目测法： 中口、直颈、丰肩、腹上鼓下丰、浅圈足。造型淳朴敦重、制作工整、线条洗练，罐高45cm。器底修坯平滑，圈足外斜削，足宽而矮，具稳重感。盖作覆荷叶形，盖沿荷叶边的曲线起伏优美，盖面刻垂莲瓣纹，盖钮塑鸣啼坐式马。罐颈塑四只立式马，各马神态巡视自然，充满活力、生机昂然。罐颈部刻弦纹，罐腹部施釉贴牡丹花纹。整体饱满、浑厚、庄重，呈元代风格。

胎体厚实，胎色呈深米白色，在罐盖边沿及纹饰凸棱等釉薄处，易透出白色，俗称“出筋”。露胎的圈足及无釉处，呈赭褐色窑红，胎微生烧。釉层厚而莹润，呈色青灰，釉面无玻璃光泽、有“百圾碎”开片纹。

罐底一圈不施釉，底足中心留有一块圆圈釉，此为鉴定元龙泉青瓷之要点。另外，装饰工艺采用施釉贴花与堆塑、刻划相结合的技法，形成了元代龙泉瓷器的特殊风貌，具有鲜明的元代特征。

比色法： 青釉色标为C-30，M-10，Y-90，K-50，呈元代龙泉瓷基本色调。

容重法： 罐在空气中称重6230克，在水中称重3427克，其体积相当于6230-3427=2803cm^3，则E=6230/2803=2.22，对含铁量稍高、由非白瓷石组成的元代厚胎龙泉瓷器来讲，这个容重值是合理的。

微观法： 釉层中气泡大而疏朗，又见冰裂纹，呈元古瓷相。

总结： 以上用“四合一鉴瓷法”测定，可证实本罐为元代龙泉青釉瓷真品，异常珍贵。

图（5-91）

图（5-92）

图（5-93）

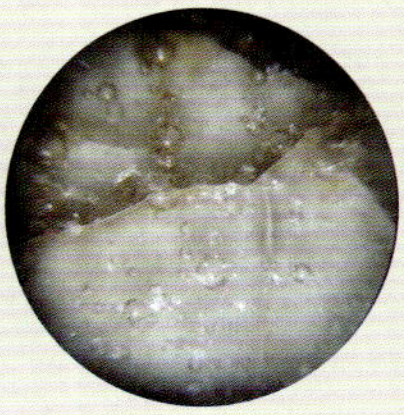

图（5-94）

十、冰清玉洁影青瓷

影青瓷又被称为青白瓷，是宋代景德镇制瓷匠师的一大创造。其胎质洁白细腻，胎体薄而透影，故又有“影青”之称。宋代景德镇影青瓷的烧制达到新的高度：其釉色青翠而润泽；釉质晶莹透彻而显胎，色泽温润如玉，所以历史上有“假玉器”之称。它有较强的玻璃质感；其纹饰繁密而清晰，刻、划、篦等纹饰线条流畅而泼辣，这时的青白釉瓷不仅有色泽之美，而且还独具一种蕴蓄丰厚质感的内在美，给人以无穷韵味，如影随形，恰恰体现了“影青”的意境。

宋代青白瓷由半透明的釉，发展到半透明的胎，其釉色纯正，青白淡雅，釉面明澈光润。胎体质坚细白，温润如玉。这在我国瓷器发展史上是一个飞跃。由于青白瓷制作的丰富经验，为以后青花瓷的出现和发展奠定了基础。

元代景德镇青白釉瓷器的胎由于采用瓷石加高岭士“二元配方”法而成，胎中氧化铝增多，其烧成温度也相应提高，产品变形率明显减少。其器物露胎处因氧化而成米黄色，釉面也不如宋代的清澈透亮。

总之，景德镇青白瓷以其精细秀丽、清澈典雅的卓约风炎，成为中国陶瓷史上一个极其珍贵的品种，让很多高古瓷骨灰级的藏家为之向往。

宋——影青釉刻花双龙耳尊

目测法： 器型盘口、细颈、溜肩、长圆弧腹、矮圈足。肩部有两条龙柄连接盘口与颈瓶之上，龙嘴紧紧衔住盘口，生动别致，尊通高28.5cm。

胎质细密坚致，釉色近白，只在积釉处显出湖绿色的青色，青色常在若有若无之间，故称“青白釉”，又名“影青釉”。

纹饰颈部刻弦线纹，肩部刻斜叶片纹，腹部刻牡丹花纹、花型硕大、花瓣枝叶筋脉清晰，极具写实效果。

比色法： 青白色色标为C-5，

图（5–95）

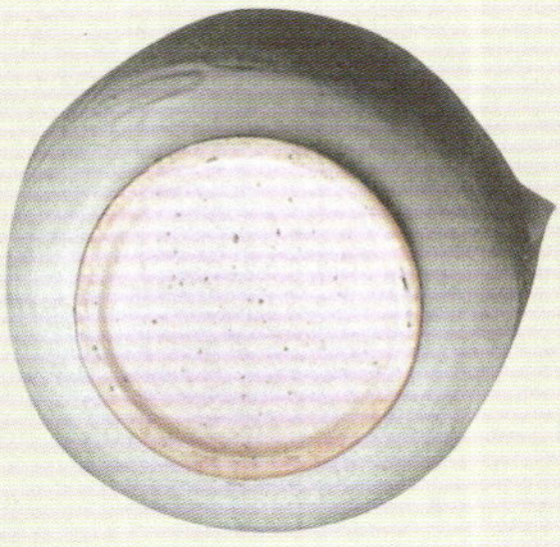

图（5-96）

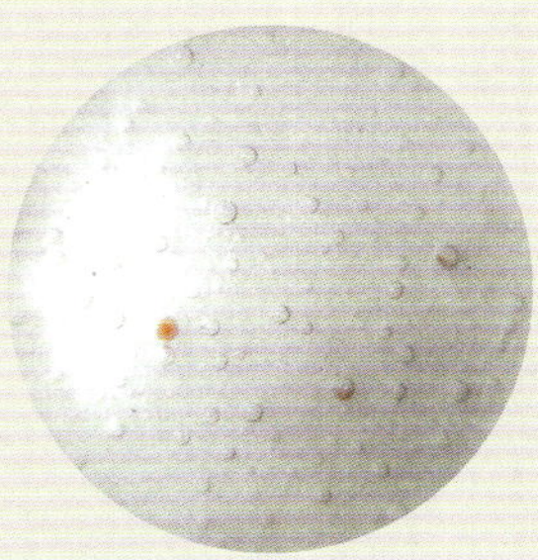

图（5-97）

M-0，Y-5，K-0，显清静温柔之感。

容重法： 在空气中称重784克，在水中称重390克，体积相当于784-390=394cm^3，E=784/394=1.98，很好的宋古瓷容重值。

微观法： 见白釉如脂，有疏朗气泡，极少量土染斑。

总结： 四方面测定均达标，是一件稀有的宋代影青瓷珍品。

宋——影青瓷注子注碗（三件套）

目测法： 实测通高28cm。这套“瓷壶”是盛于宋代的一种典型温酒器，由注壶和温酒碗组成。器身仿金银器型式制作。注壶腹壁至足浅刻六道瓜棱纹，注子小口长颈曲流，带形弯曲柄，流与柄高度相等。壶直颈口，盖沿较长，恰好与壶颈套合，盖沿上有二小圆孔，可供串线之用，盖顶塑一尊坐狮形钮，形象威武。托碗为花口，作七瓣仰莲形，恰像一株含苞欲放的荷花，花瓣间刻画着蝶形如意纹饰，十分精美。碗的圈足外墙刻划一圈椭圆状花纹，在碗口莲瓣的顶端外侧凹刻出复瓣莲纹，在灯光映照下可见入刀和中途转换方向的位置和力度，这种“半刀泥”的装饰手法为宋代景德镇窑青白瓷独有。有趣的是在每片莲瓣的主体位置，在灯光映照下，像一个个虔诚的佛家弟子“打坐”相。

胎体上薄下厚，越近口沿胎型越薄，越近底足胎型越厚，这是景德镇窑的宋代工艺特征。胎质是精细雪白瓷石土。釉是蕴润、晶莹剔透的青白色的玻璃相釉，施釉不到底，釉层极薄，釉的流动性强，难于控制，在施釉较厚或积釉处，可明见较深的青绿色映影，棱边、转角等处均露胎色，所以青白瓷又称“影青瓷”。整个胎体透光，在灯光的照耀下，向外透射出不同于原来的粉青色泽，而是变成十分柔和的翠绿色，这是“偏光”现象。器身釉面大部分是很细的蟹爪型开片纹，但在壶肩与壶腹的转折处无开片纹，在碗的口沿、花瓣的尖部、内侧的边缘无开片。在足底可见旋转状刮削的刀痕，为土黄色。在碗的内底边缘分布有四个略凹陷的黑点状痕迹。在壶底足上也有与之对应的四个支烧痕。

图（5–98）

比色法： 釉色色标为C-10，M-0，Y-10，K-0，呈青白中泛黄色调，为景德镇窑青白瓷独有。

容重法： 壶盖在空气中称重为97克，在水中称重为46克，其体积相当于97-46=51cm^3，E=97/51=1.90，此值非常适合，所以确定该器物为宋代古瓷是妥当的。

微观法： 见玻璃相开片纹上翘，有稀疏小气泡，又见土咬孔和光亮点，显古瓷相，证实年代久远。

总结： 从诸方面测定，本套注子注碗均符合宋影青古瓷条件，可确认为珍稀的宋古瓷器。

附件： 据有关报道，这种注子、注碗曾经古陶瓷研究专家赵青云审看，认为是十分珍贵的古瓷，有很大的艺术研究价值，但窑口尚不能确定。后经国家博物馆检测中心姚主任做DX釉的成份测定，发现该釉的成份特征与青白瓷、官窑的四种常量物质含量“相反”，是石灰釉。青白瓷、官窑使用的是趋于石灰碱釉。在瓷釉发展史上，石灰釉采用时间要早于石灰碱釉，石灰碱釉是后期发展变化的产物。另外据中科院光学研究所毕先生解释，能产生偏光的现象是物质属性所决定的。这套注子、注碗的呈色可能与用料有关，如源于“刚玉”、翡翠、玛璃之类的宝石。所以，这套注子注碗还有待专家学者的进一步研究与考古挖掘的证实。

另有资料报道：本藏品型实为五代柴瓷标准器，宋代后有仿。

图（5—99）

图（5—100）

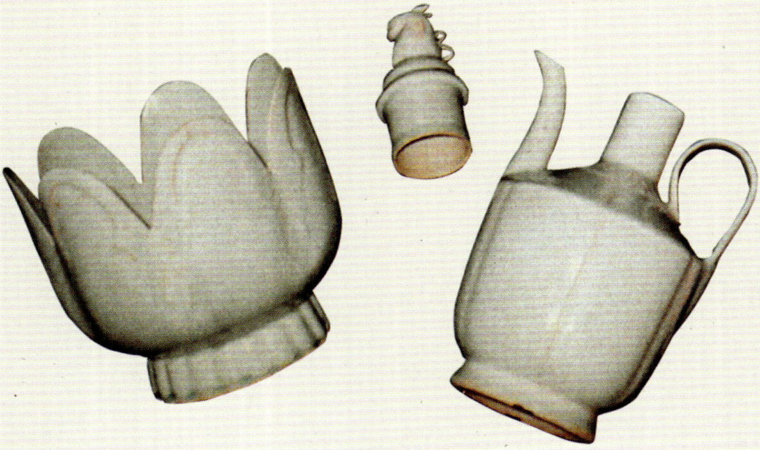

图（5—101）

元——景德镇窑影青釉贴花双耳瓶

目测法： 制作上承袭前朝的刻划贴花工艺。器物唇口、长颈、鼓腹、外撇足、颈部饰S型双耳。瓶身粘于花沿盘座上，盘下承接镂空高圈足，器形厚重饱满、细巧古拙。瓶高18.5cm。

胎质洁白紧密，器物露胎处还氧化成米黄色。胎由于采用瓷石加高岭土“二元配方”法而成，胎中氧化铝增多，其烧成温度也相应提高，产品变形率明显减少。

瓶腹部贴模印花卉纹，有浮雕艺术效果。

釉面滋润，但不如宋代影青釉清澈透亮，釉面开冰裂纹，聚釉处呈影青色，又名“青白瓷”。

图（5–102）

比色法： 影青色色标为C-20，M-5，Y-30，K-10，符合青白釉色范畴。

容重法： 在空气中称重344克，在水中称重171克，体积相当于344-171=173cm^3，E=344/173=1.988，这值充分证实为元古瓷。

微观法： 釉层开片深沉，釉中见疏朗小气泡，釉层上有黄色糠斑，符合元瓷特征。

总结： 从四方面测定，均达元古瓷标准。

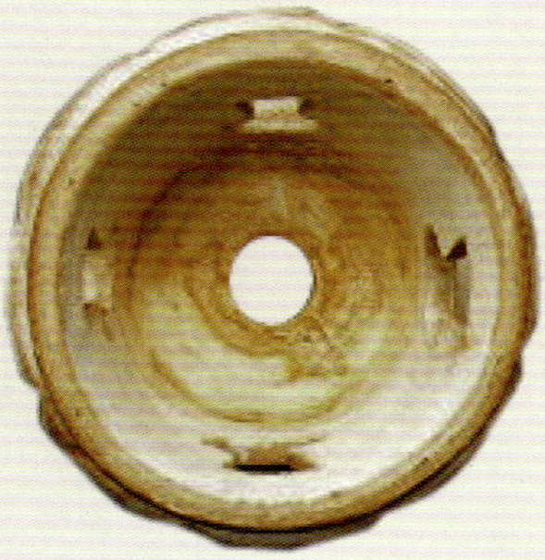
图（5–103）

图（5–104）

十一、自然天趣吉州瓷

吉州窑瓷是宋代著名的产品，它始创于唐，因位于江西省吉安永和镇，吉安古称吉州，故得名。

吉州瓷中尤以宋代黑釉瓷最为有名。其胎骨粗松，体质厚重，釉色深者如漆，浅者似酱，纹样有洒釉、木叶、剪纸贴花、彩绘、剔花、玳瑁、素瓷等。这些装饰的构思新颖、别致，在宋代各产瓷区中独树一帜。

木叶贴花是将树叶经过处理后贴于碗内壁，烧出木叶的纹理。可见，宋代吉州窑黑釉瓷器制作工艺和装饰方法都达到了很高的水平。

吉州窑瓷器的施釉甚不规则，往往胎脚和圈足露出胎骨，露胎处可见修胎时不工整的刀印痕迹，显示出生硬的棱角。这是鉴别吉州瓷的重要特征，而仿品则修胎平整，没有民间自然粗犷的味道。

宋——吉州窑树叶纹荷叶形口碗

目测法：碗口波浪起伏，呈五瓣荷叶形，矮圈足。碗高5cm，口径13.8cm，足径5.2cm。

胎质采用烧结温度较低的瓷土作原料。除底足外，通体施黑釉，釉面开纹片、光泽较差。碗内贴一天然树叶作装饰，再施一层含铁量高的姜黄釉，然后将树叶揭去，经高温一次烧成。出窑冷却后，叶纹微微凹进黑釉层，树叶纹饰显得更加清晰自然。黄叶黑地色彩醒目，看上去很像一片秋叶落在水面，令人深不可测，别有一番情趣。吉州窑工匠的大智大勇，充分反映了其高超的制瓷工艺水平。

图（5–105）

比色法： 黑色色标为k-100，纯黑色调。

容重法： 碗在空气中称重232克，在水中称重121克，则碗的体积相当于232-121=111cm^3，碗的容重E=232/111=2.09，此值很好，充分证实此碗为宋代古瓷无疑。

微观法： 见釉下没有气泡、只有开片纹和不圆不方却不明不亮的“石花斑”，呈宋代古瓷相。

总结： 在四方面测定下，可结论本碗为宋代吉州窑古瓷器，很珍稀。

图（5–106）

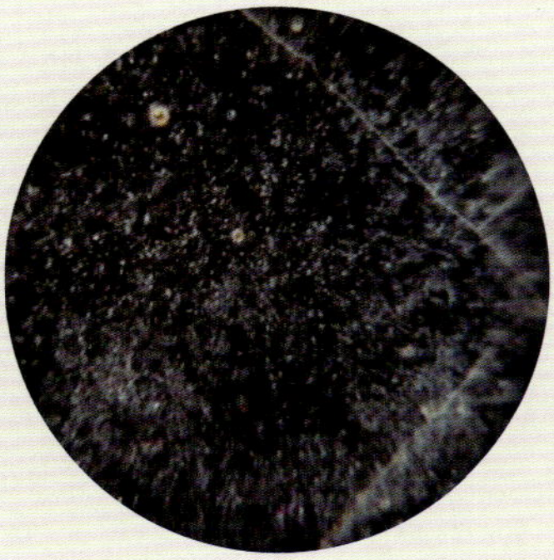

图（5–107）

十二、清丽雅致青花瓷

青花瓷历史悠乏，它的烧造走过了漫长而艰苦的道路，经过了青釉、浑浊釉和北方磁州窑系施有化妆土的呈土黄色的白釉等发展阶段。其上的绘画起初曾用铁作呈色剂，后转用钴绘，也有用钛呈现蓝色的尝试。据考古工作者发现，唐代时河南省的巩县窑就有原始青花制作，到了元代江西景德镇已能生产装饰精致的青花瓷器了。

元代青花的工艺技法：笔毫含料饱满，在粉本上以匀速运笔钩勒线条，以平涂拓抹青料，表现平整匀净的色块。

元青花瓷器的艺术特点：

1、造型：器物造型的线条古朴、自然、构图圆弧中带柔，大件器物为主。

2、胎质：胎较粗松，带生烧味，含沙粒直至明代早期，胎体厚重，在圈足上能见枇杷红（即窑红）

3、底釉：影青（透明度较好）卵白或曰枢府（较浑浊）。

4、纹饰：运笔粗矿，自然潇洒。以大笔写意的花卉、人物为主，生活气息较浓。

5、青料：国产土青，进口青料。

6、烧制工艺：砂底几乎都有窑红、铁锈斑块、粘砂。琢器多有接口，二节或多节。

7、款识：至今未见。

明代永、宣的青花工艺技法：在坯体的粉本上，用浓青料钩勒纹样的轮廓，蘸浓青料拓抹在纹样的暗部，再用稍含清水的笔将青料洗染过渡到亮部，最后作局部修饰。

明代青花瓷器的艺术特点：

1、造型：浑朴、敦厚，线条圆浑柔和，构图以弧线为主，大件器物早期不多，晚期增多。

2、胎质：胎骨较细腻(较之元代)，胎色白度好些，密度也较紧，但瓷化程度并不高，较之元代器体要薄而灵巧，部分好的官窑器上能见枇杷红。

3、底釉：早期：白中泛青(或为枢府釉)，釉质肥厚滋润，给人以含蓄的感觉，甚至是玉的感觉，有古典美感。后期：白度相对增强，釉质较肥厚，光泽不太强，釉色给人以深沉含蓄的感觉。

4、纹饰：用笔豪放，生动，题材广泛，取于自然，多写意，少写生。有人为意识，但仍以自然为主。

5、青料：国产青料：浙江土青、平等青(陂塘青)、回青(佛头青)、石子青、进口苏麻离青。

6、烧制工艺：常见窑红。釉底有缩釉、窑缝。罐类多见接口，器足根尖如鲫鱼背。多为釉底，少见砂底。底少有粘砂、跳刀痕。初有圈，砂底细腻光滑。

7、款识：始于永乐。宣德款式最多，有青花书款，阴、阳刻款等，楷、篆均有。

清顺治、康熙的青花工艺特征：①“料分五色”。借鉴水墨画“墨分五色”的变化，将青料调配水分，分为“头浓、正浓、二浓、正淡、影淡”五个色阶，单纯的青料色表现出丰富的层次。②“混水”有画意。传统平填式的“混水”革新为绘画性的“混水”，即用混水笔描绘景物，表达画意。在描绘山石的纹理结构、龙脉起伏时，混水笔蘸青料水后再略蘸清水，每笔起笔处料色清淡尖细，收笔处料水浓郁圆浑。受中国山水画披麻皴画法的启发，用从淡到浓的笔痕依次染出山体块面，表现出山石凹凸体积感和山体受光面和山谷背光面的阴阳变化（有著述认为是用披麻皴法，甚至学“四王”等，是脱离青花工艺的臆断）。并善于留空白，以虚托实，以白衬青，整体上又分割了青、白色块，起到色块均衡的效果。③“混水”有韵味。混水笔饱含淡料水，洇散在坯体，留下的笔触清晰明快，近似生宣纸上水墨洇散时笔痕与笔痕之间留有水洇的痕迹，产生丰润的韵味（有著述认为是“指印痕”。手指是不能粘青料在坯上的）。④“混水”烘托的意趣。用青料水在白色景物轮廓之外混水，起到反衬的作用。

清代青花瓷器的艺术特点：

1、造型：轻巧、灵秀。线条挺直生硬，构图以直线为主，大件较多。

2、胎质：胎质较坚硬、致密，瓷化程度好(所谓中国真正的瓷器)，胎质细腻，胎色较白，器体较薄，很少见有枇杷红的。

3、底釉：底釉发白略泛青，给人以光亮的感觉(康熙、乾隆最白，所谓浆糊白)。釉质细而薄，玻璃化程度好，色泽耀眼，有点刺眼，不够含蓄。

4、纹饰：用笔纤细，严谨。构图较图案化，甚至是拘谨刻板，较多人为意识。题材多仿古，以吉祥类图案为主。

5、青料：国产青料：石子青、明珠料、洋蓝。

6、烧制工艺：少见窑红，缩釉。琢器基本不见接口，器足根圆浑如灯草根。不见涩圈，多为釉底。少见跳刀，粘砂痕。

7、款识：历朝均有，款式多样，有青花书款，阴、阳刻款，楷、篆均有。

元——青花鬼谷下山故事图大罐

目测法： 器形广口、直颈、丰肩、圆腹下收、内卧圈足。口径21cm，略大于底径19.5cm，器高31cm，小于腹径38cm。呈元代至正型瓷器型大、胎厚、体重的特征。

胎料白而不细，颗粒较粗但紧密，胎质滋润而不干，胎内多有微小洞隙，无釉胎土呈现浅淡火石红斑。

釉色白中泛青，青花稍显晕散，含自然铁锈斑，有下凹现象。釉面质感活而水灵，积釉处呈湖蓝色（口面处明显）。

纹饰上料无分水，用中锋勾、塌、涂、点等笔法，用笔流畅，有明显的迭加笔痕，纹样勾线后填色留空白。装饰布局用弦线分隔成四个层次：一、直口颈外

图（5-108）

图（5-109）

部绘海水波涛纹，画工精细，有鱼鳞状左右背向漩涡，浪花如姜芽状尖细排列；二、肩部绘饰缠枝牡丹纹，牡丹花叶肥大规整；三、主腹部画战国著名学者鬼谷子一行下山的情景。山石、花卉、树果及动物纹饰符合元代瓷绘动植物纹样。人物画着色用竖笔上下渲染，在浓笔边线内染淡色或衣纹留白。绘画风格均具朴拙简练、夸张传神、意趣无穷的元代瓷绘画匠的特征；；四、腹下部饰仰莲瓣纹互不相连，莲瓣轮廓为外粗内细两根线条，不另填色，框中画卷线草，下画一个圆圈。

器物有横向分段接胎痕，外壁手摸有不平感，罐内接痕明显。器底有少量釉斑，修足粗、刀痕宽但很自然。圈足较浅、足墙宽厚。器底平切，然后侧棱倒刀，足内墙外撇。

器物通体有水浸痕渍黄色斑，器内底有明显“贝壳”类融入胎体痕渍。足底水渍锈层结合牢固，且贝壳类坚融入胎骨，证实本器长年沉于水底。

图（5-110）

图（5-111）

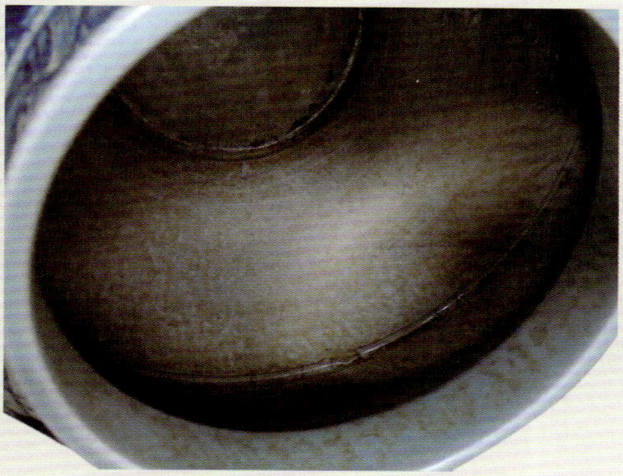

图（5–112）

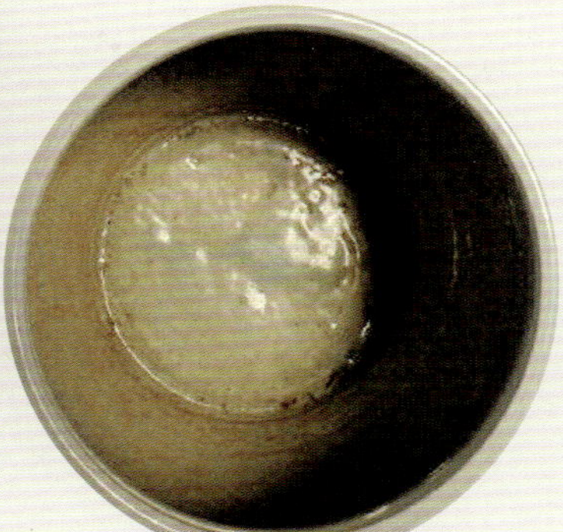

图（5–113）

比色法： 青花色标为C-100，M-80，Y-10，K-10，因水浸环境，造成Y、K值比正常元青花色调淡些。

容重法：本器在空气中称重7369克，在水中称重4163克，其体积相当于7369-4163=3206cm^3，则其容重EEE=7369/3206=2.29，此值很好，可证实本“出水瓷”为元代真品。

微观法： 见青花下沉，铁锈入骨，有白色石花，气泡稀少疏朗，大中小气泡分布有层次感。这又呈显元代至正型青花瓷的特征。

总结： 从四方面测定分析，造型、胎釉、青花、纹饰均很开门，可确定本瓷器为元代至正型青花大罐，异常珍贵。

图（5–114）

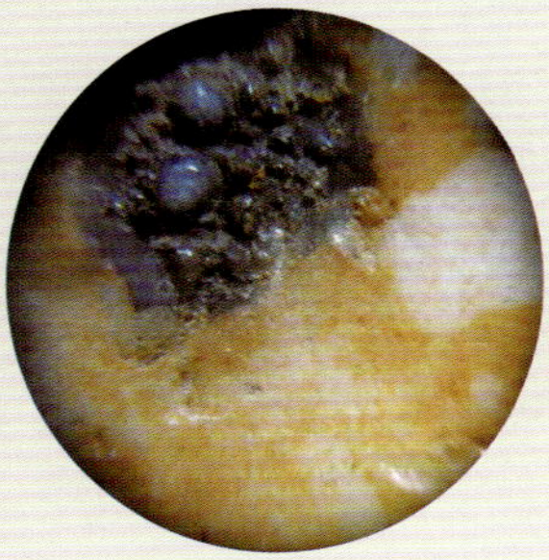

图（5–115）

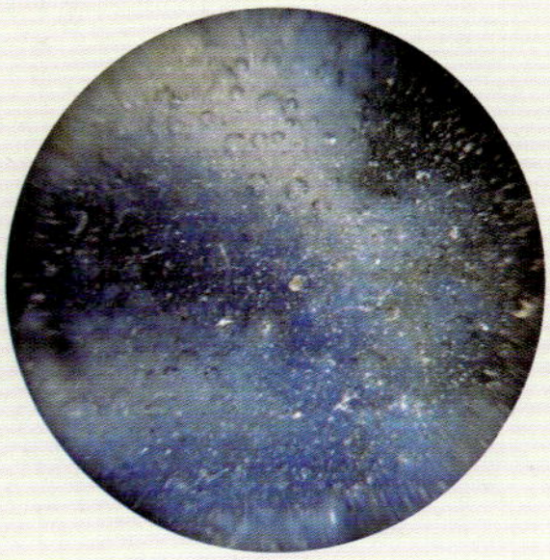

图（5–116）

明永乐——官窑青花海水云龙纹敛口大盘

目测法： 造型为明代常见的敛口盘式、口微敛、浅弧形壁、腹部丰满、平底、矮圈足。器物讲究修胎，器形十分规整。盘底部为细砂底，圈足足墙内外斜坡、足底及圈足刀削工整，足底较平。走刀平稳，刀距长，斜度小跳刀和旋纹都显小而平缓，有小块铁黑斑，无釉，涂酱色料，呈永乐瓷特征。盘口径40cm、底径28cm、高6.5cm。

胎质细腻、洁白、坚致。除平底部涂酱色料外，盘内外施青白釉，釉汁肥润，釉面润滑、匀净，呈色白中闪青。有器口积釉现象，泛青绿色。

盘内沿壁绘三条云龙纹：龙纹为猪嘴，下颌突出，鼻子向上翻起，张目吐舌，五束长发向后上作波浪状飞起，身躯修长，四足壮硕。五爪龙，一爪向前，另四爪向后，五爪爪尖成带状圆圈排列。云纹呈蘑菇状，云脚细长，云朵中央作勾连状。盘心描绘海水龙纹：海水纹以斜线和弧线画成波浪，波浪间伴以轮齿状的浪花。外腹口沿下勾勒一圈卷草纹。瓷盘外壁以茶花、菊花、牡丹、莲花组合描绘缠枝花卉纹，而且重复使用。纹饰绘画非常流畅，线条粗犷，自由活泼，画法布局根据器型讲究变化，既灵活多变又有较强的规律性，显示明永乐当时装饰艺术的高超及绘画功力的娴熟风格。

比色法： 青花色标为C-80，M-60，Y-20，K-30，呈永乐青花稍淡而雅致的色调。

容重法： 盘在空气中称重2781克，在水中称重1587克，盘体积相当于2781-1587=1194cm^3，E=2781/1194=2.329，此值比现代仿品瓷容重值小，再则本盘细砂底，会增加容重值，所以判定此值在明初古瓷容重范围内尚是合理的。

图（5–117）

图（5–118）

图（5–119）

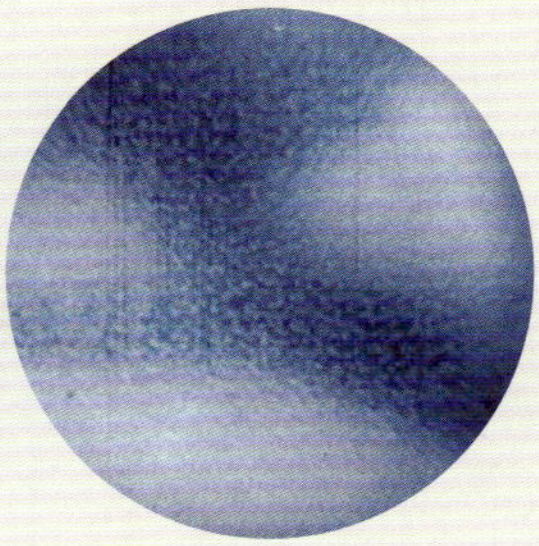

图（5–120）

微观法：见青花隐现在下部，其上中小不同的气泡密密麻麻，证实青花下沉较深的特点，也不见铁锈斑，呈显永乐优质国产青料或进口国产的混合料之特征。

总结：从诸方面测定判断，比较开门，具有鲜明的永乐官窑青花瓷“胎体轻、色艳丽、饰纹疏” 的特征，所以确定本盘为永乐官窑青花瓷是妥当的，非常珍贵。

明宣德——青花描金凤穿云花卉纹八棱葫芦瓶

目测法：造型敦厚凝重，为八棱葫芦形瓶，制作精致，瓶高48cm。胎体凝重浑厚、胎质洁白细腻。细砂平底宽圈足，折角圆润，无釉，无旋痕，泛有火石红斑，并有贝壳水渍疤痕，为“出水瓷”。

釉层晶莹肥厚，青花发色明快，呈色浓重与淡雅相间，铁锈斑少，基本无晕散现象。

主纹饰双凤纹和元代相近，鸡头、鹰嘴、鳞躯、花尾，但不露爪。辅助纹饰：圈形边带纹、蕉叶纹、花卉纹、云纹、仰莲瓣纹均呈明宣德朝特征。描金为粉状真金在主腹腰部，用青

图（5–121）

图（5—122）

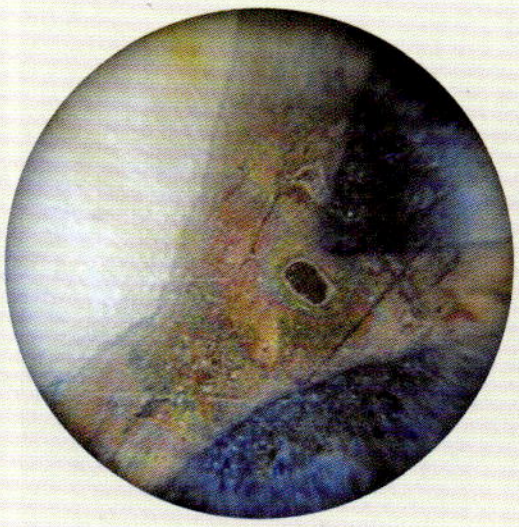

图（5—123）

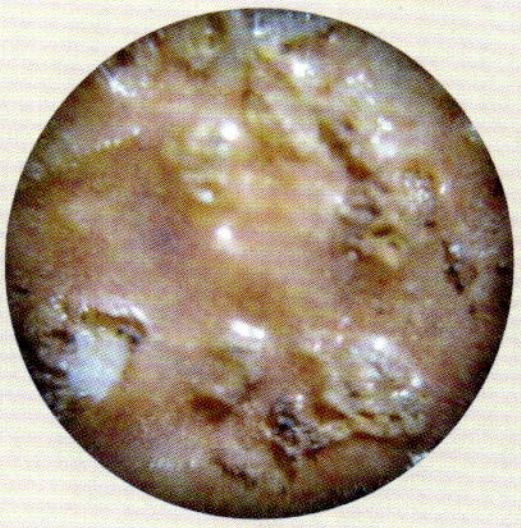

图（5—124）

花描金铃“大明宣德年制”楷书款。

比色法： 青花深色色标为C-100， K-90，淡青花色标为C-70，K-60，呈现宣德青花由二基色组成的特点。

容重法： 瓶在空气中称重3578克，在水中称重2055克，其体积相当于3578-2055=1523cm^3，E=3578/1523=2.349，此值看来偏大，但可排除现代仿品。再则胎体厚实，又见器身有水渍黄斑，说明本瓶曾长期存在水中，水中温差不大，容重偏大很正常。

微观法： 见釉下青花下沉、气泡很多、铁锈斑有银白光泽、描金为粉状且闪光，证实为明代古瓷真品。底部微观见有贝壳类融附，证实是“海捞瓷”，其容重偏大亦合情理。

总结： 从以上诸方面测定分析，可确定本瓶为明宣德青花瓷器，非常珍贵。

十三、润细色艳釉里红

“釉里红”为瓷器釉下彩品种之一，它是元代景德镇制瓷工匠的重要发明之一，它是在青花瓷工艺基础上，借鉴了唐代长沙窑和宋代钧窑运用铜红釉作为呈色剂的装饰技巧而发明的。在坯上用铜料绘画纹饰或彩斑，罩以透明釉，在1350度高温还原气氛中一次烧成，使釉下呈现红色花纹。但铜在高温下极易扩散、挥发，因此氧化铜彩料的配制、研磨技术以及烧成的温度等工艺要求很高，所以对还原焰的掌握必须恰到好处，否则就会功亏一篑。元代釉里红往往是作为一种胎体装饰或青花装饰的辅助手段而出现的，由于烧造技术的限制，元釉里红呈色不够纯正，发色偏黑成猪肝色调，有的影响严重些即出现飞红（红色没有了）或出现暗红色、苔绿色斑点，绘画线条不清晰，也常见晕散、糊团，没有浓淡不等的几个色阶。　确实，以铜为着色剂的釉里红瓷器，不仅因为烧造技术难度大而显得珍贵，特别是铜这种非常有趣的着色剂，在瓷窑中因为还原气氛之不同，竟然能呈现出红色、绿色、紫色及五彩之变色，单是釉里红一色还可依据其色泽之浓淡而拥有多种名称，比如宝石红、祭红、积红、鸡血红、牛血红、大红、醉红等，真可以说红得五彩斑斓、色彩缤纷了。

元代釉里红瓷器装饰工艺除了传统绘画技法之外，还有一种“线绘工艺”技法。这种釉里红线绘瓷器的特点是：胎骨一般比同期青花瓷粗，器物见明显的旋削痕和接胎痕。它釉质不同于同期青花瓷上的透明白釉，为卵白釉或浅红油状青白釉。釉里红呈色不稳，浅红夹杂灰色，为赭红。少见晕散，没有浓淡色阶。

其线绘装饰工艺远远落后于同期青花瓷，线绘纹饰技法单一，基本上是勾勒加简单点染。

元代“至正型”青花釉里红瓷，是元代“至正型”青花加釉里红辅助装饰的瓷器，元代青花工艺已是成熟期，但釉里红工艺仅是初创期，加上铜元素所具有的特性及工艺难度甚高，一器上同时装饰好青花与釉里红，是难之又难。

所以元“至正型”青花瓷已名贵少见，元“至正型”青花釉里红瓷对于中国陶瓷历史而言依然是不可忽视的一个重要品种，它是属于物以稀贵之珍宝。

明洪武年釉里红较为盛行，呈色浅红而带灰色。

清康熙、雍正时的釉里红呈色鲜红且有层次，烧造得极为成功，可谓历史高峰。

如何鉴别元代至正型青花釉里红瓷?

“至正型青花”是一个确实存在的元青花类型，其独立成类的理由在于它蕴含有丰富而独特的文化内涵和艺术语言、它的艺术排他性、唯一性和强烈的语言标识性。这是一个类型概念而不是一个时间概念。所以元青花瓷器可按艺术风格和文化内涵分为“至正型”青花瓷和“非至正型”青花瓷。毫无疑问，“至正型”青花瓷代表了元代青花瓷的最高艺术水准，是元代青花瓷的顶峰之作。“至正型”青花瓷在元至正年前后短短的几十年中，达到了如此高的艺术造诣，而且其艺术风格只有同一个（或师徒一批）绘瓷名匠才能实现，这还是一个谜。

“釉里红”为瓷器釉下彩品种之一，它是在青花瓷工艺基础上，借鉴了唐代长沙窑和宋代钧窑运用铜红釉作为呈色剂的装饰技巧而发明的。在坯上用铜料绘画纹饰或彩斑，罩以透明釉，在1350度高温还原气氛中一次烧成，使釉下呈现红色花纹。但铜在高温下极易扩散、挥发，因此氧化铜彩料的配制、研磨技术以及烧成的温度等工艺要求很高，所以对还原焰的掌握必须恰到好处，否则就会功亏一篑。元代釉里红往往是作为一种胎体装饰或青花装饰的辅助手段而出现的，由于烧造技术的限制，元釉里红呈色不够纯正，发色偏黑成猪肝色调，有的影响严重些即出现飞红（红色没有了）或出现暗红色、苔绿色斑点，绘画线条不清晰，也常见晕散、糊团，没有浓淡不等的几个色阶。

元代至正型青花釉里红瓷，即是元代至正型青花加釉里红辅助装饰的瓷器，元代青花工艺已是成熟期，但釉里红工艺仅是初创期，加上铜元素所具有的特性及工艺难度甚高，一器上同时装饰好青花与釉里红，是难之又难。所以元至正型青花瓷已名贵少见，元至正型青花釉里红瓷几乎是稀少至极的宝中罕见之宝了！

元——至正型青花釉里红麒麟、凤穿花卉纹铺首大罐

目测法： 体形硕大雄伟，平凹口、溜肩、肩以下渐广至腹部最大处内敛，肩腹部交界处对称贴塑四辅兽。器高31.5cm、口径18cm、足径20cm。内卧浅宽圈足，砂底。此造型，符合至正型青花瓷的创新型风格，极罕见。

胎骨比同期青花瓷胎坚质、厚重，胎质呈色灰白，露胎处呈火石红色的晕圈。砂底见线条硬朗的削痕棱角、粘有窑砂、见不规则釉斑。胎体是分段制作后

图（5–125）

图（5–126）

图（5–127）

再横向衔接起来，接痕比较明显，罐内接痕处见剥釉、缩釉、窑缝等现象。底足呈上大下小的楔形。

釉层厚而莹润，釉色白中闪青，胎体和釉层熔融块然一体，冰裂小片纹明显。

青花呈色浓艳、有铁锈瘢并凹入釉面，凹处常闪烁“锡光”、有自然晕散。釉里红呈猪肝色，绘画线条不清晰、晕散明显、呈色不稳定、有较多飞红现象、见淡绿苔斑、没有浓淡不等的几个色阶，显元代釉里红工艺尚不成熟。

装饰是在白地上用青花、釉里红二种釉下彩料绘画为主，结合使用堆塑的胎装饰。胎体贴塑兽型铺首，还以青料涂绘，使之更为醒目。这种古老的装饰与流行的装饰同施一器，异态纷陈，奇妙诡谲，透出一种元人独有的审美情趣，这是至正型青花釉里红瓷在装饰方法上的最大特征。

纹样以满密式构图为主，用弦线划分成五层：一、口沿饰图案纹；二、肩部饰绘缠枝莲花纹，莲花纹样勾线后填色留小圆空白，花心画成石榴状、周围以数枚留白花瓣烘托，莲叶前段画如葫芦，叶端有芒尖，后段如羊角，两侧内卷，叶双侧出尖如芒（同图A）；三、肩腹间隔采用凸弦纹，在腹上部堆塑四兽首，凸显威严生动（同图C、E）；四、主腹部绘麒麟、凤穿缠枝牡丹纹。麒麟形象特

图（5–128）

征为鹿首鳞身马尾牛蹄，麒麟奔跃自如（同图A）。凤纹形象特征为鸡头鹰喙鳞身花尾（同图B）。缠枝牡丹纹的枝茎缠绕呈连续波线，花大叶重，花瓣顶端以细小连弧勾勒，青料（或釉里红）填涂，瓣边留白，使花瓣边缘如缀一圈白色珍珠。有的花心留白，呈花瓣形。叶如手掌，有三至五个叶尖（同图C）。腹下饰卷草纹一周，画法尤为生动自如，用青、红两个色料，一个纹样单位接着一个纹样单位画的。这种画法为元青花所独有（同图C、E）；五、腹底部饰“变形莲瓣纹”，直边小圆方肩，各瓣独立，内窄外宽双轮廓边，莲瓣内填绘涡纹（同图C、D、E）。所有纹样绘画运笔自然、娴熟，画工精究神韵，特显至正型青花瓷的艺术风格，出于同一（批）绘瓷名匠之手。

比色法：青花色色标为C-100，M-70，Y-20，K-30，蓝偏黑、少晕散，是元代用进口青与国土青混合配料的正常色调，红色色标为C-50，M-80，Y-60，K-20，猪肝色，呈元代釉里红本色。

容重法：罐在空气中称重8964克，在水中称重4746克，其体积相当于8964-4746=4218cm^3，则容重E=8964/4218=2.125，此值证实本罐为元代真古瓷。

微观法：从三张微观图中均可见釉层中的气泡呈大、中、小三种分布，十分疏朗；见冰裂纹明显、有土咬斑点；青花、釉里红均下沉、有铁锈瘢凹入釉面、闪“锡光”、有晕散现象、铜绿苔斑等元古瓷相。

总结：目测就很开门，加上三方面科学检测，可确定本罐为元代至正型青花釉里红大罐，特显珍稀而名贵。

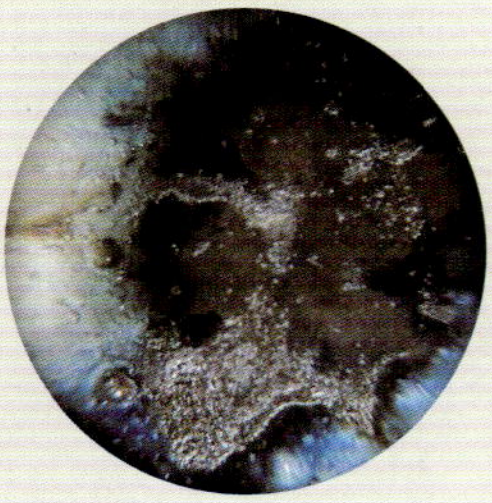

图（5–129）

图（5–130）

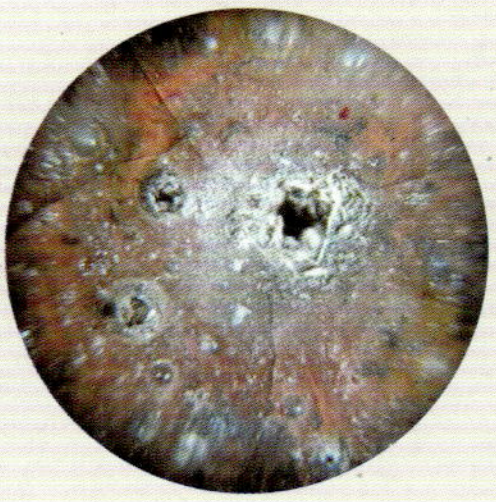

图（5–131）

图（5–132）

图（5–133）

元末——至正型釉里红翼龙穿云纹梅瓶

目测法： 瓶为小口，短颈呈上小下大的梯形，肩部丰满，下腹渐收瘦，圈足，足部微外撇，器身线条柔和流畅，造型端庄，重心较稳，是元代至正型梅瓶典型器，瓶高36.5cm。

胎体用麻仓土制作，胎质厚而粗松，不够细腻。胎体分段制造，拼接而成，有明显接痕，特别是接底的部位，处理粗糙，不大规整，痕迹十分明显。

装饰层次繁多，肩饰卷草纹和缠枝莲纹；腹部主题绘翼龙穿云纹：龙头小、细颈、躯体壮实修长、背有锐利锯齿形鳍脊、三爪足、爪细长尖利、体表斜方鳞、两只飞翼似凤凰翅翼。绘流动云纹、云脚长；主纹下绘卷草纹一周；近底足绘仰莲纹、每瓣莲纹都分开绘饰、边框线均外粗内细双线条、框内饰团花图案，呈现至正型青花瓷装饰工艺（参见图5-127-A—云龙纹）。

白釉层肥润致密，釉色白中含青灰，见缩釉点（线）。露胎处呈窑红。釉里红呈偏灰黑色，有晕散现象，见苔绿斑，有烧飞情况，没有浓淡不等的几个色阶，有一层似乳油状的包浆。釉里红技术能自如地运用线描方法绘制纹饰，纹样

图（5-134）

图（5-135）

都非常生动，粗细有致，点染涂沫一气呵成。呈元代末期釉里红工艺特征。

器物底部涩胎无釉，烧成后氧化呈赭红色，圈足端采用平削工艺而成浅底宽足，底足中心乳钉突起，呈元代工艺特征。

图（5-136）

图（5-137）

比色法：釉里红色色标为C-40，M-70，Y-60，K-30，符合元代釉里红猪肝色调。

容重法：空气中称重3740克，水中称重2114克，体积相当于3740-2114=1626cm^3，E=3740/1626=2.30，容重偏大，但可排除现仿。另外原因与腹大口小排放空气不尽及瓷料和工艺有关，或者窖存环境、时间长的缘故造成，所以年代仍可定元末古瓷。

微观法：见红釉明显下沉，釉下有很多白色石花斑，大小气泡散布，

图（5-138）

有少量黄斑，也见小黑色铁圆斑，呈元代古瓷相。

总结：从以上“四合一”检测来分析，完全符合元代至正型釉里红瓷特征，故可定性为珍稀的“元末”官窑精品瓷。

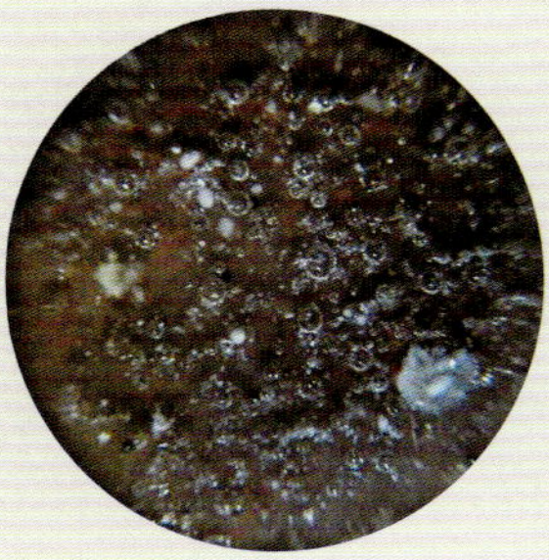

图（5-139）

图（5-140）

浅谈元末釉里红线绘瓷器的特征

胎骨一般比同期青花瓷粗。

器物见明显的旋削痕和接胎痕。

釉质不同于同期青花瓷上的透明白釉，为卵白釉或浅红油状青白釉。釉里红呈色不稳，浅红夹杂灰色，为赭红。少见晕散，没有浓淡色阶。

装饰工艺远远落后于同期青花瓷。线绘纹饰技法单一，基本上是勾勒加简单点染。

一件古瓷供鉴赏：

元末——釉里红线绘开光花鸟纹双系执壶

目测法：造型呈罐状腹、折沿短颈壶口、曲圈柄与流嘴对称贴附肩部、口两侧贴片状双系，执壶高15.5cm，口径3.7cm，底径5.7cm。

胎体用土质地粗松，涩胎呈黄白色。胎坯采用分段制作后再衔接的工艺，有明显接痕，底面削旋痕清晰，中心有凸点，砂底有铁质黑点，呈元代胎质和制作工艺。

青白釉闪青色，釉里红偏灰淡红色，无晕散、色泽均匀。

图（5–141）

图（5–142）

分层装饰，绘双条弦线作分层间隔：肩部饰缠枝菊花纹；腹部主体纹是在四个对称的菱花开光内饰鹤穿花卉纹、孔雀栖花卉图案，四开光之间则饰对称三角灵芝云纹；腹下部绘卷草纹一周；近圈足处绘变体莲纹。全器以线描为主，呈元末风格。

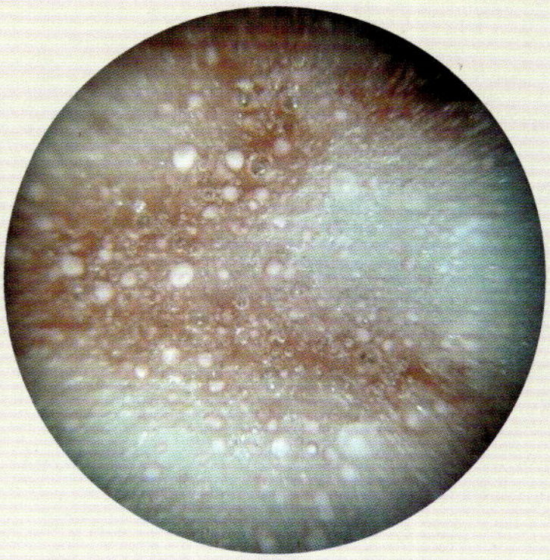

图（5–143）

比色法：釉里红色标为C-30，M-60，Y-30，K-30，色调偏灰浅红，呈元末釉里红色，少见晕散，显釉里红烧成工艺趋向成熟。

容重法：执壶在空气中称重748克，在水中称重422克，其体积相当于748-422=326cm^3，则E=748/326=2.294，此值偏大，但可排除现仿。另外可能与胎体符有山泥砂质、保存条件、甚至小口而宽深腹的器形是否有关。

微观法：红釉下沉，釉上大、小气泡疏朗，有多白色石花斑，呈元古瓷相。

总结：目测有元代釉里红品相，从三方面测定分析，可定为元末古瓷。

十四、古色古香五彩瓷

五彩是多彩之意，是釉上彩，也有的釉下配饰青花。但这里的青花与斗彩的青花有所不同，斗彩青花在斗彩瓷的图案中居于主要地位，是构成整个图案的主体颜色；而这里的青花虽也在釉下，但只把它作为构成整个图案中的一种颜色，对整个瓷器的色彩不起决定性的作用。五彩瓷器一般也是二次烧成，先是在做好的器物胎体上施釉，有青花者先在胎体上画好青花再施釉，入窑进行高温焙烧。烧好后再在其上以五彩画出各种花纹，再入窑焙烧一次。

据文献记载，五彩瓷器始创于明永乐或宣德年间。从现有的实物看，明代嘉靖、万历时期进入了成熟阶段。　明嘉靖、万历五彩是明代彩瓷中最著名的品种之一。其色调纯正、绚彩斑斓，可以与著名的永乐、宣德青花瓷相媲美。另外，人们往往将“嘉靖、万历五彩”与“成化斗彩”并提，把它誉为明代制瓷业的一大成就。

嘉靖五彩，主要红彩是“枣皮红或黄上红”、黄彩是“蜜腊黄”、紫是“赭紫”、绿是“大绿、浅绿”、孔雀蓝或青花代替（青花是回青料）。嘉靖五彩瓷，纹饰都比较纤细繁密。

万历五彩几乎完全为青花五彩，其装饰题材与嘉靖时大致相同，但用笔豪放不羁，画法更显朴实稚拙。万历五彩除多数为“浓艳五彩”外，尚有极少量的“淡雅五彩”，加之采用“开光图案”工艺，这又为万历五彩的一个显著特征。

康熙朝景德镇陶艺家在大明五彩的基础上，不断改进釉上彩料的制作工艺，使五彩色料呈玻璃状，具有透明坚致，鲜艳明朗，能耐火，不褪色，不剥落的理化性能，同时又能把五彩常用的红、黄、蓝、绿、紫等基色，调配出各种深浅浓淡的多种色阶，是清代釉上五彩发展的顶峰，因其彩色深厚堆垛、鲜明透澈，故有“硬彩”、“古彩”之称。康熙釉上五彩的成就主要表现在三个方面：

第一，在色彩的运用上，康熙五彩有了重大的突破，其中最突出的成就是釉上蓝彩的发明。这种以钴料为呈色剂的釉上蓝彩，结束了明以来蓝色必须用釉下青花来表现的历史，从而使画面的绘画简便，图案更协调。康熙釉上五彩中蓝彩运用非常广泛，有作陪衬色彩的、也有作主题纹样色彩的，色泽呈鲜蓝和蓝中泛紫等色调。

除蓝彩外，黑彩、金彩、红绿彩在康熙瓷器上亦颇为流行，从而形成了康熙釉上五彩的又一重要特征。

第二，在绘画的技法上，康熙五彩也有了重大的突破，摒弃了明代用水调彩料绘画的方法，而采用乳香油调彩料绘画，从而克服了明代色彩易晕散、绘画不够精细的弊病。画面一改明嘉靖、万历古拙粗率的风格，而呈现工整精细、写实生动的风貌。山石画法仍以南宋院体画流行的斧劈皴为主，人物绘画则受陈洪绶的影响，在传统的平涂勾勒中加入了注重近大远小的透视关系及明暗转折、光影变化的处理技法等等，从而进一步增强了画面的立体感。在画面用色上，康熙古彩也不像大明五彩那样追求大红大绿，而是以恬静素雅见长。

第三，在纹样的绘画上，康熙五彩除继续流行花鸟草虫、婴戏人物、山水博古图外，戏曲、小说人物故事图风行。康熙古彩装饰题材广泛，画风上受文人画的影响，构图绘画性强，讲究虚实均衡，按照画意主题需要，或者铺天盖地、密不透风；或者空旷开朗、疏可跑马。在用笔用线上，康熙古彩工整严谨，纯熟准确，上色讲究，一丝不苟，同大明五彩的自由奔放、粗犷豪迈的艺术格调，形成鲜明的对比。在边饰图案上，康熙古彩工整复杂而略显繁缛，不如大明五彩简练明快。

另外，康熙开光艺术瓷器是康熙五彩器的时代风格。

彩瓷先施圈栏，内绘花彩，外填色釉，则谓之“开光”瓷器。

清代开光瓷，往往圈内为白地，饰主纹，圈外为色地，又加绘粑花、什锦花等辅纹，以辅垫衬托主纹，可收富丽之效。

康熙开光艺术瓷器，最突出的一点，是成功地借鉴绘画表现手法，凡生动新鲜的图样，多直接选自纸帛画，画手素养深厚，指功腕力内蕴，常见墨迹和畅气壮，可更充分表达画意，构成立体感极强的完整画面。其次康熙瓷开光装饰还巧妙借鉴织锦纹饰，以锦地开光形式增强瓷绘表现力，使其形成一种鲜明的时代风格。

康熙开光艺术瓷之成就，是康熙作为一代圣祖之明，其崇尚汉文化，并广泛汲取各门类艺术精华的结果，也是其强大的经济实力在艺术上的相应表现。

康熙五彩的器型也丰富多样，有精巧玲珑的小件器，也有气势雄伟的大型器。

明嘉靖——五彩龙凤纹凤尾尊

图（5–144）

目测法： 实测尊高32.5cm、口径18cm、足径11.5cm。器物口外撇，器身高，腰圆腹鼓，腹下部至底足呈散开裙状，很像凤尾，故名“凤尾尊”。

胎薄体轻，瓷质坚致细密，修胎不太规整，接胎痕较明显。

白地釉面细润，呈青白色，显包浆，近底足胎釉的交接处，有一线橙黄之色，也称火石红。

明嘉靖瓷器的纹饰日趋冗繁。本尊用龙凤纹装饰，配以道教思想的辅助纹饰（如瓔珞纹），构图饱满。先在白釉体上用矾红勾勒轮廓，后平涂填彩，填色精细，线条纤细，用硬笔所绘，画风显豪放稚拙。用彩色品种少，仅用红、黄、绿彩，无紫色和赭石色。红彩为枣皮红，凝厚光熠，绿色为淡孔雀绿彩，使得红艳绿翠的装饰色彩热烈生动，黄彩为蜜腊黄，加之龙、凤的形象均生动逼真，确为嘉靖五彩官窑瓷器中之珍品。

图（5–145）

底足部有“挖足过肩”之嘉靖底足工艺特征，平底再套中心浅圈足，施亮青釉（釉亮度超过器身地釉），外圈平底露胎呈火石红色。中心底足铃青花“大明嘉靖年制”六字两行楷书款，外围青花双圈，款字体瘦长、笔划刚劲中藏透逸、“靖”字左边的“立”位置较高，呈明嘉靖官窑款特征。

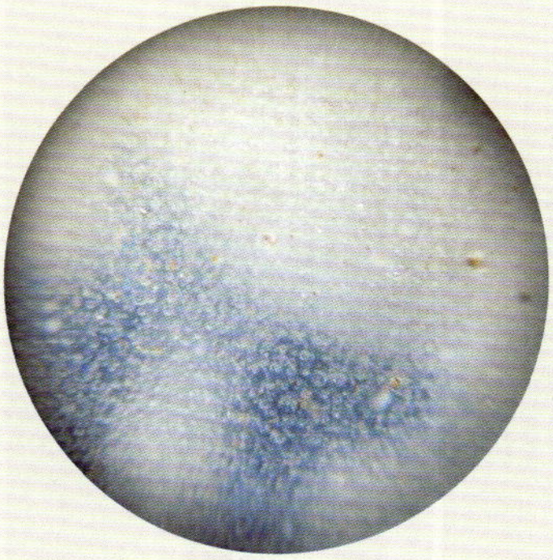

图（5–146）

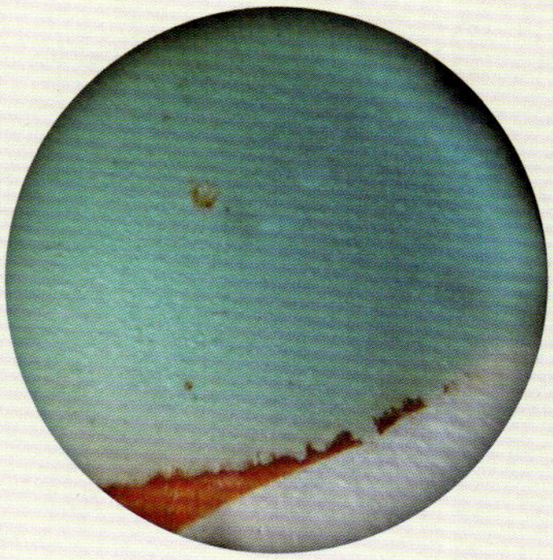

图（5–147）

比色法： 红色色标为C-20，M-90，Y-80，K-0，枣红正色，绿色色标为C-70，M-10，Y-70，K-0。绿色不正，呈乳绿釉状，色偏淡。黄色已变色，可能是本尊存在地下年代久长的缘故，有待研究。

容重法： 在空气中称重1206克，在水中称重690克，体积相当于1206-690=516cm^3，E=1206/516=2.337，此值偏大，原因是此尊存在地下年代长久，且尊里表面有一层矿物腐蚀，所以容重肯定偏大。

微观法： 见青花下沉，有糠斑，彩釉偶见开片纹，因此证实是古瓷。

总结： 见尊很开门，根据四方面测定和分析，可以确定本尊为珍贵的明嘉靖官窑瓷器无疑。

明万历——五彩鱼莲藻纹大罐

目测法： 器形圆口、短直颈、丰肩、鼓腹下敛、平底足呈火石红。罐高33cm、口径13.5cm、腹径35cm、底径15cm。

胎体厚重，瓷土淘洗不精，胎质略显粗糙，底为砂底。釉面乳白莹润，彩绘色调对比较强烈。纹饰用釉下青花作局部图案或勾描轮廓，然后填彩，其彩色常溢出边线，致使部分纹饰显得粗率模糊。加之鱼鳞网状画法，这均呈明万历时代特征。鱼纹形态活跃逼真，鱼尾摆动有力，水藻纹飘动有秩，生长自然，与游鱼相得益彰，仿佛游鱼在水藻中嬉戏，呈现休闲美景，为历代瓷绘中之精品。

肩部青花料横书“大明万历年制” 六字楷书款，笔划细长有力、古朴灵秀，特显官窑瓷之规整。

图（5—148）

图（5—149）

比色法： 红釉色标为C-10，M-70，Y-50，K-0，呈万历枣红色，黄釉色标为C-10，M-20，Y-70，K-0，为万历姜黄色。

容重法： 罐在空气中称重7436克，在水中称重4266克，其体积相当于7436-4266=3170cm^3，则其容重E=7436/3170=2.34，此值偏大，原因在於本器加厚底部至10—15毫米，使整体重心下移，以利保持整器平稳，因而容重偏大在合理之中。此值也可排除现仿的可能，所以确认它为明古瓷也是合理的。

微观法： 见釉中小气泡密、中气泡疏，青花下沉明显，又见彩釉开片纹，这均可证实为古瓷相。

总结： 除容重稍偏大有加厚底因素外，其余诸项均较开门，所以确定本器为珍贵的明万历五彩瓷是合理的。

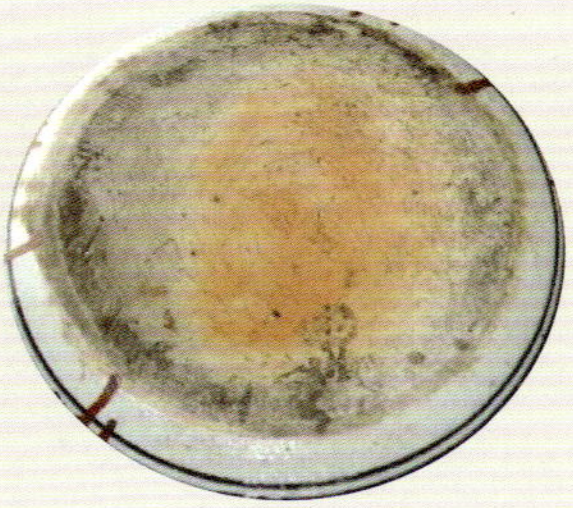

图（5—150）

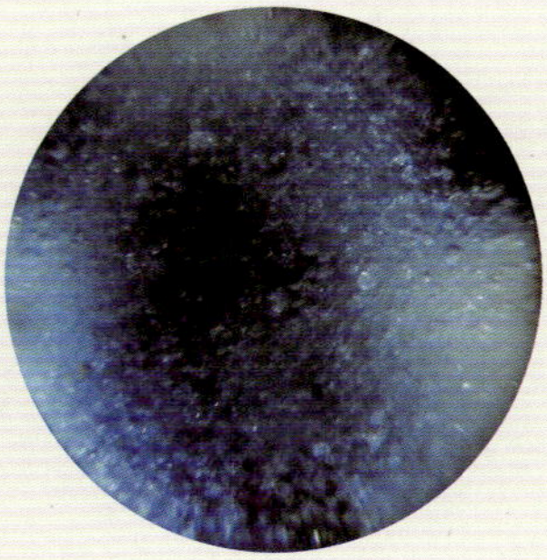

图（5—151）

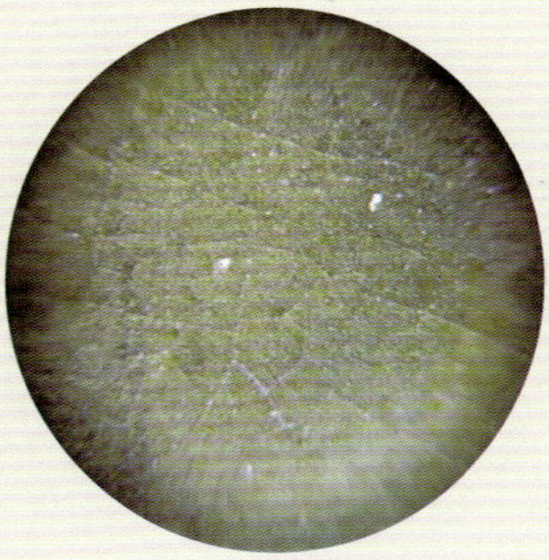

图（5—152）

清康熙——开光五彩《三国演义》故事图将军罐

目测法： 罐型为直口、短颈、丰肩、腹下渐收、足微外撇，盖拱顶、折沿、宝珠纽，近似武将头盔，故名“将军罐”。本罐高34cm。

胎质坚硬细密，缜密似玉，修胎规整，圈足呈“泥鳅背”状，露胎处为黄褐色，罐有厚重感，重量与器型的比例合宜。

釉面细润，内外壁的釉一致，胎釉结合紧密，彩色深厚堆垛、鲜明透澈，看上去有坚硬之感，故有“硬彩”或“古彩”之称。斜视微见“蛤蜊光”。

罐身以肩部的一个锦纹开光装饰带，将罐体自然分成颈部与腹部上下两部份，从而形成两个开光区域。严格地说此罐的开光不是标准意义的开光形式，但在内涵上与开光有相同的因素。

盖上及肩部绘“八宝纹”为辅饰；罐腹部绘《三国演义》中“三英战吕布”的战争故事纹。康熙朝天下初定，人们犹存智勇胜敌之想，于是刀马人物亦为瓷绘所好，名工制瓷，名手绘画，殆纯人于美术范围，而高穆浑雅之气犹未尽掩，几成通律。刀马人物故事图展开，其绘艺极高，工精艺绝皆称圣器，这是康熙朝独特的装饰风格。纹饰用黑彩勾勒轮廓后填彩，彩色无浓淡阴阳之分。首创蓝彩代替青花色调。人物面部轮廓内不着色，采用淡赭线作晕，衣褶及花卉头与枝叶都开始分深

图（5-153）

图（5-154）

图（5-155）

浅。绘画笔法流畅，主辅纹配制合适，生动豪放，潇洒飘逸，充分显示战争故事的动态场境，富含瓷绘艺术水准。

底铃青花料双圈内书“大清康熙年制”六字两行楷书官窑款，青花呈色纯净明艳，深沉于透明釉之下，如同写于胎骨之上。

比色法：红色色标为C-20，M-100，Y-100，K-10，深色之抹红，较他色釉质有平凸、硬亮之感。黄色色标为M-10，Y-80，为深浅不一的密腊黄。深蓝色色标为C-80，M-40，K-40，是正宗宝石蓝釉，以上均符合康熙五彩色调。

容重法：罐在空气中称重2778克，在水中称重1582克，则其体积为2778—1582=1196cm^3，容重E=2778/1196=2.32，此值稍大于一般古瓷，但对特制的、玉石质的康熙官窑瓷来分析，还是可能的。

微观法：见青花下沉、彩釉开片纹，可证实是古瓷。

总结：以上四方面测定，可以鉴定本罐为康熙五彩古瓷，是合理的。

图（5—156）

图（5—157）

图（5—158）

图（5—158）

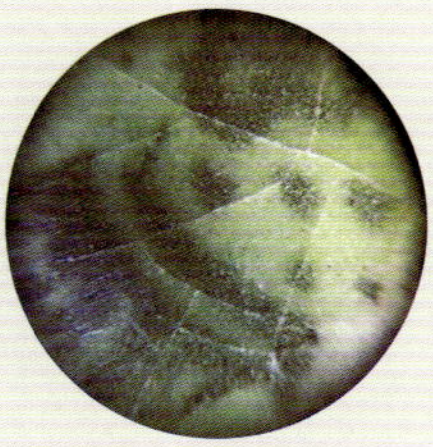

图（5—160）

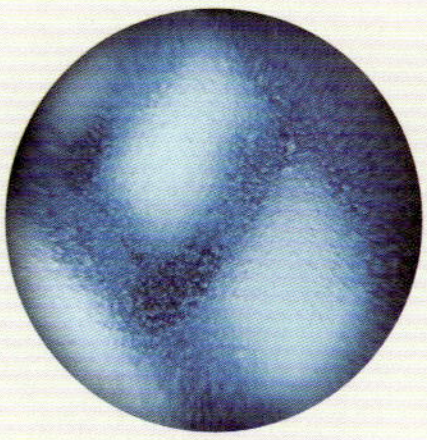

图（5—161）

十五、璀璨奇葩斗彩瓷

斗彩是釉下青花和釉上彩绘的结合。其制作工艺是先在釉下用青花勾勒纹样全部或大部轮廓线后高温烧成，再在釉上青花轮廓线内填绘五彩入窑二次以低温焙烧而成。斗彩工艺萌发于明宣德，但直到成化时期斗彩才成为真正独立的彩瓷品种。

成化斗彩可用“质精色良”四字概括，它不仅以细腻精湛的工艺取胜，而且以线条流畅的造型，薄如婵翼的胎体，润如堆脂的质地及清淡雅的色调，在明清彩瓷中独树一帜。尤其是那釉下紧贴胎体幽菁浓艳的青花，透过洁白的釉面所闪耀的迷人色彩，与釉上绚丽灿烂的彩绘遥相辉映争奇斗妍，给人一种优雅而又华贵，明快而又朦胧的美感。

成化斗彩还因为其器形均小巧精致，为掌中把玩之物，开一代未有之奇，其风格之迷，数百年来在中国陶瓷史上，一直是人们津津乐道的话题。据历史考证，明宪宗的宫围生活始终被蒙上一层传奇色彩，甚至影响一代朝政。终成化一朝始终受成化帝宠爱的妃子仅为一人，即贵妃万氏。成化斗彩因为具有一种所谓女性美，故人们相传当年在宫中，它是万贵妃的赏玩之瓷。

各种彩料准确地填在有限的框内，起到渲染与烘托的作用，突破了明代平涂彩料的局限，使 明成化斗彩官窑器，胎骨细润晶莹，造型玲珑秀奇，彩料精选纯正，色调柔和宁静，画面淡雅幽婉，精巧可人，玩赏性大于实用性。不仅名重一时，还成为成化后明清代斗彩主要的模仿对象。明嘉靖以后斗彩变得繁密浓艳，清代仿古斗彩器最有成就的，首推康熙时期仿明代成化斗彩，以质地精良、以假乱真著称。但后仿成化斗彩还是不及成化时的精致娇艳，则是工艺有所改进，在斗彩瓷彩绘上创造了一种新方法，即在青花线内填珐琅彩、粉彩等，纹饰更具有“璀璨奇葩”的装饰效果，显得更加明快艳丽。

但明成化官窑瓷器的款识，犹如出自一人之手，用笔自然，肉中有骨，柔中见刚，既挺拔瘦劲，又笔道圆润。明清代仿款，缺乏成化官窑款那种柔中见刚的神韵。

成化官窑款识书法风格十分特异，又有蛮味，使后仿学书法的人很难学样，几乎摸不着门。康熙仿成化斗彩的釉色水平最高，但在款识这项上，一下就露了馅。

自嘉靖、万历到清康熙、雍正、乾隆（即清三代）都追仿明成化斗彩瓷器，在制作上自然更为精美工整。

清雍正时斗彩多仿成化，与成化斗彩极为相似，但开了“粉彩”与青花结合的先例，制作出更加柔和的色彩，加之填彩准确，很少漫出边廓，显得清秀明丽，正符合成化斗彩瓷特点。另外雍正斗彩瓷在绘画上采用了中国传统工笔花卉的技艺，工整严谨。 所以用“五彩”还是“粉彩”与青花结合成斗彩，以及绘图工艺是鉴别明成化与清雍正斗彩之关键特征

特别是清雍正斗彩瓷胎薄、釉细，造型隽秀，小巧玲珑，既有大件，也有小件，形体雅致。在纹饰布局、彩色配合、以及填彩等方面，都又大大地前进了一步，制作工艺达到炉火纯青的水平。

其一，斗彩继续沿用了填彩的装饰方法，但与从前的装饰所不同的是，青花线内所填彩料，填彩准确，工整细腻，不越边线，亦无漏填，在有限的青花框内，将彩料进行渲染和烘托，改变了明代双线平涂的局限，使纹饰更加清逸秀丽。

其二，雍正斗彩的另一个贡献，是把粉彩运用到斗彩的装饰之中，这将釉下青花与釉上粉彩融为一体，较之前代的斗彩瓷器更加清逸、淡雅。

其三，雍正斗彩瓷器不惜工本，竭尽全力地提高了制瓷工艺和采用工笔绘画技巧，使斗彩瓷器更加繁荣兴旺，这是雍正斗彩瓷器最突出的成就。

明成化——斗彩宝相花纹碗

目测法： 此碗造型规正，口径15.5cm，高6.8cm。胎质细腻纯洁，且显轻薄。白釉肥润如脂、釉彩柔和、笔法流利、造型轻灵秀美、表里精致如一。

斗彩装饰为宝相花纹。工艺是在胎上用青料勾出轮廓，上敷白釉，入窑烧成后，再按轮廓填上应有的色彩料，然后再次入彩炉烧成。饰画上只有平涂分浓淡，而不分阴阳，无渲染烘托彩。这均是明成化瓷之工艺特点。

底足露胎细洁，透杏黄色，呈明代成化瓷特色。底钤“大明成化年制”官窑款，款上显有一层云朦，呈明成化瓷特征。

比色法： 青花色标为C-80、M-60、Y-10、K-50，红色色标为C-10、M-90、Y-70、K-10，绿色色标为C-60、M-0、Y-50、K-10，均符合成化斗彩真品色彩：红色闪粉红而厚薄不匀、绿花色闪蓝而浅翠透明。

图（5–162）

容重法：碗在空气中称重207克，在水中称重116克，体积相当于207-116=91cm^3，E=207/91=2.274，此值符合明成化古瓷容重之范围 。

微观法：见青花下沉，上有白色小而密的气泡，绿釉开片，符合明代古瓷条件。

总结：从以上诸方面测定分析，很开门。所以鉴定本碗为明成化斗彩工艺制作的真品瓷，是妥当的，异常珍贵。

图（5–163）

图（5–164）

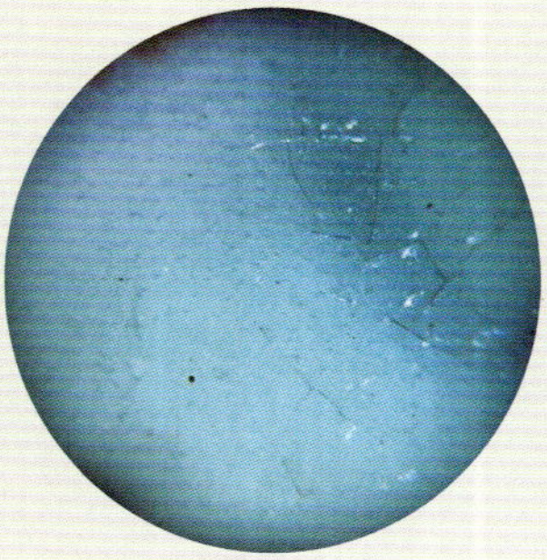

图（5–165）

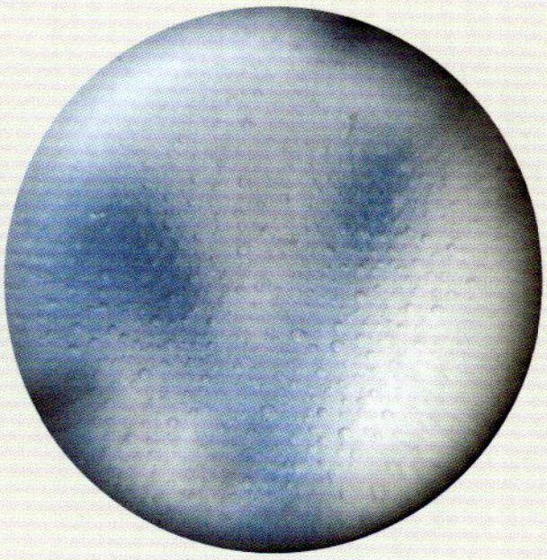

图（5–166）

宠幸贵妃，成化女性美斗彩茶具

成化斗彩可用“质精色良”四字概括，它不仅以细腻精湛的工艺取胜，而且以线条流畅的造型，薄如婵翼的胎体，润如堆脂的质地及清淡雅的色调，在明清彩瓷中独树一帜。尤其是那釉下紧贴胎体幽菁浓艳的青花，透过洁白的釉面所闪耀的迷人色彩，与釉上绚丽灿烂的彩绘遥相辉映争奇斗妍，给人一种优雅而又华贵，明快而又朦胧的美感。

成化斗彩还因为其器形均小巧精致，为掌中把玩之物，开一代未有之奇，其风格之迷，数百年来在中国陶瓷史上，一直是人们津津乐道的话题。据历史考证，明宪宗的宫闱生活始终被蒙上一层传奇色彩，甚至影响一代朝政。终成化一朝始终受成化帝宠爱的妃子仅为一人，即贵妃万氏。成化斗彩因为具有一种所谓女性美，故人们相传当年在宫中，它是万贵妃的赏玩之瓷。

无锡雅蔚苑古瓷供鉴赏：

明成化——斗彩鸳鸯莲花纹茶具（6件/套）

目测法： 茶壶一件，高9cm；茶盅4件，口径6cm；茶盘1件，直径20cm。胎体洁白细腻，并且轻薄秀美，透光度佳。修胎规整，造型雅致。

图（5-167）

图（5—168）

图（5—169）

釉面肥腴，呈现不规则的老化现象。彩料由彩矿石炼成岩泥浆作釉，质粗易脱落，呈色稍逊，甚至有枯败现象。

纹饰为鸳鸯莲花纹，大量采用双勾平涂技法，勾廓渐趋细线条，纤细活泼，笔意柔中含有劲力，用笔粗疏而古气横溢。

器底有釉，均钤“大明成化年制”青花款，款字苍劲有力，笔画圆润。

图（5—170）

比色法： 赭紫色色标为C-20，M-70，Y-60，K-0，绿色色标为C-70，M-10，Y-40，K-0，黄色色标为C-0，M-20，Y-80，K-0，以上三色均呈成化时代特色。

容重法： （1）壶在空气中称重为162克，在水中称重为39克，体积相当于162—39=123cm^3，则E=162/123=1.32克/cm^3，此值偏小，可能在水中称重时与壶中排不清空气有关，但此值可排除现仿瓷器之疑，定明朝古瓷是可信的。

图（5—171）

图（5–172）

图（5–173）

（2）杯在空气中称重为33克，在水中称重为18克，体积相当于33—18=15cm^3，则E=33/15=2.2克/cm^3，此值很好，证实此杯为明成化古瓷无疑。

微观法： 见釉中气泡紧密细小，又见平等青很平淡而深沉不漂浮，瓷质苍老显旧观，呈成化古瓷特征。

总结： 从多方面测定均达标，可认定本套茶具为明成化斗彩名瓷。

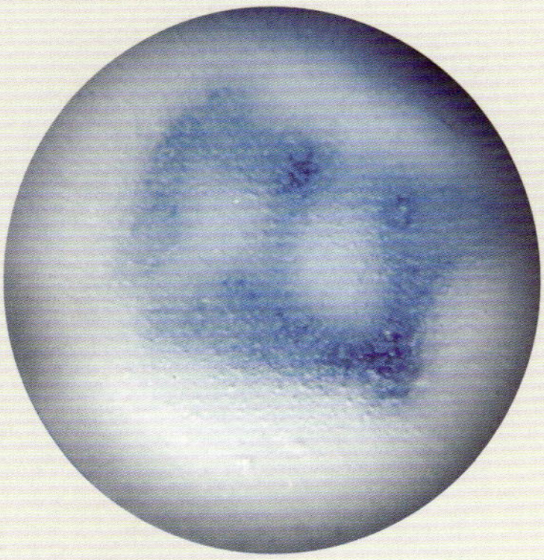
图（5–174）

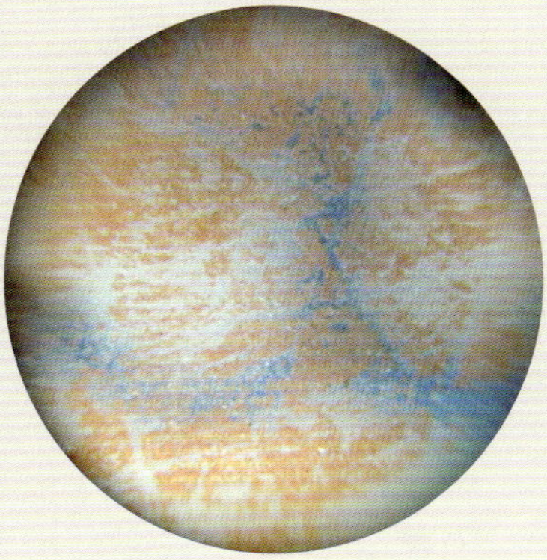
图（5–175）

清雍正——斗彩折枝花卉纹首面耳蒜头瓶

目测法： 这瓶是宫廷陈设瓷，景德镇官窑产品。瓶呈葫芦形，蒜头形口微内敛，肩两侧加饰兽面纹环耳，颈部起圆棱线，避免了颈部一线下来的单调感觉。瓶高30cm、口径5.2cm、足径12cm。

胎体厚重适中，坚致洁白。整足露胎细洁圆润。底钤双圈内“大清雍正年制”六字两行青花楷书款，字迹规正呈官窑款式。

白釉色匀净，色泽淡雅，底釉呈桔皮纹。通体以斗彩为饰，蒜头部绘缠枝花四朵，上下各饰折线图案带，颈部绘卷枝花朵及下垂蕉叶纹，肩上饰变形如意头纹，瓶身绘折枝花卉六组，每组外环以卷枝纹，足墙围筒莲纹一周。

本瓶造型别致新颖，纹饰采用工笔画法，呈现富丽秀美，精雅极致，为雍正斗彩代表作品。

图（5–176）

比色法： 嫩绿色色标为C-30，M-5，Y-40，K-10，绿色色标为C-80，M-5，Y-80，K-10，这两色均符合要求。

容重法： 瓶在空气中称重2671克，在水中称重1507克，其体积相当于2671-1507=1164cm^3，则容重E=2671/1164=2.294，此值稍偏大些，但还在清古瓷容重（E小于2.30）范围内，证实本瓶仍符合雍正真品条件。

微观法： 见嫩绿釉开片纹明显，又见青花下沉较深，这均符合清古瓷相条件。

总结： 目测较开门，测定又全部达标，可肯定本器物为清雍正官窑器无疑，非常珍贵。

图（5–177）

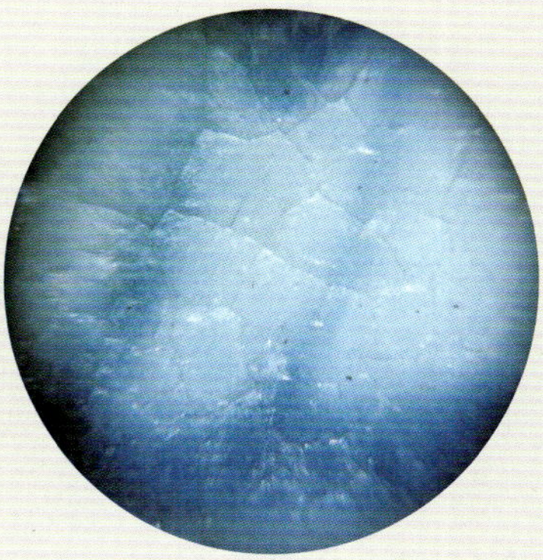

图（5–178）

十六、雍容华贵珐琅彩

画珐琅瓷器的创始时间：应该确定在康熙晚期即康熙40年以后。因为国力的逐步强盛并开始出现盛世之象，皇帝和宫廷用瓷的水准自然也就水涨船高，随着传统的青花、五彩、三彩、斗彩、单色釉等瓷器品种的烧造水准越来越高，（从瓷器在初期的不打款发展到中期的双圈款识再发展到后期的六字青花款，这个过程就可以推论，崭新的四字款识的瓷器也只能是在后期才有可能出现。）推陈出新也就变得顺理成章了。因为有明代就很成熟的掐丝珐琅器物作为基础，把珐琅这种宝石颜料烧在瓷器上既可以节约宝贵的金铜料还可以发展新的瓷器品种，可谓一举多得，皇帝的聪明脑子自然能想得到这一点！于是，一个属于清朝、属于康熙皇帝的瓷器新品种诞生了！

画珐琅瓷器的发展，经历了最初三两年的研制，新的御制瓷器品种创烧成功。在随后的十年间，瓷胎画珐琅得到了丰富多采的发展。首先由各种色地（主要是蓝地、黄地、红地、紫地等）花卉器物包括碗盘还有瓶类，上面的蓝地开光黄地花卉玉壶春小瓶和黄第花卉纹碗既为这个阶段的代表型器物。在这个十年的阶段内，还出现了一种新的装饰技艺，就是在碗内或者瓶字的口沿部和底部施加松绿釉，甚至还出现了很厚的孔雀蓝釉。

等过了这个十年的大发展，康熙大帝又得良将，即康熙54年，意大利的宫廷画家郎世宁来了！这种起源于欧洲油画的画珐琅技艺又迎来了新的发展机遇。在康熙朝最后这五年间，在郎世宁的指导和亲自捉刀下，画珐琅完全摆脱了掐丝珐琅的影子，开始融入中华本土元素，进入更高的有中国画风的艺术境界。

清三代以后该技艺连同正宗的画珐琅和洋彩瓷艺因难度太大就不可避免地失传了。

清雍正彩绘瓷，早期仍沿袭康熙珐琅彩绘法，但后期形成了自己的风格，即在白釉地上，以山石、花鸟作装饰题材。精湛的绘画技法，达到了雍正谕旨中注重的“内廷恭造之式”排除“外造之式”的要求，富有中国文化底蕴，符合传统文人士大夫的审美观念。

雍正的继承不仅表现在风格上，还表现在对画珐琅的理解上，他完全认同康熙的观点，认为只有具有凝脂光泽的高白瓷才能完美体现珐琅料的细腻和丰富的层次感。于是，在继承色地花卉风格的同时也继承了高白地花鸟画的风格。这是雍正的两大继承之所在。

雍正皇帝不惜工本，在景德镇御窑厂烧造了一批品质极其精美的高白的具有凝脂质感的瓷器。

雍正皇帝对羊脂白地高白瓷的喜爱可以说是无以复加，表现在胎薄体轻和小巧上作文章，于是雍正皇帝便很聪明地在花鸟画的基础上完整引入中国画的诗书画印于一体的风格，使高白地画珐琅器物既有继承又有发展和创新！雍正皇帝对高白瓷的厚爱还表现在，画珐琅的技法和风格非常简约、色调非常柔和，留白很多，白地和花鸟给人的视觉就是一种相得益彰的感觉，有时甚至觉得过于突出高白瓷的质感，相反画珐琅给人并不特别突出的印象！这恰恰就是雍正的本意所在，想想真是觉得妙不可言！

珐琅彩瓷发展到雍正时期，应该说达到了一个极盛阶段。后人评雍正珐琅彩瓷有四绝："质地之白白如雪，一绝也；薄如卵幕，口嘘之而欲飞，二绝也；以极精之显微镜窥之，花有露珠，鲜艳纤细，蝶有茸毛，且颈颈竖起，三绝也；小品而题极精之楷篆各款，细有蝇头，四绝也"。

雍正珐琅彩瓷款识为"雍正御制"、"雍正年制"、"大清雍正年制"四字或六字款。也有六字款双圈，蓝料宋錾体款识，书写极为工整，很精致。

（郎世宁本人亲自画的底款为"雍正年制"）。

雍正珐琅彩瓷之所以能取得如此高超的艺术成就，画工精湛是其根本原因。另外，辨别瓷胎画珐琅器之真伪，即在"彩色"。雍正时有些彩料其原质采自欧西各国宝石粉加工特制，乾隆末年此种彩料告罄，故后仿作不足观矣。

关于乾隆年间珐琅彩瓷器（即瓷胎画珐琅加洋彩瓷的总称），在经过了雍正年间的大繁荣大发展之后，珐琅彩瓷器在乾隆初十年仍然是继承雍正的画珐琅和洋彩瓷的风格，如小件器物、花鸟留白、题诗等等。不过，在白瓷的烧造质量上，没能超过雍正，但画珐琅的技艺却是更加精进了，表现在花鸟的绘画特别传神细致，与雍正相比有之过而无不及！从这个方面上多少算是弥补了胎釉方面的缺憾。

清雍正——郎世宁珐琅彩绘《枫林猿吟图》纹赏瓶

目测法： 器物小撇口，细长颈，溜肩以下渐收敛，圈足。瓶高22.5cm。瓷胎细薄，几乎半脱胎，修胎规则，造形秀丽。

珐琅彩色鲜艳、柔和，料彩表面光滑有玻璃质反光感，十分美观。

绘画与纹饰画功讲究，都为工笔画。瓶身一面彩绘“双猿松石图”；另一面行书“千里枫林烟雨深 无朝无暮有猿吟 停挠静听曲中意 好是云山韶濩音”诗句，诗首绘迎首章，诗尾压角为“世”、“宁”胭脂红印章。

底部以蓝料书仿宋体“雍正年制”，外加双方框的官窑款。

本赏瓶绘画精美，双猿的羽毛、花卉和山石的不同侧面，采用油画技法，立体感很强，加之对仗工整、书法极精湛的题句及朱白相映的图章，充分彰显宫廷画师“郎世宁”之功身。加上珐琅彩料优良，如宝玉般惹人喜爱，实乃巧夺天工之艺术珍品。

图（5-179）

图（5-180）

图（5–181）

图（5–182）

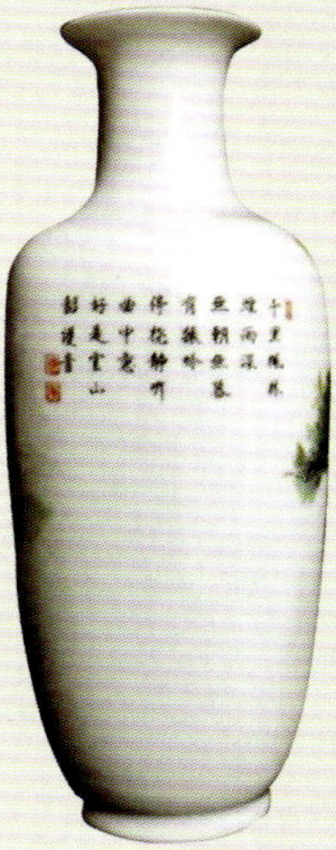

图（5–183）

比色法： 浅绿色色标为C-60，M-10，Y-20，K-10， 紫红色色标为C-10，M-80，Y-0， K-40，这几种色均符合雍正珐琅彩色调。

容重法: 瓶在空气中称重352克，瓶在水中称重为197克，则其体积为$352-197=155cm^3$，瓶的容重E=352/155=2.27，此值可排除后仿品，而符合清雍正瓷器之容重范围。

图（5–184）

图（5–185）

微观法： 见彩料开冰裂纹，证实为清雍正珐琅彩瓷无疑。

总结： 从四方面鉴测来分析，均很开门，证实本瓶为极其珍贵之清雍正郎世宁绘之珐琅彩极品。

图（5–186）

图（5–187）

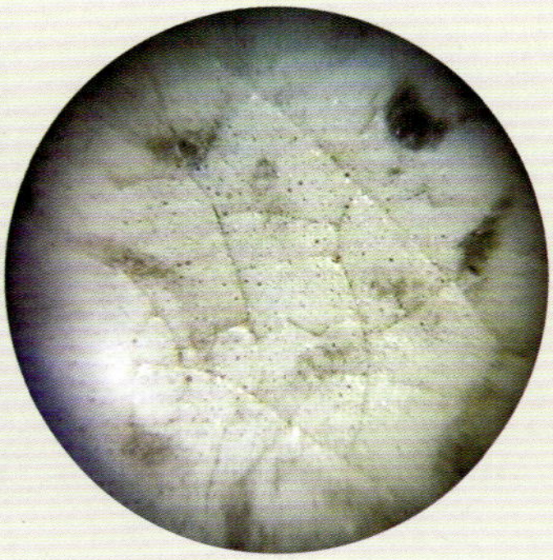

图（5–188）

雍正——珐琅银彩团凤纹摇铃尊

目测法： 实测尊高19.5cm、口径4cm、底径10.8cm。器型因像摇铃器而得名，为清代早期官窑典型器之一。小口、细长颈、与长颈马蹄尊相似，但腹部稍细稍长。造型隽秀尔雅，小巧玲珑，比例协调，显“曲线美”。

胎体精细，薄而轻，洁白无疵，制作精良。釉色白而纯正如雪，釉层薄而均匀。纹饰用珐琅银料绘制，画工有工笔画风格，工整而别致。凤纹为帝后的化身，显官窑器特征。

器足规整，足边滚圆，露胎窄细。底钤青花料“大清雍正年制”六字两行楷书款，外围双圈，为官窑器规正款识。

比色法： 银色色标为100%珐琅银料。

容重法： 尊在空气中称重607克，在水中称重339克，体积相当于607-339=268cm^3，E=607/268=2.264，此值因用珐琅银料绘饰而稍偏大些，但仍属清雍正古瓷范围。

微观法： 见釉下青花下沉，有气泡，银饰中见腐污小斑点，符合古瓷特征。

总结： 从四方面测定，很开门，此尊确定为清雍正官窑瓷器，极为珍贵。

图（5–189）

图（5–190）

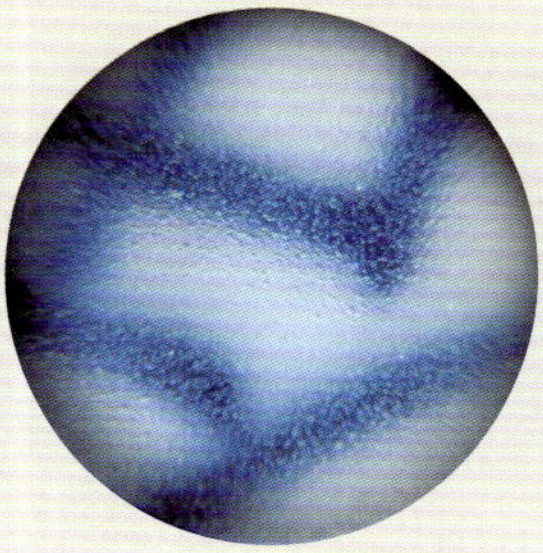

图（5–191）

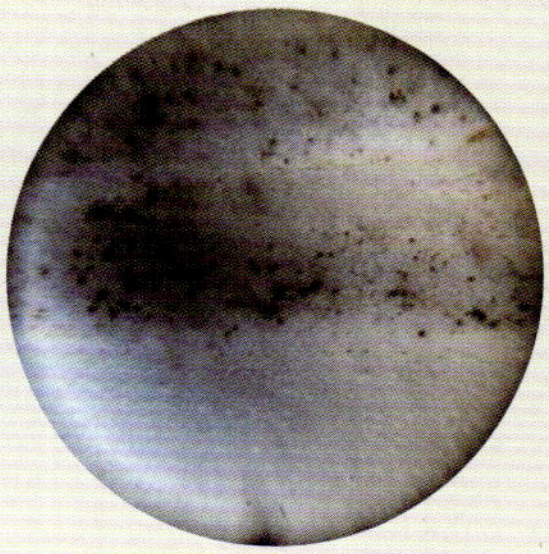

图（5–192）

清——乾隆珐琅彩荷莲花鸟纹梅瓶

目测法： 器形为小圆口、短颈、宽肩，圆身，至胫稍细，折于足微丰，凹平底。体形上大下小，显笨拙，俗称"梅瓶"。

瓷胎细薄，坚细洁白，修胎规范，完整无缺，瓶高26cm。

珐琅彩色鲜艳且柔和，很少为纯色而为粉彩型偶合色，色种多样。其彩料表面光滑有玻璃质反光感，有时还可反射蛤蜊光，十分美观。彩料均凸出底釉，有较明显的立体感。绘画与纹饰画功特别讲究，荷花和鸟纹均为精细的功笔画，并配墨书题诗，题诗为唐代李商隐《赠荷花》中诗句："惟有绿荷红菡萏，卷舒开

图（5-193）

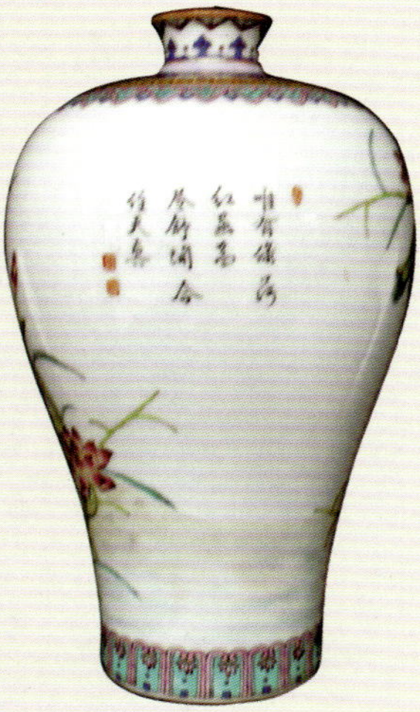

图（5-194）

图（5-195）

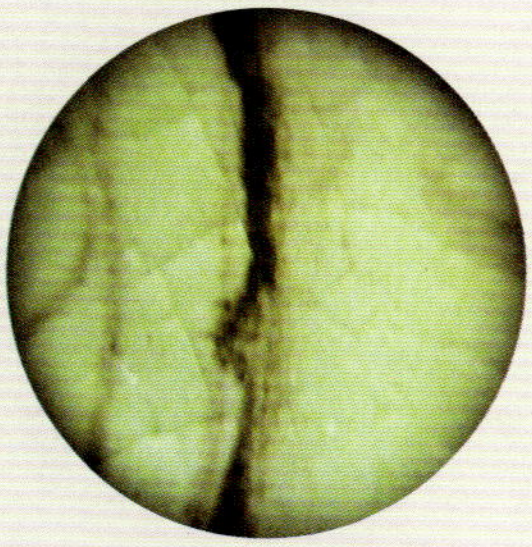

图（5-196）

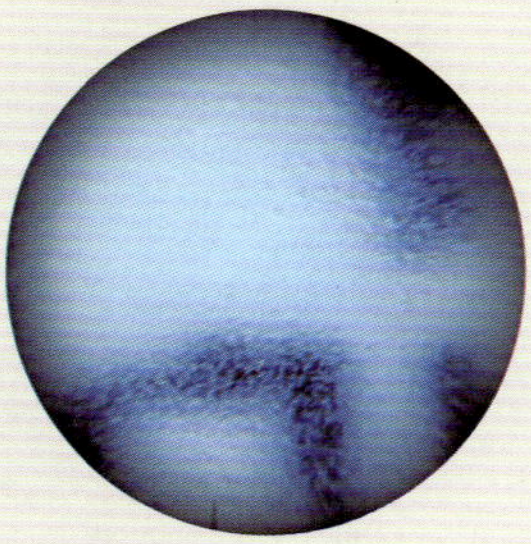

图（5-197）

合任天真。”整体作品集诗、书、画、印、瓷、彩为一体，堪称极品。

底釉为纯白釉，不偏青也不偏黄，釉面光滑洁净无疵。底款钤青花“大清乾隆年制”六字三行铁线篆书、方形无边线款，呈官窑器特征。

比色法： 紫红色色标为C-10，M-90，Y-0，K-30，嫩绿色色标为C-50，Y-50，两色均符合乾隆朝珐琅彩正常色调。

容重法： 瓶在空气中称重为853克，在水中称重为478克，其体积相当于853-478=375cm^3，则E=853/375=2.274，此值符合清乾隆古瓷范围，很好。

微观法： 见嫩绿釉开细片纹，证实是珐琅彩真品。另外见款青花下沉，呈年代久远，证实本器是清代古瓷无疑。

总结： 目测本器物比较开门，从四方面测定，可定性本器物为清乾隆官窑珐琅彩瓷器，非常罕见而珍贵。

十七、柔和纤细粉彩瓷

粉彩也称“软彩”，它是在康熙五彩的基础上，受珐琅彩影响而创制的釉上彩新品种。粉彩于康熙中期出现，其纹饰及施彩的风格简杖，色料粗糙，施彩浓厚。雍正时，粉彩瓷器盛行，逐渐取代康熙五彩的地位，成为釉上彩的主流。雍正粉彩通过在色料中掺入铅粉及施加玻璃白，以减弱色彩的浓艳程度，使其色调温润柔和，有明显的立体感。当时所用彩料有很多是进口料，如红彩又称“胭脂红”，还有洋黄、洋绿、洋白等色，使粉彩色调比五彩更加丰富。

粉彩瓷的具体工艺，是先在高温烧成的素瓷上勾出图案轮廓后，再在图案轮廓内填上一层白玻璃——珐琅料，然后在其上施以所需彩釉并用干净软笔将彩釉按照颜色深浅浓淡匀开，使图案呈现出一种明暗对比的层次感。由于珐琅料的主要成份是玻璃，而玻璃中因含有起乳浊作用的氧化砷，逐使釉料产生一种不透明的粉质感，故称之为“粉彩”。

雍正官窑大量烧制粉彩瓷器，并影响民窑。官窑产品十分精美，民窑瓷器风格潇洒。清末仿雍正粉彩器较多，而仿品色彩不是过艳就是过淡，工艺不够精细。还常见用旧胎后挂彩制成仿品。

因此，称雍正粉彩为清代粉彩瓷器最高烧造水准，又可堪称为中国粉彩瓷典型标准器，应该说一点儿也不为过。

清康熙——粉彩仕女玩琴图洗口棒槌瓶

粉彩是受珐琅彩的影响，在五彩的基础上于康熙晚期创烧的新品种。它一改五彩平涂颜色单调的缺陷，在各色彩料中掺铅粉，用芸香油调匀，使各种颜色变得柔和，有深浅不同的色阶，绘画时先在绘纹饰的地方涂“玻璃白”，再用各色颜料渲染纹饰，使之明亮光润，这就比五彩的色阶丰富淡雅。由于此种工艺属初创，粉彩料比较粗糙，颜色较少，所绘纹饰多与五彩配合使用。

目测法：洗口、短直颈、直折肩、筒形长腹、圈足。瓶高32.5cm，造型古朴挺劲，端庄稳重。

胎质细腻、洁白、体薄而坚硬。

釉质细润，胎釉结合紧密，釉表面闪现出深沉、含蓄的“硬釉”光泽。

众多仕女黑发扎髻，赭色脸庞，眉弯目秀，樱桃口，唇似朱点，衣裙飘逸，神态秀丽。

彩釉料纯净，色泽淡雅鲜艳。其中黑色具黑漆莹润光泽，胭脂红彩厚而漂亮，这均是清康熙粉彩之重要特征。

底足修整精良，“大清康熙年制”款识规正。

比色法：淡绿色标为C-30，M-0，Y-70，K-10，显淡雅。红色标为C-20，M-100，Y-90，K-10，这“金红”为康熙粉彩中所特有的色调，称“胭脂红”。

图（5-198）

容重法：瓶在空气中称重1263克，在水中称重708克，体积相当于1263-708=555cm^3，则E=1263/555=2.275，此值证实为清古瓷。

微观法：见釉下青花下沉，年代久远。又见釉中气泡小而扁平，呈“硬釉”状，再看彩料有开片，更证实其古瓷相。

总结：纹饰人物众多、场面又大；造型、胎、釉、诸方面呈康熙粉彩瓷风格；加上色标、容重、微观均达标，可以确证本瓶为清康熙粉彩官窑器，很珍贵。

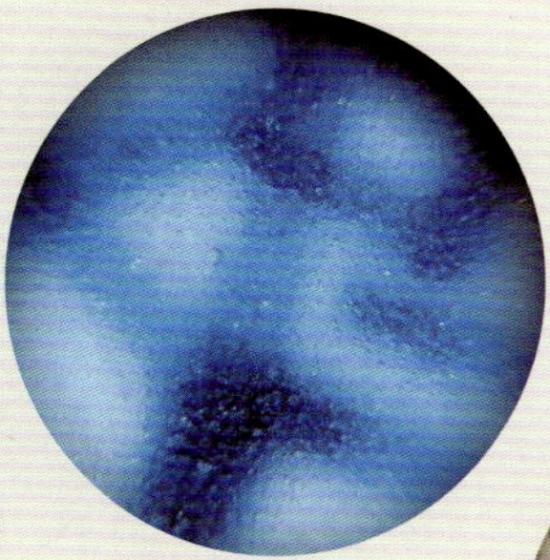

图（5-199）

图（5-200）

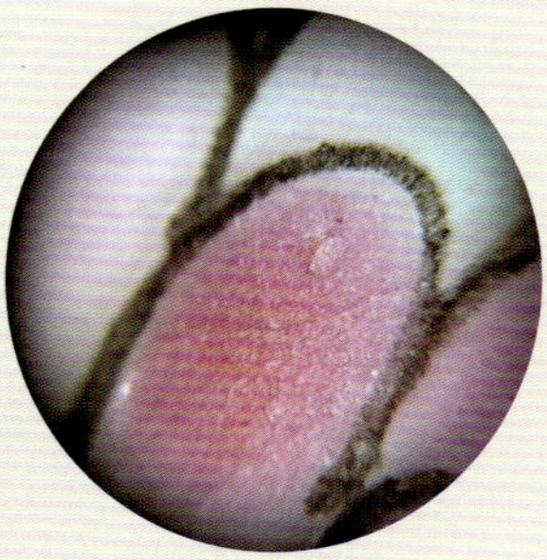

图（5-201）

清雍正——黄地粉彩花卉纹双耳瓶

粉彩是受康熙五彩、珐琅彩的影响创烧而成的一种瓷器新品种。雍正粉彩的特征，是其在金红及其它色彩上运用玻璃白打底渲染的技术，将图案的阴阳向背表现得生动逼真，成为色彩淡雅，名重历时的瓷器品种。

目测法： 此瓶口外撇，长颈丰肩，腹颀长，圈足微外侈，颈部附有对称螭耳。瓶高27.6cm、口径7.2cm、足径8.2cm。器型端庄秀美，比例匀称。

瓷胎坚白细润，莹润无瑕，胎体轻重适度。

器内及圈足底部施白釉，器外施黄釉地，釉汁匀净，洁润有玉质感。黄地上粉彩绘缠枝莲花、蝙蝠、桃、结等组合的寓有万福如意、吉庆有余的图案。口、肩、胫、足部辅助纹样分别为如意云头、细花草、莲瓣及回纹。纹样绘画工整细致，色彩柔和，皴染层次多。双耳为浮雕螭纹，施绿黄釉地，上点红、蓝彩。

底钤蓝料“雍正御制”官窑款识。

图（5–202）

图（5–203）

比色法： 蓝色色标为C-40，M-0，Y-5，K-20，红色色标为C-5，M-80，Y-100，K-0，色很正。嫩绿色色标为C-50，M-20，Y-70，K-0，这种色现在未见仿出。

容重法： 瓶在空气中称重824克，在水中称重460克，体积相当于824-460=364cm^3，则E=824/364=2.263，此值符合清代古瓷范围。

微观法：见彩色、蓝料均开片，符合古瓷真品条件。

总结：据以上测定，可以确定本瓶为雍正官窑粉彩器中不可多得的精细之作。

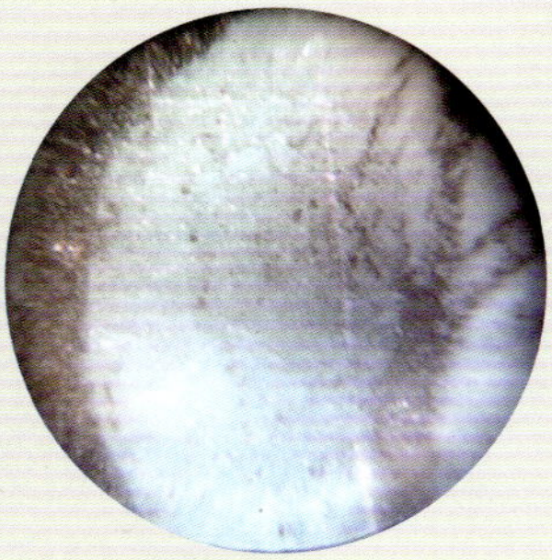

图（5-204）

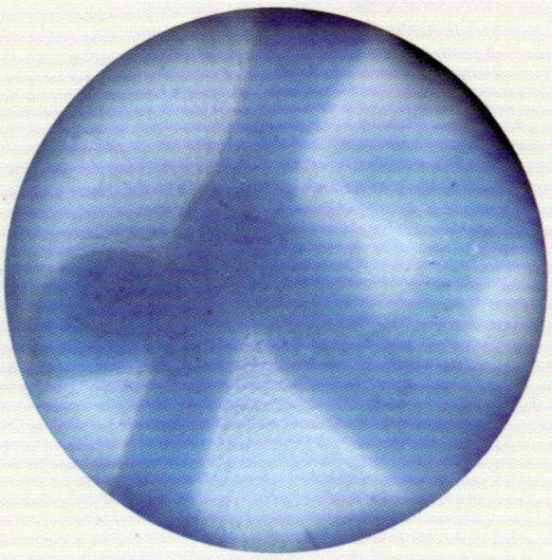

图（5-205）

清乾隆——粉彩缠枝莲瑞兽梵文纹龙耳樽

目测法：实测樽高24cm。器型撇口、粗颈、溜肩、鼓腹、圈足。造型规整，比例协调，呈现端庄。颈、腹连接部两侧装有对称的龙形耳。

图（5-206）

以景德镇的素白瓷为胎，胎薄而细腻坚致。釉面莹润，色彩华丽清新，风格独特。外器表施黄釉地，内施白釉，上口沿和双龙耳均涂金，金水成色足。在黄釉地上，用尖状工具剔划出较浅的蔓草纹规矩图案，划工严谨而细腻，是乾隆朝的“轧道工艺”，称为“锦上添花”。然后再加饰对称的缠枝莲和瑞兽梵文图纹。腹下饰仰莲简纹，足圈绘几何形装饰带。色彩鲜艳且柔和，为粉彩型偶合色。彩料表面光滑，有玻璃质反光感，又称“蛤蜊光”，十分美观。釉料均凸出底釉，有一定的立体感。彩色纹图案的繁琐堆砌，呈现出乾隆时典型的奢靡和绮艳风格。

底足呈糯米粉的泥鳅背状，足圈修削规整。底施白釉，釉面洁净光滑。钤青花“大清乾隆年制”三排六字篆书方形无边款，款字体工整，青花色调深沉，呈官窑款特征。

比色法： 浅黄釉色色标为C-0，M-10，Y-80，K-0，淡绿色色标为C-50，M-10，Y-60，K-0，两色均为清乾隆朝常用彩料。

容重法： 在空气中称1484克，水中称重840克，体积相当于1484-840=644cm^3，E=1484/644=2.30，此值稍偏大，这与胎质和底釉上再加色地釉、轧道工艺施色彩和金彩料有关，确实原因尚待研究。但可排除民国仿和现仿品可能性。

微观法： 见描金部分均为用真金描填，绝非现代印刷的金粉网纹效果，另外绿色釉面见明显开片纹，证实为清瓷真品。

总结： 从四方面测定可排除高仿瓷，本樽确定为清乾隆粉彩官窑瓷器，异常珍贵。

图（5–207）

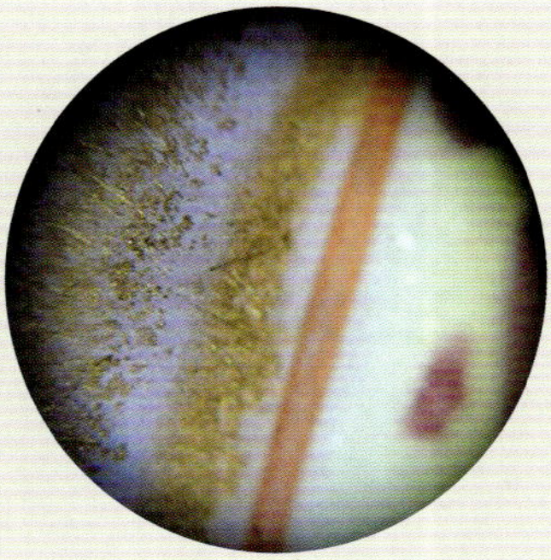

图（5–208）

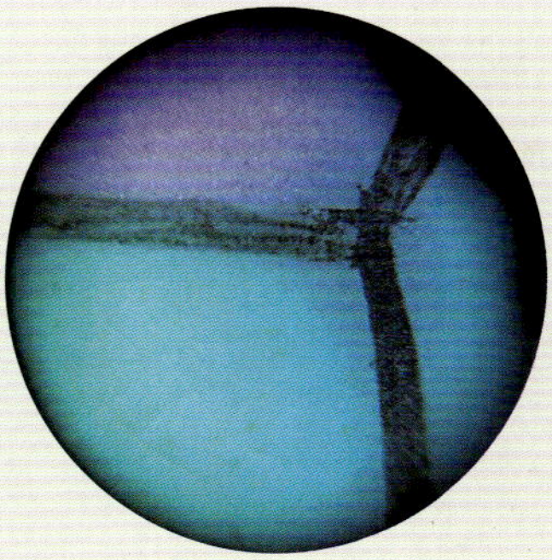

图（5–209）

十八、清净淡雅素三彩

明代正德时，景德镇出现一种彩料略同硬彩，但非于釉上施彩，而特于素胎（亦即涩胎）上彩饰， 绝少用红色，以黄、绿、紫为主的彩绘装饰，素净、淡雅，故而称为“素三彩”。

清康熙素三彩，除继承明嘉靖、万历时期的多种地套叠的传统工艺外，又出现了三种新工艺。

一种是在色地上彩绘纹样后，再在彩绘的纹样处局部罩“雪白”烧成，这种罩有“雪白”的色彩光泽颇强。

另一种是在色地或涩胎器皿上填绘素三彩后,再通体罩一层低温透明釉烧成，釉色白中泛黄。

还有一种是在高温烧成的涩胎器上先通体施一层低温透明釉，然后在透明釉上勾勒纹样，再填绘釉彩，从而克服了传统素三彩釉面薄而不匀、光泽不强的特点。同时，又增加了一种特有的蓝色，所以康熙朝创造出了极为名贵、传世极少的名贵品种“墨地素三彩”、“黄地素三彩”。

清康熙——墨地素三彩龙穿花纹衔环双狮首尊

目测法： 尊高36cm，器形短颈、长圆腹、仿古青铜尊式样，在肩与腹的交界处堆塑衔环双狮首耳，并用本朝创新之蓝色彩钤楷书“大清康熙年制”横款，特显庄重的官窑器威严。胎质紧密，足露胎细腻，底多砂粒而视同拱壁。釉质面平润、细滑而坚致。胎、釉均符合清康熙素三彩瓷之特征。

本器墨地三彩，单纯以釉上彩装饰。其地色以绿釉覆涩胎，再覆以黑釉方成；既成，再于黑地之上用细笔将泛紫的深墨勾廓，花朵、图案的结构都交代得非常清晰，画意生动又古朴典雅。然后填以黄、绿、紫、白诸色，完成纹饰，再一次低温烧成。

图（5–210）

图（5–211）

比色法： 黄色色标为C-5、M-5、Y-90、K-10，绿色色标为C-50、M-0、Y-100、K-30，紫色色标为C-0、M-60、Y-20、K-20，三彩色均符合康熙素三彩之鹅黄、瓜绿、茄皮紫之本色。

容重法： 本器在空气中称重5763克，在水中称重3182克，其体积相当于5763-3182=2581cm^3，则其容重E=5763/2581=2.23，此值很好，可完全证实本器为清康熙朝瓷器。

微观法： 从微观图中可见色釉开片，达到清古瓷标准。

总结： 目测就很开门，再加上三方面测定，可定性本尊是一件传世极少、又极名贵的“康熙墨地三彩”官窑器。

图（5–212）

图（5–213）

图（5–214）

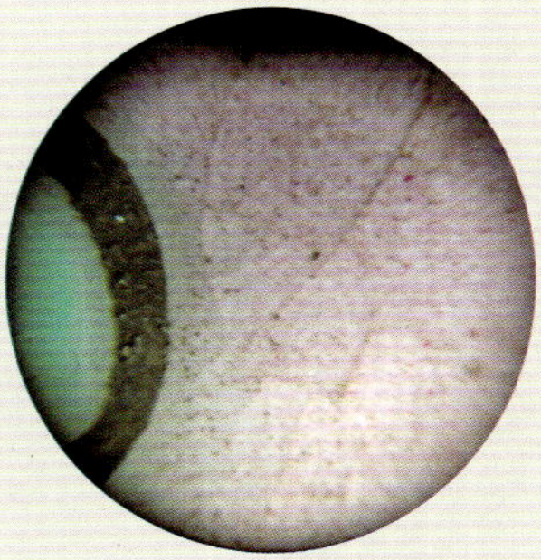

图（5–215）

清康熙——黄地素三彩锦地开光山水人物花卉纹枕

目测法： 器型为传统长方形枕，即枕面为长方形，枕身也为长方形，中部略有下凹。枕尺寸为34.5cm×14.5cm×11cm，采用立烧工艺，立底有浅四方圈足

图（5–216）

图（5–217）

露胎，底钤青花“大清康熙年制”六字两行楷书款。

胎质洁白细腻、坚致。先高温制作成白釉瓷枕，然后用细笔用泛紫的深墨勾廓，山水、人物、花卉图案的结构都交代得非常清晰、生动而古朴典雅，然后涂以黄、绿、紫诸釉色，完成色地、纹饰，再经二次低温烧成。釉面硬度较高，有自然氧化作用形成的“光晕”现象，这是康熙三彩工艺的特征。

枕上用了“镂空及锦地开光”工艺，装饰人物山水、花卉纹图案等技法，并增加了蓝、红彩，更加丰富了“素三彩”的表现力。从目测判断，本枕为一件珍贵的康熙“素三彩加蓝、红”瓷器。

比色法： 黄釉色标为C-5，M-5，Y-90，K-10，绿釉色标为C-50，M-0，Y-100，K-30，两色均符合康熙素三彩中鹅黄、瓜绿色调，蓝色色标为C-90，M-10，Y-0，K-30，为康熙朝新创之宝石蓝色调。

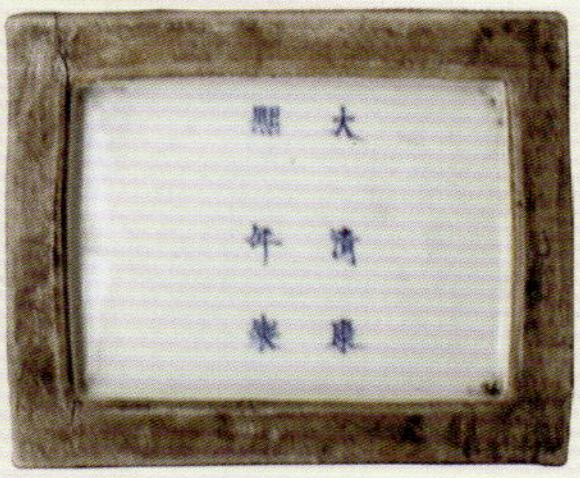

图（5–218）

图（5–219）

容重法： 本枕器形有镂雕结构，不宜用此法。

微观法： 见青花下沉、又见色釉开片，呈清古瓷相。

总结： 从目测看就很开门，再加上比色、微观方面测定分析，可确定本枕达到清康熙年代，是一件很珍稀的名贵古瓷。

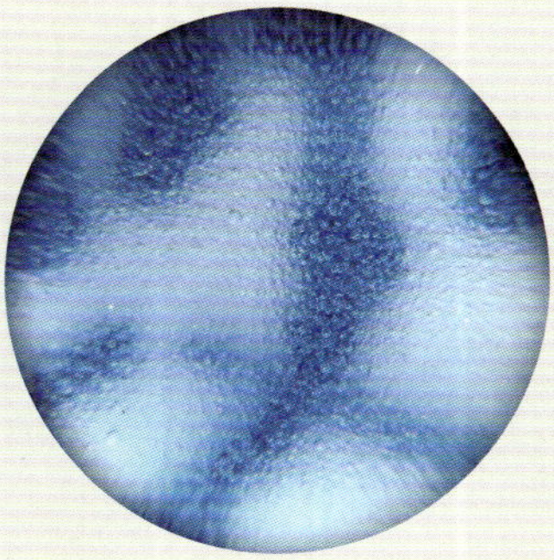

图（5-220）

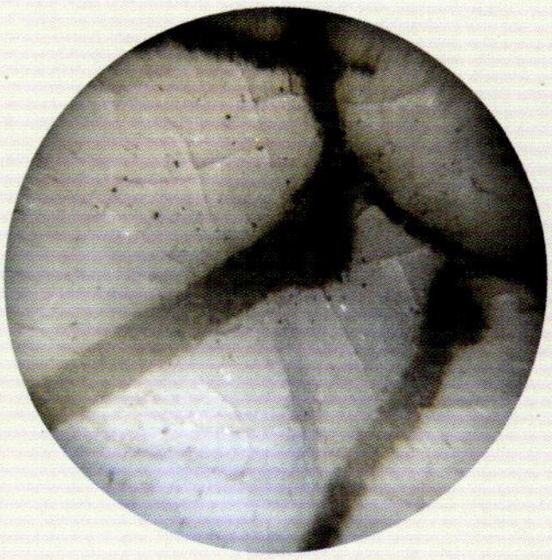

图（5-221）

清乾隆——白地素三带红彩青菜纹碗（一对）

目测法： 器形为撇口、深腹、圈足，碗形周正，口径为11cm。

胎质坚细。制作工艺是先高温烧成外涩胎内里及底部白釉器，然后以胶墨笔道在涩胎和白釉地上刻青菜图案轮廓，然后在轮廓内填以黄、绿、紫诸色，加点红彩，再罩低温釉二次烧成。这种形成“三彩带红，价值连城”的稀有程度，因在白釉地上填色，故色面微凸起。整个画工繁密而精致，瓷釉料均匀，符合乾隆瓷特征。

底足施白釉，内钤青花“乾隆御制”楷书官窑款。

图（5-222）

图（5–223）

图（5–224）

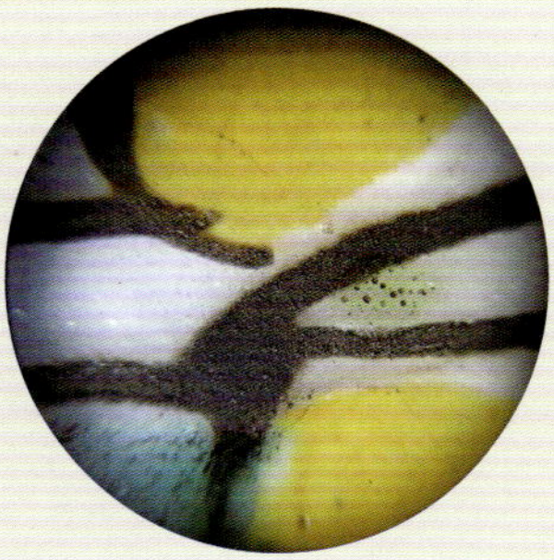

图（5–225）

比色法： 黄色色标为C-5，M-5，Y-90，K-10，绿色色标为C-50，M-0，Y-100，K-30，紫色色标为C-0，M-60，Y-20，K-20，以上三色均平润、色调均符合鹅黄、瓜绿、茄皮紫素三彩本色。

容重法： 一件在空气中称重141克，在水中称重79克，其体积相当于141-79=62cm^3，其容重E=141/62=2.27，另一件在空气中称重139克，在水中称重78克，其体积相当于139-78=61cm^3，其E=139/61=2.27，此E值达到清中期古瓷条件，证实为乾隆瓷器是妥的。

微观法： 见色釉开片纹，呈清乾隆古瓷相。

总结： 从以上测定分析，达到乾隆代瓷标准，故定性为乾隆素三彩瓷较合理。

十九、乾隆特种工艺瓷

所谓特种工艺瓷，在这里特指乾隆时期烧制的各种形状奇异之瓷。其别出新意的造型，令人眼花缭乱的仿真釉色，使它有别于传统瓷器的造型、釉色、纹饰，这些瓷器主要是供皇帝观赏把玩之物。

我国瓷器生产发展到乾隆时期，可以说是集历代名窑之大成。此时景德镇荟萃了一代能工巧匠，所谓“工匠来八方，器成天下走”（《浮梁县志·陶政》）即指此而言。当时瓷器生产无论在数量或质量上都达到了历史顶峰，其精美奇巧的造型，五色缤纷的釉彩，华缛多姿的纹饰，堪称为一代之奇。

乾隆皇帝是个自命“风雅”的封建帝王，他对于书画诗词以及各类工艺美术品的爱好，均达到了狂热的程度，对瓷器的爱好尤甚。在他的倡导和影响下，当时上流社会崇尚“风雅”的习气十分盛行。为了迎合皇帝的这种偏爱和喜好，景德镇御窑厂督陶官唐英，不惜挖空心思烧造一些奇技淫巧的器物以取媚于圣上，乾隆特种工艺瓷就是在这种背景下产生的。

清乾隆——五彩镂雕龙凤呈祥纹内胆缸

目测法： 实测缸口径34.5cm、高30cm。胎体略重，瓷质精细。装饰工艺以镂空为主，结合圆雕、捏雕、堆雕等技法，在陶瓷坯体上把装饰纹样外雕通，以凸出“龙凤呈祥”纹饰，并缸内配以内胆，器形端庄规整，俗称“龙缸”。然后施上古色古香的五彩釉料，入窑烧制。

釉面莹润、平净，釉色浓艳。纹饰清新，集鲜艳与清雅于一器，腹上部横式雕刻“大清乾隆年制”篆书阳文款识，呈官窑气质。

比色法： 绿色色标为C-60，M-10，Y-70，K-0，符合清代绿釉色调。黄色色标为C-0，M-20，Y-100，K-0，呈清代官窑瓷正黄色调。

容重法： 本器为镂雕特殊体形，不宜用。

微观法： 见绿、黄彩色釉均开细冰裂纹，证实为古瓷相。

图（5–226）

图（5–227）

图（5–228）

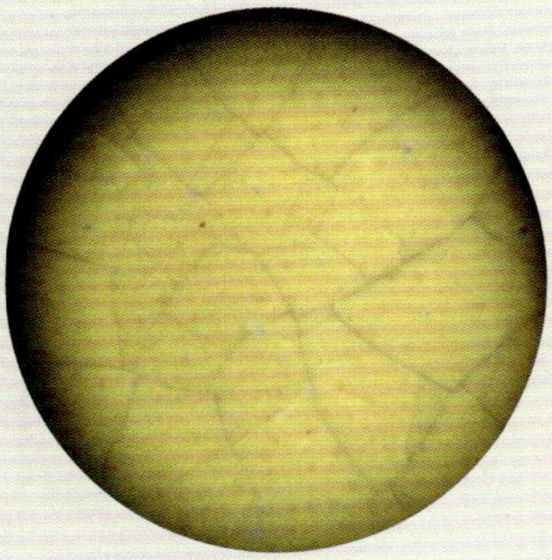

图（5–229）

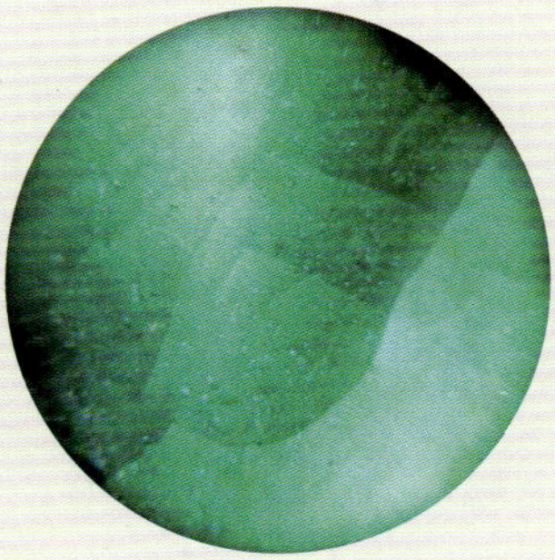

图（5–230）

总结：除不宜测容重外，其余三方面均较开门，完全可确证本器为清乾隆之特种工艺瓷，这种传世镂雕龙缸官窑大件稀罕，异常名贵。

清乾隆——粉彩八卦交泰双耳转心瓶

图（5–231）

目测法：造型规整挺拔，瓶高24cm、口径7.5cm、足径8cm。胎体质地细腻洁白，厚薄匀称，双耳不与釉粘合。瓶颈与内心粘连一起，套於腹内，底部将器座粘合封闭。腹部交泰镂雕成如意头形，上下两部胎体相勾连有子母扣连结，可以活动，但不能分形。如意头上下镂雕八卦图案。镂孔处可透视到由颈部旋动的内心瓶上的绘画，效果似走马灯。制作工艺特殊、精美、独出心裁，是清乾隆特种工艺瓷的代表作品。

器足宽厚，刮削规整，足际近釉处，有刮削胎体留下的一圈小锯齿痕。器内及底足施绿釉，呈乾隆期“绿里粉彩”之特征。

釉彩坚致、莹润，釉里有极细小的皱纹，另有带极小的黑星点。釉色凝厚，运用“轧道”工艺，全器色地上刻画

图（5–232）

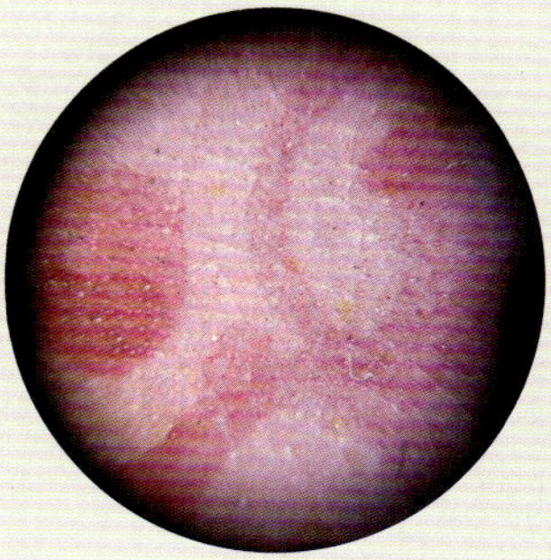

图（5–233）

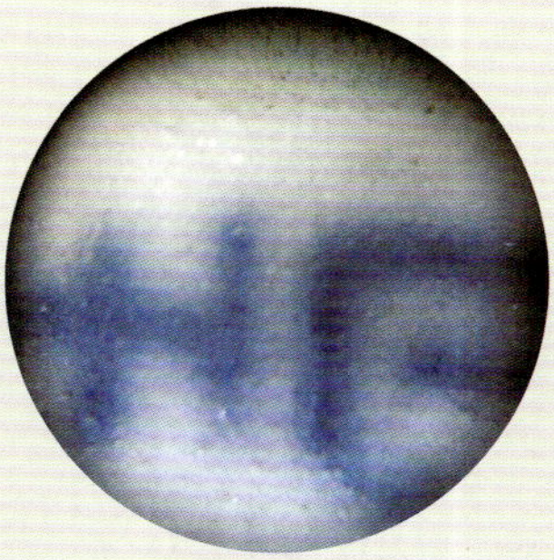

图（5–234）

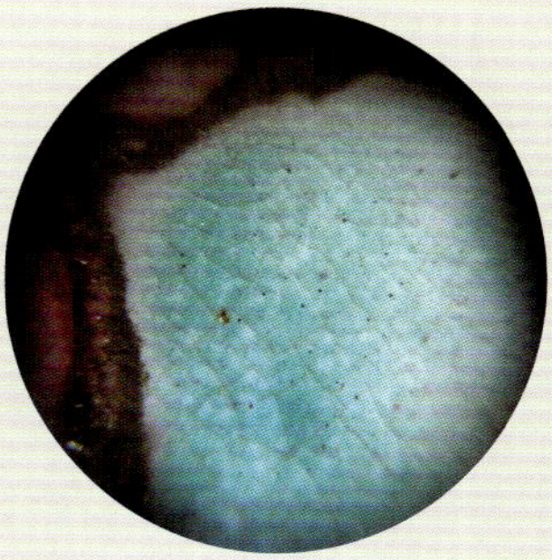

图（5–235）

纤细的“凤尾纹”，然后加绘粉彩花卉。转心瓶上绘青花田园、人物、家禽等纹饰。

底足钤“大清乾隆年制”六字三行官窑篆书款。

比色法： 绿色色标为C-50，M-0，Y-30，K-30，红色色标为C-10，M-80，Y-60，K-10，均符合乾隆粉彩色调。

容重法： 瓶在空气中称重1218克，在水中称重524克，其体积相当于1218-524=694cm^3，则容重E=1218/694=1.75，此值证实本瓶为古瓷。

微观法： 见青花下沉、又见彩釉开片纹，应为清古瓷真品。

总结： 四方面测定均开门，整器绘画工细、布局繁复、釉彩富丽堂皇，呈现乾隆粉彩瓷的特点，是一件佳作。

清乾隆——仿铜彩轧道锦地“暗八仙”贴雕纹葫芦瓶

目测法： 器物形似葫芦的瓶式。因其谐音“福禄”，为历代皇帝及民间所喜爱，遂成为传统器形，造型规矩，瓶高19cm。

胎质坚致细润，釉质不厚，但紧贴胎骨。清代单色釉自粉彩流行而多见掺粉的，质感遂或粉柔淡雅。

装饰上运用“轧道”工艺，全器色地上刻画纤细的回纹等纹样，然后在器身上加贴乾隆朝的特种工艺：由圆饼形镂雕制出“暗八仙”图形，器下承贴以莲花式器座，并以金彩仿制铜镀金的效果，与铜制品一般无二。整器装饰完工后，在底部用青花料写好款式，最后全身施以透明釉再入炉烧而成。

葫芦瓶腹饰“借物喻人，故称暗八仙”图形。葫芦瓶上：花篮……蓝采和，笊篱或莲花……何仙姑，横笛……韩湘子；葫芦瓶下：扇子……汉钟离，鱼鼓……张果老，阴阳版……曹国舅，宝剑……吕洞宾，葫芦……铁拐李。瓷器上装饰道教纹样之一的“暗八仙”，是从明嘉靖始，并流行于整个清代。

底部钤青花“大清乾隆年制”六字三行篆书官窑方款，非常规整。

比色法：（瓶底）黄色色标为C-0，M-10，Y-70，K-20。

容重法： 瓶在空气中称重447克，在水中称得248克，则其体积为447—248=199cm^3，瓶的容重E=447/199=2.25，这数值正是清乾隆瓷的容重标准值，可

图（5–236）

图（5–237）

确定本瓶为乾隆瓷无疑。

微观法： 见釉下稀少小气泡，又见青花下沉，呈显清古瓷相。

总结： 从以上四项测定分析，均达标，是乾隆朝开门瓷器。这种乾隆期所创新的釉彩和特种工艺瓷，产量小，传世品更稀少，特显珍贵。

图（5-238）

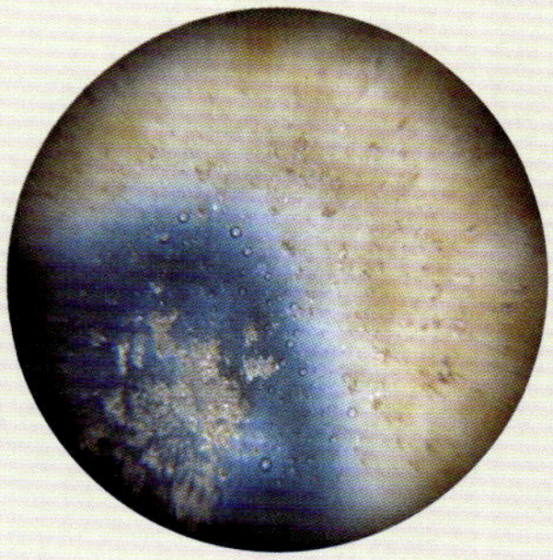

图（5-239）

二十、变化多样色釉瓷

古雅庄重茶叶末

茶叶末釉是我国古代铁结晶釉中重要的品种之一，属高温黄釉。它在暗绿的底釉中闪耀着星星点点、美丽可爱的黄色釉，彷佛是茶叶细末一般，故而得名。

古雅浑厚的茶叶末釉，早在唐代的耀州窑就已生产。明清时得到了长足的发展。由于烧成的差异，使茶叶末的色调不一致，有茶叶末、蟹壳青、鳝鱼黄、蛇皮绿。

隋唐——耀州窑茶叶末釉凤首倒流壶

目测法： 壶顶塑凤首，是隋唐时流行的波斯风格壶式，长颈饰旋弦纹，肩部塑10粒鼓钉，贴塑弧形柄，龙嘴为流，椭圆体呈瓜棱形，平圈足，底中心有进水孔通体内。壶高19cm，通体施茶末色釉，釉上多沁色茶末斑，满布细小茶末色开片，积釉处和壶底圈变为深蓝黑色，为矿物质晶体，这是隋唐代茶叶末釉的典型特征。

比色法： 青釉色色标为C-30，M-30，Y-80，K-50，符合茶末色调。

容重法： 壶在空气中称重479克，在水中称重149克，其体积相当于479-

图（5–240）

图（5–241）

149=330cm³，则E=479/330=1.451，此值征实本壶年代久远。

微观法：见釉下结晶相开片纹明亮，釉中布有星星点点黑斑如雪花，存在稀疏气泡。呈结晶釉古瓷相。

总结：目测就比较开门，从几方面测定也可定论，本壶为罕见之茶叶末釉高古瓷精品。

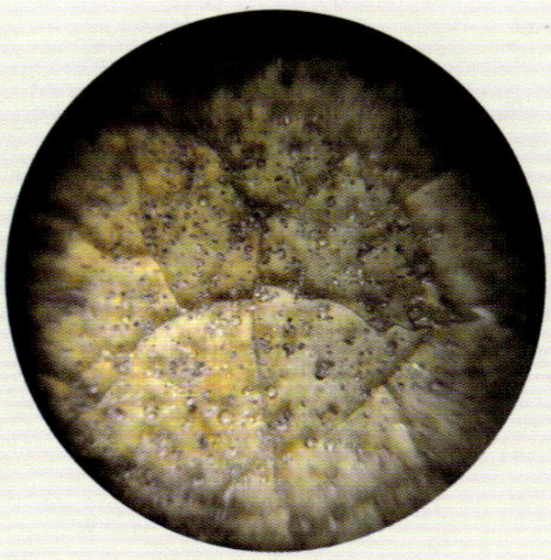

图（5–242）

皇家稀贵双釉瓷

桃红釉即酱色釉，又名“紫金釉”、“柿色釉”，因釉色呈浓重的褐黄色，与芝麻酱色近似，故名。它是一种以氧化铁为着色剂的石灰釉，在窑中经高温一次烧成。因釉中的含铁量和烧成气氛不同，故釉色有浓淡深浅的不同。酱色釉从东汉时开始流行，以后各代有窑烧制，由于酱色釉瓷工艺尚不成熟，呈色有很大的不同。

另外，由于桃红釉的助溶剂含量较低，故其在高温熔融状态下粘度较大，不易垂流，器物上下釉层厚薄均匀，这在一般高温色釉中是较少见的。

霁青釉就是淡色祭蓝釉，它是一种含氧化钴的高温石灰碱釉，系生坯挂釉后，入窑高温下一次烧成。其特点与桃红釉相似，釉面不流不裂，色调均匀一致，釉层肥腴，深沉凝重。

元末明初，由于皇家喜爱，景德镇官窑厂创制了桃红釉和霁青釉的“双釉瓷器”，珍稀。

（1964年春南京出土有一件明官窑外酱色釉、内霁青釉印花碗的碎片。值得重视的是，其龙纹为五爪。元代只见枢府瓷的印花五爪龙，其他元代瓷器龙纹饰只有三爪和四爪，还不见五爪龙。而明洪武瓷龙纹均为五爪龙，所以三爪龙纹饰的大碗肯定早于明代，于元代末。）

元末——外桃红釉里霁青釉暗刻云龙纹大碗

目测法： 碗口外撇，弧腹丰满，口径25.5cm。胎体厚重，造型规整。圈足糙底，露胎无釉，足芯脐状乳突，残留有削痕，同心圆跳刀痕明显，足底平削，圆涡形厚底足，呈火石红斑，显元末明初底足工艺特点。

图（5-243）

碗外施桃红釉，内施霁青釉，内

图（5-244）

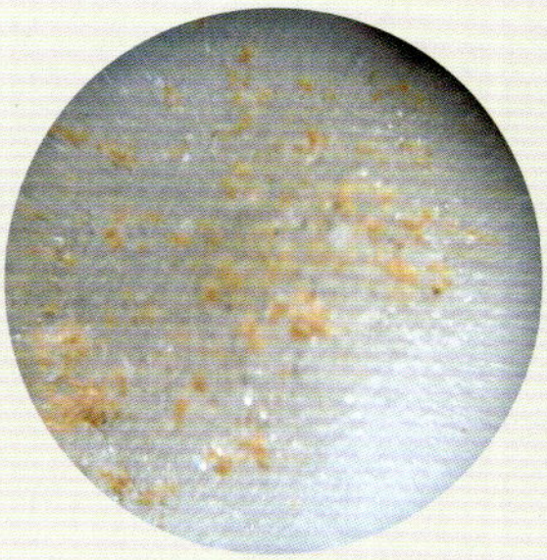

图（5-245）

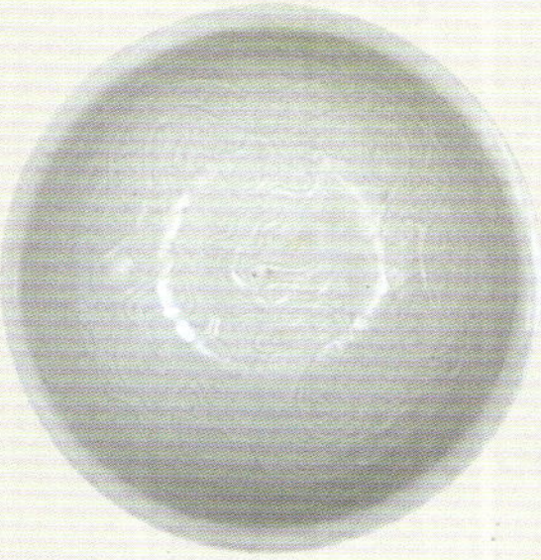

图（5-246）

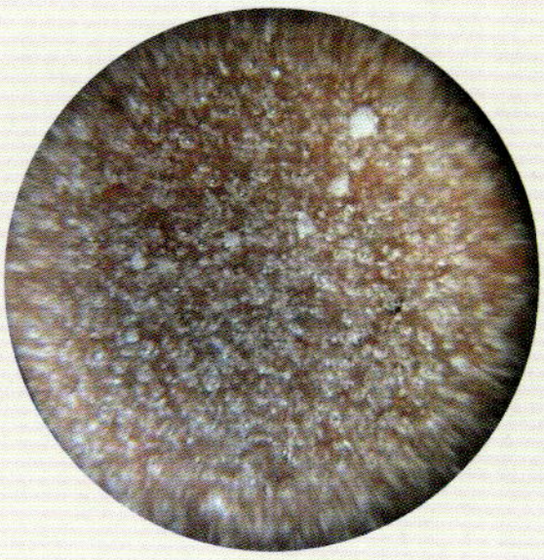

图（5-247）

暗刻龙纹和“风带如意云”纹。龙纹长嘴、扁头、蛇身、三爪、双角、背部出脊、满身画有鱼鳞状，龙眼圆睁，口吐长舌，张扬有力，其瘦劲的腿，凹突分明的肌腱，飘动的胡须和腿毛非常传神。此云龙纹饰继承了元代绘画的雄浑、大气的独特风格。

比色法： 桃红釉色色标为C-30，M-90，Y-100，K-10，霁青釉色色标为C-5，M-0，Y-10，K-0，符合有包浆的古瓷色彩。

容重法： 空气中称重1731克，水中称重971克，体积相当于1731-971=760cm^3，容重E=1731/760=2.277，元末明初古瓷容重都较偏大，原因是因为胎土非白瓷质及选洗胎料用水洗沉淀工艺有关，所以此值符合标准。

微观法： 碗里霁青釉下聚白色破胞状斑，但不见明显气泡，见糠斑；外桃红釉下见满布白石花斑和气泡。故均可断定为古瓷特征。

总结： 从造型、纹饰上看，具有元瓷特征，但从胎足和模印工艺来分析，且具明初特点，故应定性为元末时期的古瓷佳品。

素犹积雪甜白瓷

明永乐时期，因设置南北两处京师，所以两京用瓷的数量和品种都大大增加，特别是永乐皇帝朱棣大量对内对外地赏赐用瓷，更加促使了景德镇御窑场烧造贡瓷工艺的发展和进步。

甜白瓷是在元代枢府瓷器的基础上，又与洪武白瓷在工艺上存在着承继关系，永乐白瓷在制作工艺上创造了划时代的成就，这从以下几方面可以说明：

1、是永乐白瓷在瓷胎中增加了高岭土的用量，从而减少成型瓷器的变形；

2、是对瓷土原料进行精细粉碎与淘洗，从而减少了原料中的粗粒及其他有成分，大大增加了成型瓷器的透光度与白度；

3、是由于在配料中提高了氧化铝的含量，这样对瓷器烧造成型温度有了更高的要求，增进了成型瓷器的机械强度与其他方面的物理性能；

4、是改进装匣支烧的工艺，使成型瓷器的质量大大提高，同时也比较有利于实用性的推广。

由此四点工艺创制的高白度瓷器，文献上称其“白如凝脂、素犹积雪”，它不仅胎质细腻洁净，而且它的色调纯白柔润，在视觉上给人一种甜甜的感觉，故称“甜白瓷”。

甜白瓷的装饰以刻、划花为主，也有印花。印花纹样虽若隐若现，但图案的细部颇为清晰，划花线条纤细、划痕较浅，纹样精细，故有“锥花”之称。它让原本单一的色感变得丰满起来，体现出恬静冷美、超然物外的特有色感，是一个鉴赏者需要从美学角度慢慢品味的。

早已驰名中外的永乐甜白瓷器，如果按照瓷胎厚薄加以区分的话，那么可分两种。是瓷胎较厚的“甜白釉“和瓷胎薄的“甜白釉”。

永乐皇帝与甜白瓷

瓷器是帝王之家的宫廷生活用器，也是皇室祭祀祖先举行盛大法事的祭器。历史上出现过很多帝王个人的喜好影响或制约着瓷器的发展的事例。

对白瓷情有独钟却首推明代永乐皇帝。永乐皇帝对白瓷的挚爱，与当时的社会背景有关。其一，明成祖朱棣（1360年—1424年）是明太祖朱元璋的第四子，按照封建君主的皇位继承法，在皇太子朱标死后，朱元璋仍将皇位传给了皇孙朱允炆，对此朱棣极为不满。为此朱棣待机发动了一场历时四年之久的战争，史称“靖难之役”，以武力废黜了朱允炆，自己登上皇位，改年号为“永乐”。

朱棣的行为从儒家观念看是“不忠、不孝”之举，所以为缓和社会矛盾、巩固帝位、争取民意，他崇尚民间含有“孝”及“仁义”之意的“白瓷”。

其二，朱棣原职“燕王”，他一统天下后，登上皇位，由“王”字上加一“白”字而成“皇”字。所以他一直以这个“白”字为吉言，喜好纯白之色 有其心态。

甜白瓷是在元代枢府器的基础上，明代永乐年间景德镇官窑所创制的高白度瓷器。文献称其“白如凝脂、素犹积雪”。它的色调纯白柔润，在视觉上给人以“甜”的感觉，故称“甜白瓷”。

明永乐——甜白釉“内府”暗云龙纹八棱梅瓶

目测法：小口梅瓶，八棱型器身修长，小口外卷，溜肩丰满圆润，小腹削瘦，圈足内底为浅台阶式，此种足型系明永乐朝新创，并成为这一时期瓷器底足处理的典型。瓶高30cm，口径4.5cm。

胎土淘炼精细，呈色腻白，胎体敦厚而坚硬。制作工艺修胎细致，分段拼接，接胎痕迹不明显，瓶口与肩接胎处，以小指伸进拭之有锋利感，呈明永乐工艺之特征。

通体施甜白釉，釉面肥厚，釉色淡雅，堆釉处白中闪淡青，器口、棱边薄釉处闪露出胎骨的肉色。瓶肩部用进口青料书写“内府”两字，青花发色清晰明快，局部有轻微晕散。瓶外腹暗刻云龙纹，龙身较肥，三爪龙，线条纤细，似隐似现，层次清晰，形态自然，呈显帝王之化身，为明代官窑瓷纹饰之特征。

底足为细白砂底，无釉，火石红痕明显，有铁色点斑。

比色法： 白釉色色标为C-20，M-0，Y-5，K-0，符合明永乐甜白釉色，青花色色标为C-90，M-50，Y-10，K-50，为永乐进口青料特殊偏黑色。

容重法： 空气中称重1541克，水中称重869克，体积相当于1541-869=672cm^3，容重E=1541/672=2.29，

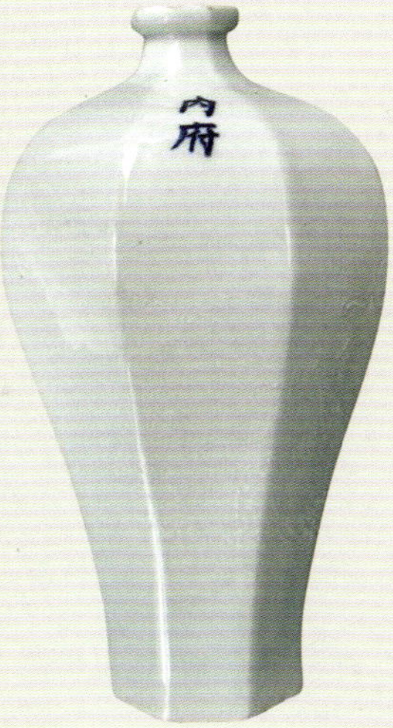

图（5-249）

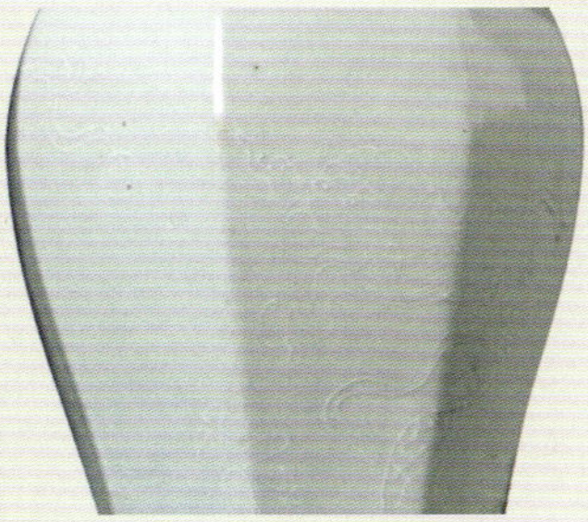
图（5-250）

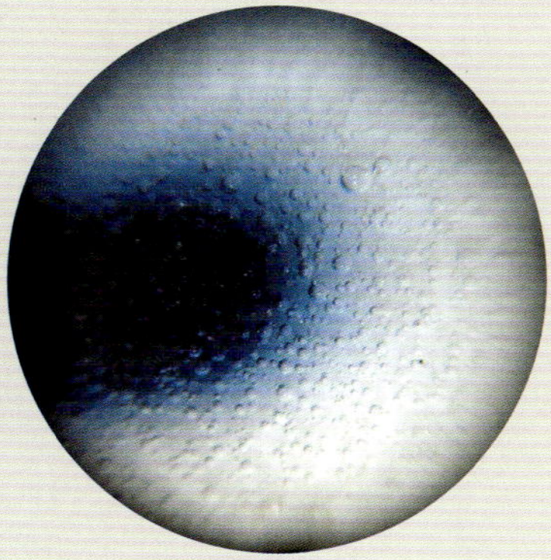
图（5-248）

图（5-251）

永乐梅瓶不配底座，为使其稳定，座部加厚，使瓶的重心下移，保持平稳，不致倾倒。所以本梅瓶的容重虽偏大些，但仍符合永乐年代，亦在合理之中。

微观法：见釉下青花下沉、铁锈斑入骨。白釉如脂，有大小不等的细密气泡，排列纹乱不整齐，有少量土染斑点，符合古瓷相。

总结：各方面测定均符合永乐甜白釉古瓷条件，梅瓶肩上有青花“内府”款的，为景德镇明初官窑瓷，极为珍贵。

明永乐——甜白釉暗青花双龙戏珠及内府纹玲珰高足杯（一对）

目测法：外表洁白素雅，暗饰青花双龙戏珠及内府纹，玲珰底座，底足内沿印篆书“官”字款，造型雅典。通高10cm，口径9.5cm，底足径5.5cm，是饮食用佳具。通体施甜白釉，具有甜润的白糖色泽，瓷色甜净，釉层肥厚有滋润感，温润如玉，釉厚处闪虾青色，甚为奇特，这均呈永乐甜白瓷特点。

比色法：C-5 M-0 Y-10 K-0，呈永乐甜白釉标准色标。

容重法：单件在空气中称重160克，在水中称重84克，体积相当于160-84=76cm^3，容重E=160/76=2.105，这个值很理想，证实此器确是年代久远的明

图（5–252）

图（5–253）

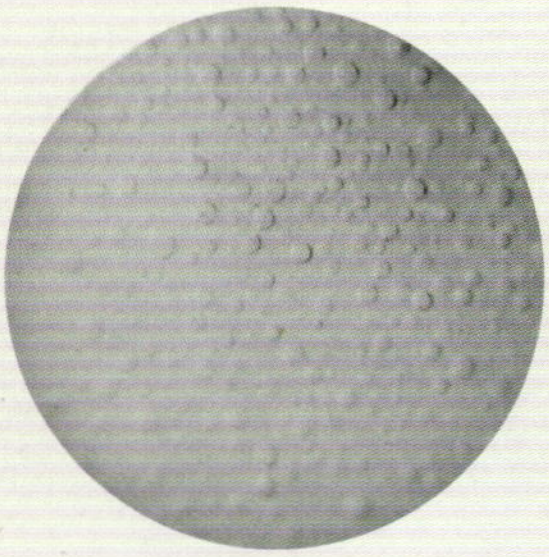

图（5–254）

图（5–255）

永乐脱胎古瓷。

微观法： 见釉下白釉如脂，小气泡很多，呈永乐古瓷相。

总结： 无论从哪方面测定都证实是明永乐甜白釉名贵品种，十分珍稀。

明永乐——甜白釉外模内印胎中彩龙凤内府纹碗 （一对）

目测法： 此碗折沿撇口、深垂腹呈墩式、圈足，形制俊美。碗的口径：14.5cm、碗高：8cm、底径：6cm。

胎质坚细，胎壁轻薄呈半脱胎，是永乐“脱胎器”的代表作。

通体施甜白釉，釉色温润似玉，釉质如脂，显橘皮纹，釉面自然清晰，又模糊晕散。白瓷在坑洼之处，呈白中泛青的色泽，而白瓷在迎光之下又微闪肉红色调。

碗内壁胎中印青花龙凤纹和内府字纹，还有三朵火红云纹缭绕，印纹清晰，细部刻划生动逼真，呈“龙凤呈祥”之寓意。碗外壁模刻龙凤戏火球纹。外腹下模刻海涛纹。碗外底模刻“官”篆体字纹。（在官窑器底上刻”官”字款，是从明永乐朝才正式开始）

碗壁光照见影，胎中彩清晰可见，外模凸印也生动明晰，但器物底部较厚，不透光。这是传世永乐甜白釉制品中的上乘之作。

比色法： 白釉色标为C-10，M-0，Y-5，K-0，呈永乐甜白釉色调。

容重法： 选一碗在空气中称得重量为196克，浸入水中称得重量为110克，算出其体积为196-110=86cm^3，则此碗的容重E=196/86=2.28，此值很好，可以确定本碗是明永乐古瓷无误。

微观法： 小泡干而较密，像干瘪塑粒籽，大泡稀疏。呈永乐甜白瓷相。

总结： 从以上四项鉴瓷分析，可以确定本对碗瓷为明永乐古瓷是妥当的。

图（5–256）

图（5–257）

图（5–258）

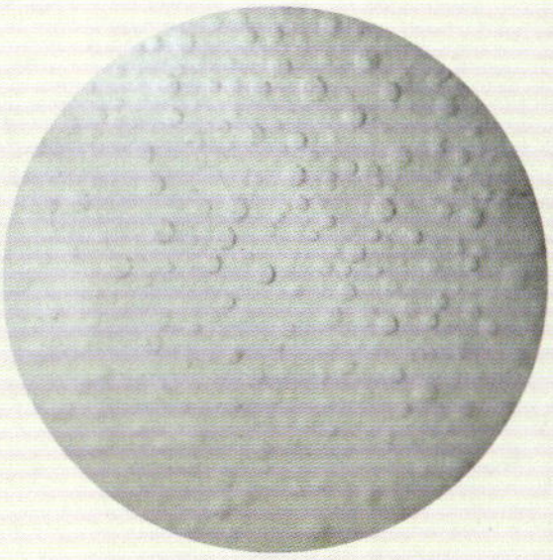

图（5–259）

从传世古瓷来看，明代已有大量的永乐甜白釉仿制品，至清代康、雍、乾各朝仿制之风方兴未艾。然仿品无法取得永乐甜白釉坑洼处的白中泛青、又透光之下微闪肉红的色调：釉面橘皮纹也没有真品自然清晰：更为明显的破绽是底部与器壁一样透光，有的胎骨甚至比真品更为轻薄。

艳若朱霞祭红瓷

红釉首创于元代，因釉中掺入了一定含量的氧化铜，而铜元素在高温烧成中还原呈现红色，但仍有些红褐不匀，红色也不够鲜艳美丽。如果说元代的纯红釉瓷器还处在创烧阶段，那么明代的红釉瓷器就已经完全成熟了。明代永乐时，江西景德镇御窑厂烧制的红釉瓷用于宫廷祭祀，故而当时的红釉器称为“祭红”，又名“霁红”。

永乐红釉器，红色鲜丽匀润，釉色晶莹。宣德时期，红釉瓷器得到进一步发展，釉都比永乐红釉略厚，红中稍带暗黑，红而不鲜，更显得静穆和凝重，又由于釉色中闪耀出如红宝石一样的光泽，耀眼夺目，所以又称为“宝石红”。另外，宣德红釉器的口沿处，都有自然形成的一线白釉，俗称“灯草口”，红白分明，相互烘托（清代康熙所仿灯草口，有的一圈白釉是有意添加的，并非自然形成）。其红釉经火熔融至足边，截然齐整；垂积釉处显青灰，如青虾之背色（而后仿器积釉处多凝黑）；最厚处则有气池聚集，独具时代特征。按此高温铜红难烧，更难得鲜艳且宝光四射，故相传“千窑一宝”。因此明代宣德年烧制的祭红釉瓷器为红釉瓷中之绝品，在瓷器美学上具有划时代的意义。宣德后，红釉很少烧制，此项技术逐渐失传。

祭红又称霁红，其红不刺目，鲜而不过，釉不流淌，裂纹不出，称得上是高温铜红釉中的又一名贵品种。

明宣德——祭红釉杯

目测法：器型侈口、口沿稍外撇、深腹、腹至底微敛、小圈足。胎体显厚重、坚致。器足为齐平足，足脊如刀切一般，略显倭角。杯高6.6cm、口径8.8cm、足径3.6cm，杯型端庄。

外壁施红釉，杯内和杯底施青白釉。红釉面凝厚莹润，釉子浓郁呈失透状，釉内含深线赤紫色丝缕，施釉较均匀，无纹片，显桔皮纹。器口与足根处，均有醒目而地道的“灯草边”、或称“白玉带”，底釉不坠，这是宣德祭红釉器的典型特征。杯底有贴加款“故宫御膳房”，证实是官方用瓷。

图（5–260）

比色法：红釉色标为C-60，M-100，Y-100，K-0，为宣德官窑红釉正色。

容重法：杯在空气中称重119克，在水中称重68克，其体积相当于119-68=51cm^3，则E=119/51=2.333，此值偏大，与官方用料、工艺、保存条件均有

图（5–261）

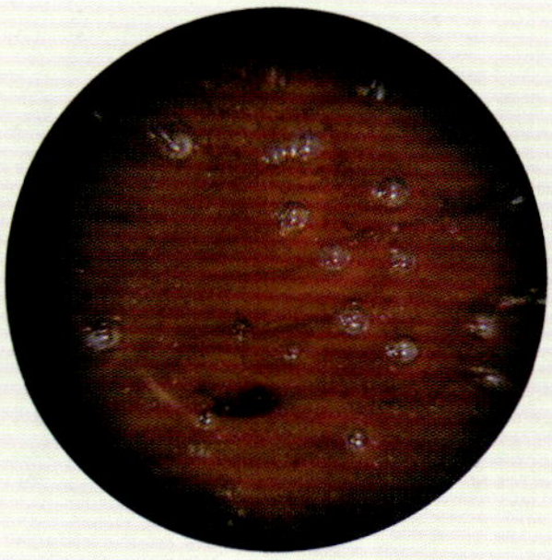

图（5–262）

关，还有明永宣期厚胎瓷器的容重都较大，所以可排除现仿瓷。

微观法： 见红釉中无片纹、气泡稀少且大而明亮、自然分布，符合明代祭红釉瓷相。

总结： 除容重较大但可排除现仿外，其余均完全符合明宣德祭红器条件，故本杯仍可定性为明宣德祭红釉官窑瓷器，罕见珍贵。

深沉凝重洒蓝瓷

洒蓝釉又名“青金蓝”釉、“雪花蓝”釉、“盖雪蓝”釉，属于以氧化钴为着色剂的中、高温色釉，其特点是蓝色中夹杂白色小斑点，分布自然，犹如片片雪花飘落在蓝地上，外观效果极似天然青金石（催生石）的色泽。洒蓝釉瓷器属于名贵窑器，为宣德时期景德首创。

洒蓝釉质肥腴带桔皮纹，施釉工艺分二次进行，先施白釉高温烧成白釉瓷器。二次用竹管沾蓝釉水，吹于白釉瓷器表面上，形成厚薄不均、深浅不同的斑片，一在半干不干之时，以小刀刮出花卉主题纹饰和辅助纹饰，露出白瓷胎，再在白瓷胎上填上白釉，用白泥料在上腹部横书“大明宣德年制”款识，然后再经二次烧成。它的地釉面犹如洒落的蓝水滴，故称“洒蓝”；又因透出的白釉地斑像雪花飘洒在蓝地溶渗了一般，故又称“雪花蓝”。白色花纹纹饰又似浅浮雕效果，蓝地白花，别有情趣。

洒蓝釉在明代唯有宣德年制作，清代康熙时又恢复生产，那时用蓝釉直接吹在瓷坯上，干燥后施上一层透明釉经高温一次烧成，因而釉面十分平净而滋润。

明宣德——洒蓝釉地白花卉纹天球瓶

图（5–263）

目测法： 器型小口，直颈，圆球腹，假圈足，砂底微凹。因圆球腹硕大，像是从天上降下来似的，故名“天球瓶”。瓶高33.5cm。这种瓶式从明代永乐朝开始成为观赏瓶式，宣德年间较为流行。

胎体厚重、坚傲，胎质细腻。底足为细砂底，呈火石红。

釉质肥腴带桔皮纹，施釉工艺分二次进行，先施白釉高温烧成白釉瓷器。二次用竹管沾蓝釉水，吹于白釉瓷器表面上，在半干不干之时，以小刀刮出花卉主题纹饰和辅助纹饰，露出白瓷胎，再在白瓷胎上填上白釉，用白泥料在上腹部横书 “大明宣德年制”款识，然后再经二次烧成。它的地釉面犹如洒落的蓝水滴，故称“洒蓝”；又因透出的白釉地斑像雪花飘洒在蓝地溶渗了一般，故又称“雪花蓝”。白色花纹纹饰又似浅浮雕效果，蓝地白花，别有情趣。

比色法： 蓝釉色色标为C—90，M-60，Y-0，K-0。

容重法： 空气中称重3286克，水中称重1869克，体积相当于3286-1869=1417cm^3，容重E=3286/1417=2.31，此值偏大，但可排除现代仿品。另外明代厚胎古瓷都容重偏大，可能与它用水洗沉淀胎料工艺有关，尚待研究。此瓶古瓷包浆明显，民国仿的可能性亦不大。

图（5–264）

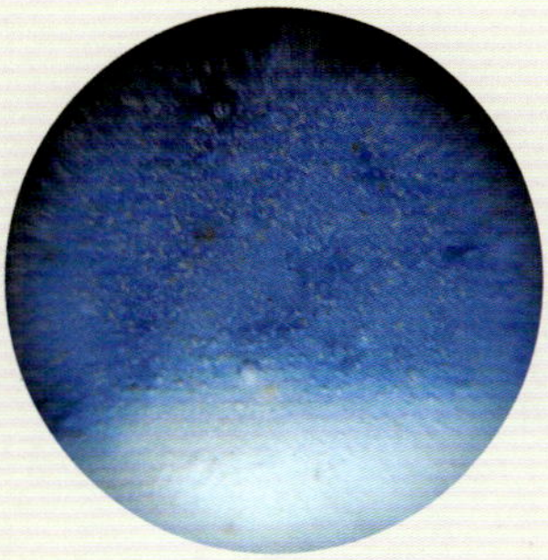

图（5–265）

微观法： 蓝、白两釉均少见气泡，有少量小黄斑点，符合洒蓝釉特点。

总结： “洒蓝”是宣德时创烧出的蓝釉新品种，明代宣德洒蓝釉完整古瓷器传世极为罕见，加上白花卉纹饰，所以本瓶特显珍贵，也可能是存世的唯一孤品。

乳白如脂德化瓷

瓷塑是德化白釉瓷器中一种珍贵的产品。国内外一谈起德化窑则与德化瓷塑人物联系在一起，在国际上被誉为“东方艺术”的德化瓷佛像而深受欢迎。远在宋代，德化瓷业已很发达，产品畅销国外，瓷塑人物早在元代已很盛行，到了明代更有成就。此地的陶瓷烧制业在我国陶瓷发展史上占有十分重要的地位。这时的瓷塑，造型优美、胎质细腻、瓷体密贴，施釉均匀，光泽如绢，凝脂似玉，典雅可爱。在我国和世界瓷业史上独树一帜，被视为“世上独一无二的珍品”；那怕明知是晚清和民国初的仿品，也在所不惜。

生于陶瓷产地的明代瓷塑家何朝宗，早年曾为寺庙制作各种泥塑的神仙和佛像。他的瓷塑作品继承了泥塑的传统，结合瓷器材料的特性，形成了造型精美，釉色白中泛黄、柔嫩滋润的艺术风格，具有很高的艺术价值。何朝宗雕塑的各种佛像，仪态逼真，静穆慈祥，庄重神妙；那遒劲圆润、深浅得宜，富有节奏感的衣纹线条相当流畅，那多层次而又临风飘拂的衣袂，显得静中有动，再加上象牙色的瓷质，莹润的白釉，体现了何朝宗瓷塑高度的艺术水平。

何来，原名何朝宗，是明朝嘉靖、万历年间一位技艺超群的瓷塑专家。由于他塑的佛像，既是神，又是人们理想中善与美的化身，产生了极强的艺术魅力，他的作品在当时，日本及东南亚佛教国家对它格外喜爱，视为珍壁，有“天下共宝”之誉。

何朝宗独特的雕塑艺术风格和技法，为德化瓷塑艺术奠定了坚实的基础，并获得高度的国际声誉，成为我国历史上著名瓷塑艺人，为后人所尊崇。何朝宗得意的作品，在背部加盖篆体“何朝宗印”四方印，少数亦有采用何朝宗篆体葫芦形印记的。此类作品大都模印数件，烧成后仅选取一、二件，余皆带模打碎。因此，后人难以找到他的雷同作品而得以倍加珍贵。

瓷塑佛像一般均采用模制。传统工艺的制模与现代工艺的制模其方式是不一样的。1934年以后，出现了注浆一次成型的新工艺。而在明清时代，坯体脱模，一般被分解为头部、身体和底座三个部分，各部分又被分别切割成前后两个片块。由于是合模制作，一般高度在10cm以上者，除头、手等部件系合模后插入外，内底应是透空的，有明显的连接痕迹。如发现内里中空而底部封平或封平后又开小孔者，则必定是采用现代注浆工艺成型的仿品。真品用合模制作，模子的连接处，必然留有挤压瓷泥调整的痕迹。明代艺人常用手捺，在内里可见指捺痕迹。清代以后除手捺外又常可见以刀具推挤的痕迹。也有仿品为掩盖注浆之痕，在内里过多涂泥，造成胎体过于厚重。而真品厚薄适中，内空适体。因此，佛像上手后，除注意其模接方式外，凡分量过轻或过重者，均要存疑。

由于古代烧制技术不如现代，特别是明代的作品在烧成后，常在作品的下部或背部留有一些窑裂之痕。因此，凡无窑裂又从头到脚完美无缺者，即可存疑。有些仿品，故意制造假裂痕，则可从裂缝的自然与否和缝内有否流釉等方面去辨别。真裂裂口自然，而且缝内无釉。假裂则反之。

很重要的一点是看胎釉。德化窑由于在坯胎的泥土工艺上有精淘细炼并经几十年后再使用的优点，因此，胎质致密，透光度十分良好，俗称“糯米胎”。由于是人工淘洗，再精细，在放大镜下也能见有微小颗粒。而现代淘洗使用机器研磨，瓷土呈粉末状，因此，如遇胎质过分精细者，要慎重。明代德化窑白瓷的釉水系独具特色的乳白釉。这种釉色，匀薄纯净，光润明亮，乳白如凝脂，对光照看，釉中隐现乳白或微透粉红，后者尤其名贵，因此，有“猪油白”、“象牙白”“中国白”之美称。到了清代至民国初，因原料配比发生变化，釉色在白中微闪青色，但仍然是光润明亮的。现代仿品的釉色常作乳黄或米黄，且滋润度较差，没有玉质感，仔细观察，容易鉴别。

鉴别是否大师之作，不能仅据印鉴而定。德化明清瓷雕大师的印鉴有一定的制式，要熟悉不同大师印鉴的制式。而且，真正大师的印鉴常常反而显得模糊不清，若遇特别制式的印鉴且十分清晰者，须小心对待。在胎釉、制法均验证过之后，要特别考察作品的造型和神韵。明代大师的创作，人物比例非常准确，面相丰腴圆润，神情生动如生，仪态慈祥善良，刀法圆熟流畅，衣褶处理飘逸如真，几乎挑不出一处毛病；清代大师的瓷雕人物，上身稍显瘦削修长，脸相上以长圆见多，五官神韵也较明代稍逊。衣褶绶带的做法与明代也有不同，明代是贴身的，到了清代，则改为悬空飘动，如行云流水，应该说是一种发展创新之举。仿品则最易在这些方面露出马脚。除了胎釉和工艺制作外，造型和神韵是令仿制者造假时最为感到头痛之处。

何朝宗及其它名师雕塑的瓷观音像，主要有渡海观音、坐岩观音、披式观音和盘膝观音等。

明代瓷塑观音，皆属精雕细刻、工巧逼真的艺术珍品。艺术匠师们成功地运用捏、塑、雕刻、镂、推、接、修等各种艺术技法，并成功地掌握了瓷塑造型与瓷釉功能相结合，装窑与高温烘烧相结合的经验。他们所使用的工具多为竹制，使用竹制工具既不会产生因铁锈沾染泥料造成的铁斑点，使其更洁白无瑕，又可得心应手地进行雕刻、切削和推光，使作品面颜清秀，衣纹深透，轮廓组成也无不完美。

从现存的明代德化瓷塑观音像分析，当时流行陶模印制。其制作工艺程序十分考究，可分为以下几个步骤：

1、雕塑匠师先进行构思设计，必要时可先绘出画稿。

2、根据设计要求用泥土塑出观音主体，修整完备后再根据利于坯体脱模的需要，将主体分解切成部件，再以粘土各贴塑出模范，修整后入窑烧成陶模。

3、把瓷塑泥料放在模中，用手推压均匀，除去多余的瓷塑泥料，待稍干后进行脱模，然后将脱模后的部件进行修整。瓷塑观音所用的泥料应经充分陈腐，进行多次打练，排除泥中的气体，增加其结构的紧密度，防止焙烧过程中产生的变形、开裂等缺陷。

4、把分塑的部件粘接成整体后，先对细部进行精雕细刻，再进行擦水，推光和接上手工捏塑的手指、花饰、串珠等。至于头部的雕塑，有的是和躯体一起模塑，有的是头和躯干分塑，然后上下粘接而成。瓷塑观音，从座垫底部向内上方窥视，可以清楚地看到头与脖颈连接处有明显的粘接痕迹，证明此尊观音就是头和身躯分塑的。

5、通过远、近、正、侧、上、下等不同角度的观察，对整体与局部进行比较衡量，感到作品的体积、轮廓、细部以及神情等都达到了有机的统一，然后通体施白釉，入窑一次烧成。

在整个雕塑制作过程中，其捏塑、刻划和推光等技巧，又可根据各种不同的需要和作者个人不同的审美情趣进行不同的艺术处理。被誉为德化瓷塑祖师的何朝宗，意在人物形神兼备，线条洗练流畅，宛如行云流水，首创揉石刻、木雕、泥塑艺术为一体的风格。

德化窑瓷塑除造型优美外，它的胎质和釉料都是用优质的原料制成。德化白瓷佛像用氧化硅含量较高的瓷土制坯胎，瓷土内氧化钾台量高达百分之九，烧成后玻璃相较强。因此，它的胎体滑腻致密，洁白如玉，敲声如磬，透光度极其良好。德化白釉为纯白釉，它的化学组成与其它地区的白釉有明显的差别，其氧化铁含量很低，而氧化钛含量特别高，焙烧时又采用中性气氛。所以德化窑白瓷釉色格外纯净，釉面晶莹，光泽如镜，乳白如象牙、奶油，美如凝脂冻玉。在国际上有“中国白”、“猪油白”、“象牙白”、“鹅绒白”之称。欣赏德化窑瓷塑佛像，能给人们以牙雕玉琢和圣洁的美感，在光线映照透视下，白釉中又隐现粉红或乳白，更显得珠光宝气，神韵天成。

明代瓷塑佛像特点非常明显，这就是她的世俗化、性格化和美女化，这是一个时代艺术的升华和凝聚。几百年前的瓷塑佛像，至今仍洋溢着感人的艺术魅力。通过这些时代特征，我们可以窥见到明代社会的审美风尚和人们为美化生活而从事的艺术追求。

明——德化窑白瓷何朝宗塑龙头观音立像

目测法：观音立于海水神龙座上，高髻系巾，双目低垂，神态温情脉脉，身披袈衣，胸佩璎珞，左手握扶莲花枝，右手五指组神掌，衣褶随风飘动自然。观音立像雍容大度，呈现其“大慈大悲救苦救难”的佛教圣态，栩栩如生。像高35cm。

图（5–266）

胎质细腻，釉面纯净无瑕，光泽莹润无比，有如凝脂，更如象牙般妙造自然，有温润如玉的感觉，所以又有“象牙白”之美称。

佛像背部钤作者何朝宗印记：葫芦形和方形章两枚，印章隐形浅刻，表示此像为何氏的得意之作。

比色法：乳白釉色色标为C-0，M-5，Y-20，K-0，呈“象牙白”正色。

容重法：在空气中称重1338克，在水中称重680克，体积相当于1338-

图（5–267）

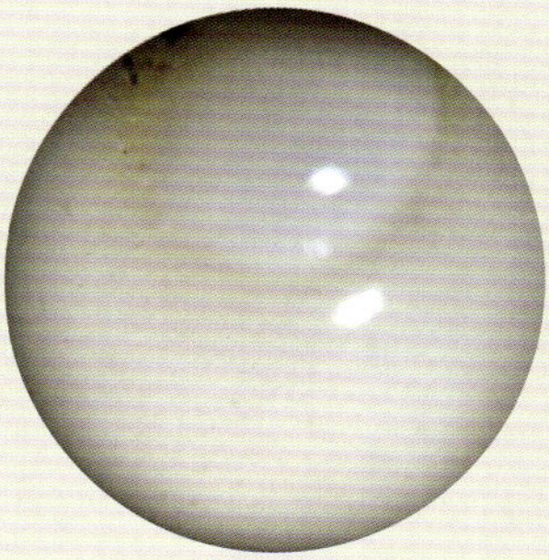

图（5–268）

680=658cm³，E=1338/658=2.033，此值非常理想，证实佛像系何朝宗亲手之作的到代古瓷。

微观法： 见白釉如脂，不见气泡，有少量糠斑。符合德化窑乳白釉古瓷之特点。

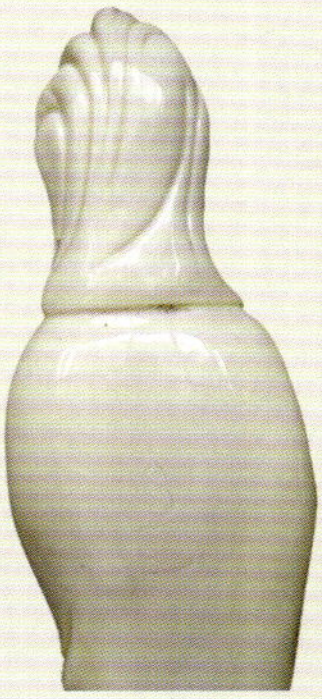

图（5–269）

总结： 四方面测定证实器物为明代古瓷，从塑像的清秀飘逸，又超凡脱俗极具生命力的艺术魅力来看，可以确定本佛像为何朝宗之作品，实属非常珍稀的“东方艺术之宝”。

明——德化窑白瓷何朝宗塑大肚弥勒佛立像

目测法： 大肚弥勒佛，俗称“布袋和尚”。佛像裸足站立在莲花座上，面部笑态憨厚，双耳垂肩，下巴肥厚，袒腹露胸，体态胖圆，富有节奏的袈衣衣褶线条简明概括，腹下束绳，托着大肚子。他右手托持一件“如意”，左手紧握搭肩大布袋，贴胸肚挂一大串大佛珠，佛珠下垂挂一小宝葫芦，像通高45cm。整个形象完全是一个亲切慈祥的老者，生动神妙令人叹为观止。

何氏瓷雕胎质白净致密，釉与坯体浑然一体，釉色白中微黄，润若凝脂，似玉质感，呈“象牙白”色，有腴润悦目的特征。佛像背部钤制作者印记“何朝宗印”和葫芦形“德化”印章，表示这是何氏的得意之作。

（何朝宗：字何潮，号阿末、来福、来佛，福建德化县人，生活在明代嘉

图（5-270）

图（5-271）

图（5-272）

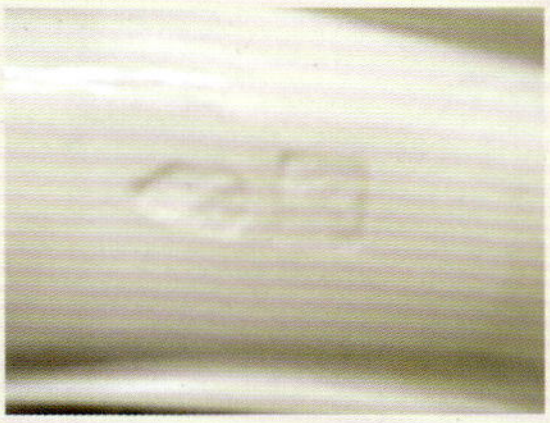

图（5-273）

靖、万历年间，是闻名中外的瓷雕艺术大师。）

比色法：乳白釉色标为C-0，M-5，Y-20，K-0，呈象牙白色调。

容重法：像在空气中称重4338克，在水中重2226克，其体积相当于4338-2226=2112cm^3，则E=4338/2112=2.053，此值很好地证实本佛像为明代古瓷无疑。

微观法：只见釉下一片乳脂状，难得找见个别极小的气泡，符合德化古瓷相。

总结：一见就很开门，再从四方面测定分析，更确定本佛像为明代何朝宗瓷雕艺术大师亲手之作，极其珍贵！

明——德化窑白瓷何朝宗塑鱼篮观音立像

图（5–274）

目测法： 观音面部丰腴圆润，双目低垂，神态安祥，端庄不凡。高髻插玉簪，鬓纹错落有致。右手提篮，篮中活鱼翻跃。左手提领衣衫下巴，与右手相依托，呈现神行姿态。衫裙褶纹多而深，又圆浑流畅，衣衫临风飘举，衣褶柔软而富有节奏感，线条简明概括，呈自然弧线。裸足踏荷花浮水波纹纹路精细逼真，似观音渡海归来，其神妙令人叹为“大慈大悲救苦救难”的菩萨。像高32cm。

胎体细密坚致而厚实，施纯白釉，胎釉结合浑为一体，有玉质感。阳光下釉色隐显白中闪青，给人以一种清净、纯洁之感，特显佛像圣洁神韵。

佛像背面浅刻“何朝宗”篆书方印章，若隐若现，表示为何氏的得意之作。

比色法： 白釉色标为C-10，M-5，Y-20，K-0，釉色似“猪油白”色。

容重法： 在空气中称得1658克，在水中称得932克，其体积相当于1658-

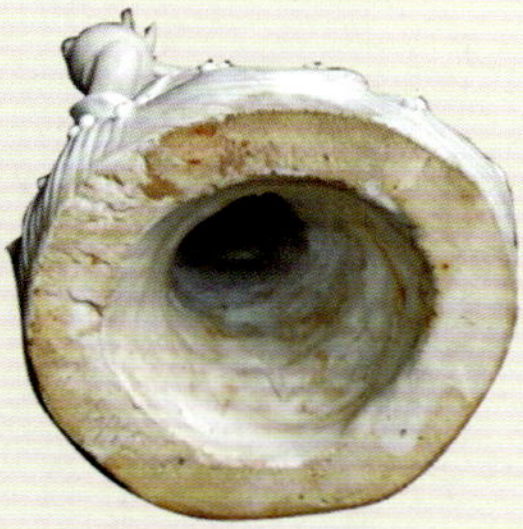

图（5–275）

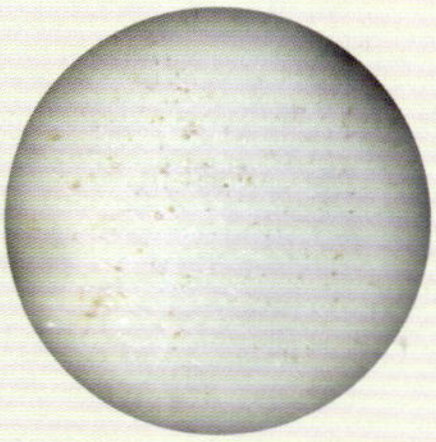

图（5–276）

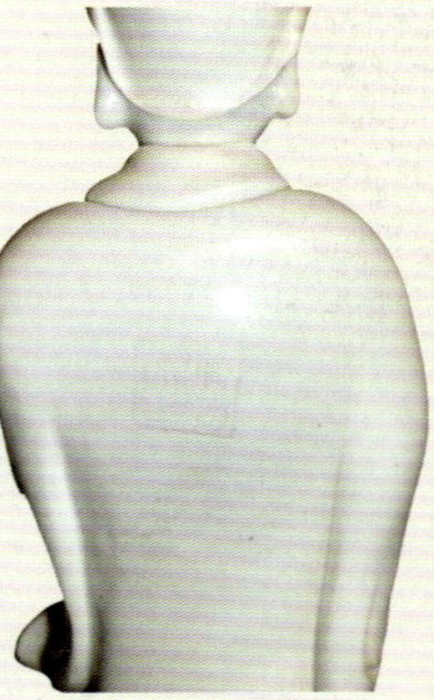

图（5–277）

932=726cm^3，E=1658/726=2.283，此值小于2.30，可证实为明代古瓷。

微观法：见白釉如脂，不见气泡。见有稀少糠斑，符合明德化窑乳白釉瓷相。

总结：从以上诸方面分析，达到明代古瓷条件，可确证为明德化窑白瓷何朝宗塑观音像制品，非常珍贵。

雅丽青翠绿釉瓷

绿釉生产也早，汉代绿釉陶器制作已盛，其绿乃铜份的氧化呈色，但属低温高铅釉而制为明器，不堪日用。宋代有高温绿釉器，大率出磁州窑系，及定窑系，但罕见。

明代绿釉颇称美艳，呼作孔雀绿。在孔雀绿烧制成熟之前，所有的绿釉都属于一种深暗的青绿色泽，没有达到亮泽的程度。所以孔雀绿显见是窑艺一大进步。孔雀绿（蓝）又称法翠、法蓝，乃低温色釉。明中后期又产“瓜皮绿”，清官窑沿袭之，技艺亦精。

清官窑产绿郎窑瓷器，绿郎窑又称绿哥瓷，是和红釉并存的品种。与郎窑红釉的同类器相比，在胎、型、足等方面基本一致，只是里外釉面均为青绿色，因而通常称其为绿郎窑。 绿郎窑器物里外釉面均为苹果青绿釉，釉面凝厚，玻璃质感很强，光亮莹澈，釉色较深，器身开有细碎片纹，并映出五彩光泽，俗称其为“苍蝇翅”。有的口部或施白釉或施酱黄釉，器足露胎处常泛出火石红色。

与绿釉近似者有蓝釉，旧籍有时以绿、蓝并类合称。名瓷艺高，数量稀少。

明嘉靖——绿釉暗刻开光婴戏纹瓶

图（5–278）

目测法： 器形特点是：凸弦口、直颈、削肩、硕腹、圈足。圈足里直外坡、并挖足过肩，这是明代嘉靖朝特有的玉壶春瓶改进口型瓶式。瓶高21cm。

胎质较细密，胎色白中闪灰。制作工艺采用分段拉坯成型，腹部可见明显接胎痕。

器身施绿釉，色彩淡雅，为均润的嫩绿色。这种绿釉是以铜元素为呈色剂，施于刻画纹饰的坯器上，在窑中高温氧化气氛中烧成，俗称高温绿釉。瓶底部施明亮白釉，釉面泛灰青，为了钤款而涂出一个圆形，胎釉交汇处有橙黄线迹。

装饰颈部是刻芭蕉叶纹，肩部刻半钱币纹一圈带，主腹部刻有二个花菱形开光圈，圈内刻小儿嬉戏之状为重心，小孩短躯头大，而且头后脑画得特别大，额上梳有一个发髻，周围配以简易花草衬托。婴戏状态活泼，手舞足蹈，非常生动。这种嘉靖瓷器上雅拙的婴戏装饰纹，是明代官窑之冠，这和嘉靖皇帝早年求子的心态有很大的关系，腹下近足部刻绘六区间，内刻道教纹饰的天地中云纹太阳花纹，这也是明嘉靖所特有的装饰花纹，各层纹饰均刻画双弦线分隔。

底部白釉上，用回青料绘画双圈，圈内钤“大明嘉靖年制”双行六字楷书款，款字刚劲中藏秀逸。“大”的一撇一捺开脚颇宽、顿笔明显而较平；“明”字的月字偏旁中的一撇，弯曲度明显；“靖”字立部往上；“年”字一撇挨上点；“制”字衣横少越刀，以上均符合嘉靖官窑瓷器的款字特征无疑。

比色法： 绿釉色标为C -70，M-5，Y-60，K-0，色彩淡雅，符合明嘉靖朝高温绿釉色调。

容重法： 瓶在空气中称重587克，在水中称重为337克，则瓶的体积为587-337=250cm³，瓶的容重E=587/250=2.34，由于本瓶胎质不是全白瓷土，这个容重

图（5-279）

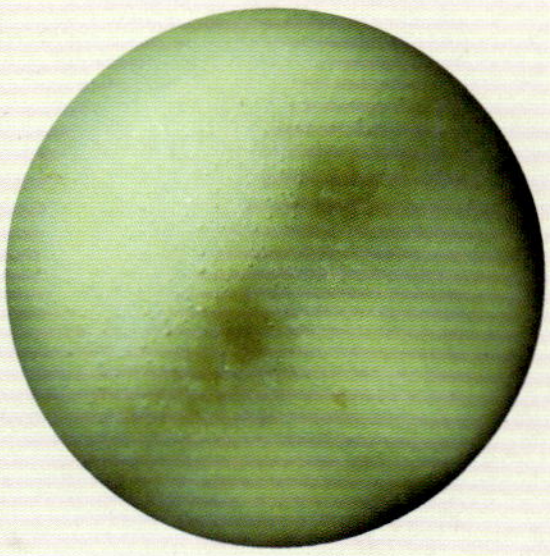
图（5-280）

图（5-281）

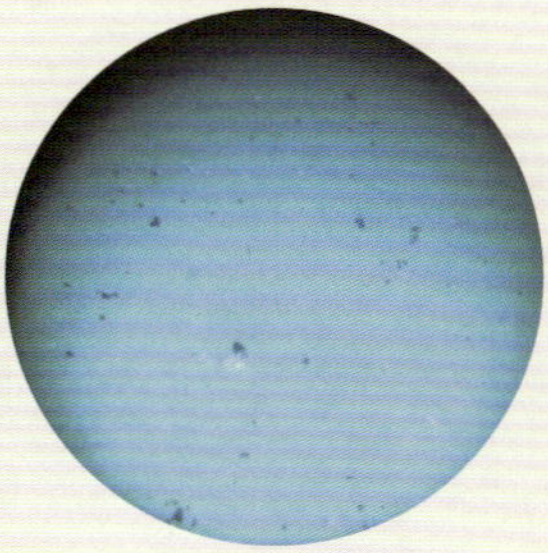
图（5-282）

数值符合明嘉靖瓷器的容重值是合理的。

微观法： 绿釉微观下不见气泡，见稀散小黑点。瓶底白釉微观下见稀散小气泡，又见青料深沉。以上均呈现明嘉靖瓷器的釉下微观特征。

总结： 从以上四方面鉴测分析，本瓶符合明嘉靖朝瓷器的特征条件，可以说是一件比较开门的明古瓷，如此完整的明古瓷令人珍爱。

明嘉靖——绿釉刻印凸形正面龙纹双兽耳扁腹瓶

目测法： 造型撇口、短颈、头口底大小相若、扁腹、自颈部到肩部有兽形双耳。这是介于宝月瓶和橄榄瓶的一种瓶式，符合明嘉靖造型多样、线条柔和、圆润、浑厚庄重之风格。瓶高27cm。

胎体适中，胎坯呈两片扣合竖向相接工艺，胎质细腻、缜密坚致、呈白色。

高温绿釉瓷器烧成于明嘉靖朝官窑，釉质匀净肥厚、滋润，釉色绿中微闪黑，多数无款。另外，又采用彩釉套叠工艺，绿釉上点洒白釉苔点斑彩，十分醒目、新颖别致，颇具欣赏价值。

扁腹两面均刻印凸形花边内正面龙纹，龙纹符合明嘉靖朝开始出现的正面龙，方头宽额、壮貌有余、凶猛不足。

比色法： 绿色色标为C-100，M-30，Y-50，K-50，符合明嘉靖朝官窑绿釉正色。

容重法： 扁腹瓶在空气中称重805克，在水中称重442克，其体积相当于805-442=363cm^3，E=805/363=2.217，此值很好，可以证实本器为明嘉靖朝古瓷。

微观法： 见绿釉匀厚，不见气泡，白色苔点斑浮于绿釉上，呈古瓷相。

总结： 从四方面测定，均符合明代古瓷条件，可定性为明嘉靖朝官窑的珍贵彩釉瓷器。（附照片：正面、底部、微观、测容重图）

图（5-285）

图（5-283）

图（5-284）

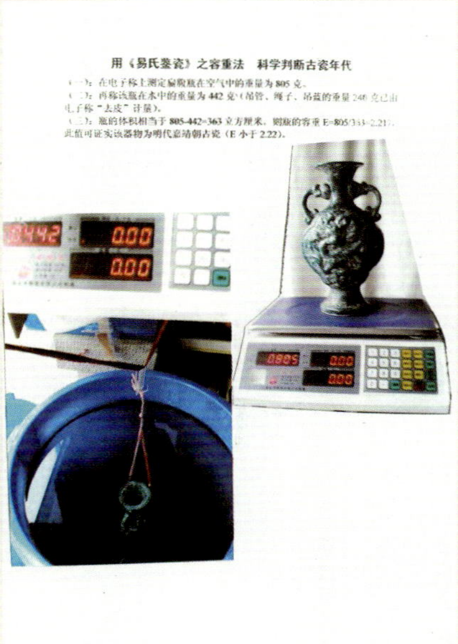

图（5-286）

清乾隆——绿郎釉凸雕山水纹菱形笔筒

图（5-287）

图（5-288）

图（5-289）

目测法： 此笔筒菱形口、平行四边菱形筒腹、平底内凹呈圈足，形制凝重敦厚。笔筒高18.7cm。

胎质致密、手感沉重似玉石。

腹部四面饰凸起的山水纹，除圈足端面外，通体里外施绿郎釉，似漆凝厚，釉面有开片。

筒底刻“大清乾隆年制”六字三行篆书印章。

比色法： 绿釉色标为C-100，M-0，Y-30、K-20，呈绿漆色调。

容重法： 笔筒在空气中称重1813克，在水中称得重量为1046克，算出笔筒体积为V=1813-1046=767cm^3，则其容重E=1813/767=2.36，因本器物非白瓷胎质，其胎体致密似玉石质，容重较沉重，故这个2.36的容重值可以排除现仿瓷质，定其为清乾隆仿玉石瓷器是妥当的。

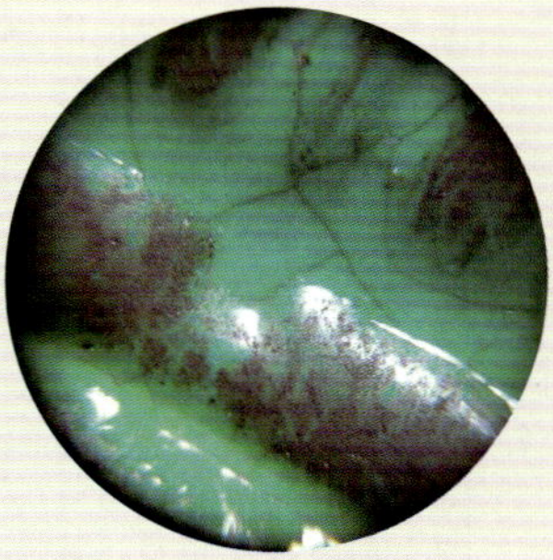

图（5-290）

微观法：局部印章微观图，见胎体非白瓷土，绿釉下不见气泡，开冰裂纹清晰可见，呈绿郎窑仿漆釉特征。

总结：这是一件乾隆期的仿玉石雕漆瓷器，因为乾隆皇帝一生酷爱漆器，最喜欢雕漆制品，当时景德镇御窑厂奉命督陶的督陶官唐英，经过多次试烧，竭尽雕琢粉饰之能事，终于达到以瓷仿漆的目的。仿漆瓷器工艺难度又远胜雕漆百倍，因为在胎体上刻画的纹饰，经过入窑烧造后，若窑室温度掌握不好，器物上雕刻的纹饰就会发生断裂或变形现象。

本件仿绿漆凸雕山水纹笔筒，以其质感逼真的艺术效果，表现了乾隆仿生瓷器烧制的成就，特显珍贵。

莹澈浓艳郎窑瓷

清代康熙时期郎廷极为了烧宣德红但没烧成，结果烧成了一种非常好看的从来没有过的红釉器，被称为郎窑红。特别是其釉色浓艳而猩红，不仅釉汁纯净肥润、玻璃质感极强，而且釉面上除了大面积的大开片裂纹外，大开片中还有许多不规则的牛毛纹，使人一见就有一种爱不释手的感觉。由于过厚的红釉经炉窑高温而产生流淌，口沿下因此显露出白色的“脱口”，俗称“灯草边”之特征，造成其稳重的黑红色与胎质之纯正洁白相对比而显得更加强烈鲜明，可以用“相映成趣”来形容。而当红釉从器物口沿处流淌下垂至底足时，由于遇到了在底足外侧用刮刀旋削而成的一个二层台，以致流釉不能超过底足而出现一条洁白整齐的轮状白线。也正因此，康熙郎窑红器就有了“脱口垂足郎不流”之称，这是鉴定康熙郎窑红器真伪的一条标准。

另外，郎窑红器的底足部都会呈现出如米汤一般的米黄色或如苹果皮一样的绿色，这就是俗称的“米汤底”或“苹果绿底”。这很特别，因为底足所用釉汁与器身原来相同，而由于郎窑铜红釉对窑温敏感，而足底与器身受火不同，釉层厚薄也异，故致于呈色相背，也可讲郎红釉底迹近乎“窑变”。这种郎窑底足釉色的神易妙化，未明窑变原理之臆测耳，造成景镇民谚：若要穷，烧郎红。可知烧成之难，仿制之不可能也。

清官窑还产黄、绿郎窑瓷器，黄、绿郎窑又称黄、绿哥瓷，是和红郎釉并存的品种。与郎窑红釉的同类器相比，在胎、型、足等方面基本一致，只是里外釉面均为黄或青绿色，因而通常称其为黄或绿郎窑。 黄绿郎窑器物里外釉面均为黄釉或苹果青绿釉，釉面凝厚，玻璃质感很强，光亮莹澈，釉色较深，器身开有细碎片纹，并映出五彩光泽，俗称其为“苍蝇翅”。有的口部或施白釉或施酱黄釉，器足露胎处常泛出火石红色。

与绿釉近似者有蓝釉，旧籍有时以绿、蓝并类合称。名瓷艺高，数量稀少。

清康熙——郎窑红釉莲蓬口瓶

目测法：莲蓬口瓶是清早期的器型之一，本瓶实测高35cm、口径3cm、足径11cm。瓶颈较长，颈中间有凸弦纹，瓶口呈莲蓬形，腹圆浑。造型古拙、凝重而质朴。

器物胎骨洁白坚致。

郎窑红是清康熙年间创造的新釉种，色泽浓艳猩红，彷佛初凝的牛血，所以又有“牛血红”之称。郎窑红釉面玻璃光泽强烈，釉子清澈透明，光亮夺目。釉的流动性大，口沿下因此

图（5–291）

显露出白色称之为“脱口”。另外，垂流的厚釉恰好中止在底足周围，整齐如削，决不流过足，形成独特风格，俗称“脱口垂足郎不流”的特征。

底足呈里收外斜削台式，底部施米黄色釉，开有细小百圾纹，俗称“米汤底”，没有款识，这又是郎窑红瓷器为官窑器的特征。

比色法：红色色标为C-40，M-90，Y-40，K-30，这是郎红正色。

图（5-292）

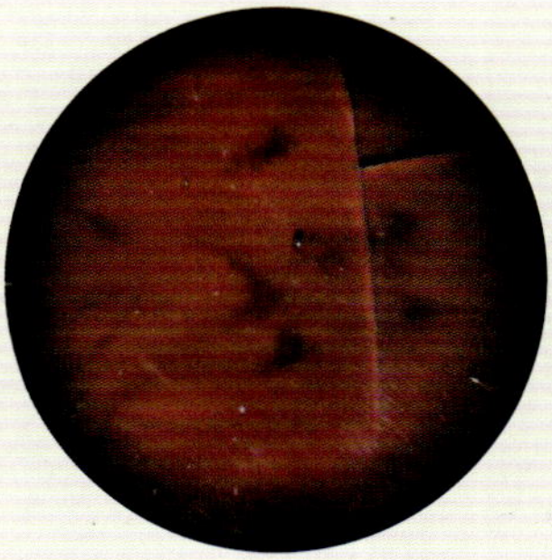

图（5-293）

容重法： 瓶在空气中称重1981克，在水中称重1098克，瓶体积相当于1981-1098=883cm³，E=1981/883=2.243，符合清康熙古瓷标准范围。

微观法： 可见釉下有强烈的玻璃光泽，光亮夺目，有明显开片和牛毛纹，有极稀疏的明亮小气泡，完全符合郎窑釉特征。

总结： 一眼看出很“开门”，可以确定此瓶为清康熙朝郎窑红古瓷器，非常珍贵。

清康熙——郎窑青花蜜腊黄釉地海水龙纹观音尊

目测法： 器型为清代康熙朝郎窑首创瓶式。此瓶敞口外撇，束颈，丰肩圆弧，腹自上至下渐内收至底外侈，成高圈足。瓶高31cm，呈现古拙、丰满、浑厚、形似观音，名称“观音尊”，以郎窑观音尊最名贵。

郎窑瓷胎骨洁白坚致。足部露胎处，洁净细腻，放大镜下见糯米状。

这是一种在高温烧成的涩胎器上用青花料绘纹饰，然后覆盖蜜腊黄釉，再低温二次烧成的瓷器。由于青花料外覆盖蜜腊黄釉两种颜色叠加所烧成呈现的色彩为“墨色”！所以它称“青花黄地”，它与“黄地青花”瓷器所用的工

图（5-294）

图（5–295）

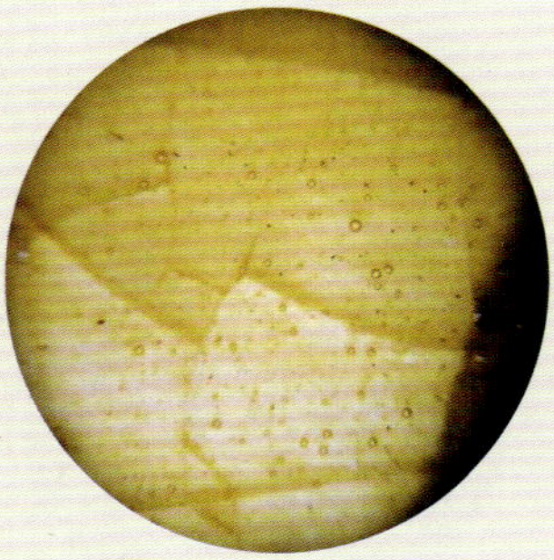

图（5–296）

艺不同，青花呈色也不同。本黄釉因色如蜜腊而名，在清代黄釉瓷器中最著名，为帝王的御用瓷釉。釉层肥厚润泽、透明、色深，有一种强烈的玻璃光泽，光亮夺目，有细小片纹。

器腹主题纹样为四爪立龙纹，龙呈侧立状，前爪伸展，后爪一收一立，呈金鸡独立状。画面气势镑礴，蛟龙腾立越于海面，下方有汹涌的海涛和礁石，上方隙地缀祥云火珠，纹饰特显帝王之象征。这种绘龙首饱满，龙身呈弓形站立状的龙纹，始于清康熙朝，与明代的立龙风格迥异。

底部钤“大清康熙年制”六字三行横排楷书款，字迹酣畅，笔划雄立，呈官窑款式。

比色法：黄釉色标为C-0，M-40，Y-80，K-0，呈蜜腊黄正色调。

容重法：瓶在空气中称重为939克，在水中称重为548克，其体积相当于939-548=391cm^3，则E=939/388=2.40，此值偏大些，原因是本瓶瓷土为康熙郎窑的紫金土料，配方与用料及工艺均属皇家御窑厂控制，造成这种数据亦是可能的。

微观法：见釉下明显玻璃相、开片纹深沉、气泡稀疏而明亮，呈郎窑瓷相特征。

总结：从目鉴、色鉴、微观三方面均符合康熙郎窑瓷相，其容重偏大些亦有其瓷土的特殊性所造成，所以鉴定其为康熙郎窑古瓷真品是正确的。

清康熙——郎窑蓝釉堆（刻）宝相花纹净瓶

目测法：瓶高22cm，器型为净瓶。净瓶为佛教用器，源于印度，僧侣游方时可以随身携带用以贮水或净手。

图（5–297）

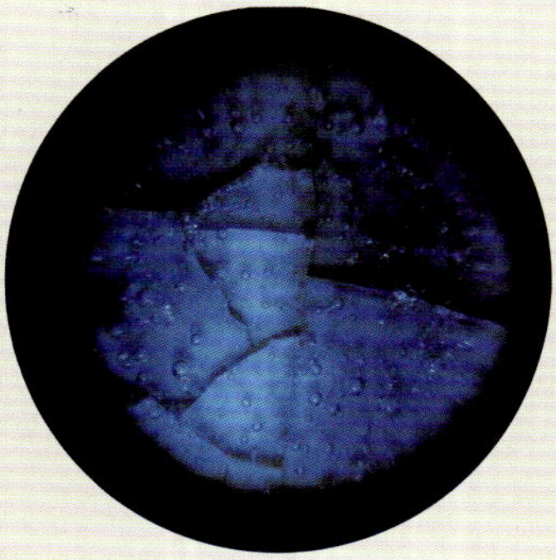

图（5–298）

图（5–299）

胎质洁白坚硬，露足处见火石红。器物里外和足底心釉均为孔雀蓝釉。釉面开细碎片纹，玻璃质感很强，光亮莹润，色淡而鲜艳，并映出五彩光泽，俗称其为“苍蝇翅”。装饰工艺采用在素胎上堆刻花纹，然后施釉，利用郎窑蓝釉垂流特点，口沿和堆塑凸棱处出现“白色线条”的纹饰。

比色法： 面釉色标为C-100，M-50，Y-10，K-30，符合清康熙孔雀蓝色调。

容重法： 瓶在空气中称重为337克，在水中称重因瓶颈小而排气不尽，无法正确测定。

微观法： 见釉下明显玻璃相，开片纹深沉，气泡明亮而稀疏，符合康熙郎窑孔雀蓝瓷相特征。

总结： 从上测定，本净瓶可定性为康熙郎窑孔雀蓝瓷。

名贵绝品豇豆红

美人醉为豇豆红之淡粉色者，苹果绿亦豇红之窑变，三者本为一类。红釉入窑，随火力而变化，色纯无稍变，露如豇豆之红润者为豇豆红，于红釉中喷散绿雾或苔衣成片者为苹果绿，白如肌肤，红如酒晕，容光艳治，若醉后美人之颜色者为美人醉，此类之釉始于嘉靖，盛于康雍。

瓷器走到清朝，又步入了另一个高度。清瓷不仅复古，也在创新，尤其是新颜料的出现，使得瓷器的釉色不仅流云泻玉，而且色彩繁复，五光十色，云蒸霞蔚，其中的美人醉釉便是清瓷极具代表性的一类釉色。

豇豆红瓷器是清代康熙年间后期，在御窑厂烧制的一种铜红色釉瓷器绝品，由于因釉中掺加粉质，所以较之郎窑红更觉细腻雅致，它是各种铜红釉器物中最精妙的一种。由于其有深红，有暗红，色调淡雅，风轻云淡，如醉后美人脸上的红晕，如纷纷飘落的桃花，又如豇豆那种自然色的红艳，也有的带有斑斑点点的苔斑，就好像久未走过的石板道，生出零零星星的青苔，空气中弥漫着潮湿而清新的味道。所以，清代诗人洪亮吉看到美人醉釉瓷时赞叹道：“绿如春水初生日，红似朝霞欲上时”。

豇豆红的烧成难度大，制作时间短，所以传世数量极少，历来是收藏家搜猎的目标。雍正时仅有少量烧制，雍正后已很难见到了，所以雍正“美人醉”更是极其名贵的绝品。

豇豆红釉，它是郎窑创新铜红釉品种，颜色类似豇豆，没有玻璃光感，非常温润平静。这是在烧制工艺中因氧化还原不同而呈色各异，出现窑变，变成红多、绿少的窑变色调，也造就了一个新的品种，白如肌肤，红如酒晕，容光艳冶，若醉后美人之颜色，俗称“美人醉”，符合“绿如春水初生日，红似朝霞欲上时”之美誉。

微观釉面，可见釉下有强烈的玻璃光泽，光亮夺目，有明显开片和走泥纹，有极稀疏而明亮的气泡，完全符合郎窑红釉的瓷相，这也证实了“豇豆红”是“郎窑红”的窑变产品。

“解貂换美酒，半与美人醉。留半伴山翁，深夜谈世事。”（宋张植《小绝句》）有美人陪伴共此一醉，是人生一大乐事；有美人醉釉瓷器陪伴赏心悦目，也是人生一大乐事。前者娱情，后者悦心，可惜，都是不常有的幸福。

清雍正——豇豆红釉“美人醉”葫芦瓶

目测法： 器物小口、短颈、形如上小下大的束腰葫芦而得名“葫芦瓶”，瓶高11cm，成型规整。胎体坚白细润，修胎俊秀，足脊滚圆成“泥鳅背”状。

器身施豇豆红釉，它是郎窑创新铜红釉品种，颜色类似豇豆，没有玻璃光感，非常温润平静。这是在烧制工艺中因氧化还原不同而呈色各异，出现窑变，变成红多、绿少的窑变色调，也造就了一个新的品种，白如肌肤，红如酒晕，容光艳冶，若醉后美人之颜色，俗称“美人醉”，有“绿如春水初生日，红似朝霞欲上时”之美誉。

图（5-300）

底施青白釉，显桔皮纹，呈百圾碎纹，用青花钤“大清雍正年制”两行六字楷书款，款字端正，为官窑款。

比色法： 红釉色标为C-40，M-90，Y-40，K-30，符合郎窑红正色调，绿釉色标为C-60，M-10，Y-60，K-10。

容重法： 瓶在空气中称重为473克，在水中称重因瓶口太小，瓶内存空气而无法测定。

微观法： 可见釉下有强烈的玻璃光泽，光亮夺目，有明显开片和走泥纹，有极稀疏而明亮的气泡，完全符合豇豆红釉瓷相；另一图见釉下青花下沉，有开片纹，证实清代郎窑古瓷相。

总结： 除容重情况不明外，其余均符合雍正瓷和豇豆红釉特征，款式也对，所以本瓶可定为清雍正官窑瓷无疑。是一件使欣赏者能感受到时代和文化传承的佳物。

图（5-301）

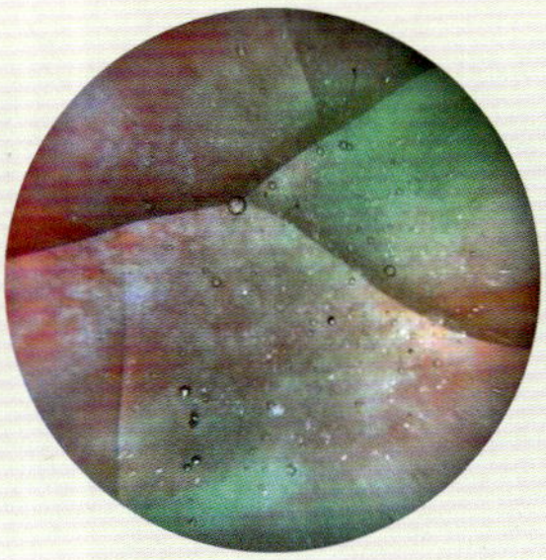

图（5-302）

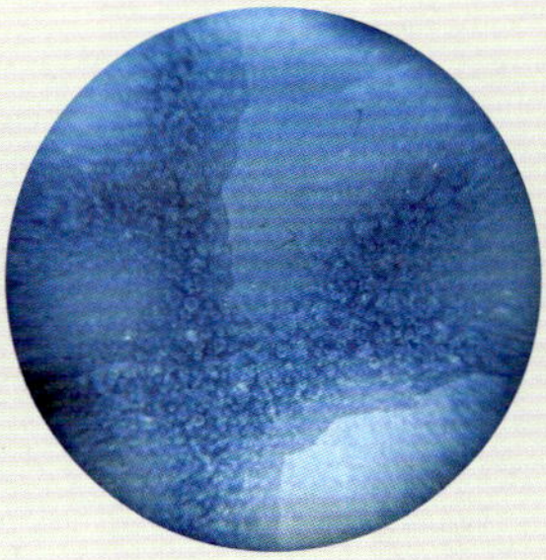

图（5-303）

多工艺色釉瓷母

这瓶被尊誉为“瓷母”，不仅是乾隆特种工艺瓷的代表作，同时它也是中国陶瓷史上罕见之作。它形体硕大、造型端庄。在装饰上，不仅有红釉、青釉、白釉、仿哥釉、仿汝釉、仿官釉、仿钧釉等各种高温颜色釉，还有青花、五彩、斗彩、粉彩、珐琅彩等不同的釉下、釉上彩绘，共同绘出“三羊开泰”、“吉庆有余”、“丹凤朝阳”、“太平有象”等吉祥图案，称得上色彩纷呈奇妙无比。

如此众多的画面在一个瓶体上搭配协调，疏密相间，自上而下无一瑕疵。更何况在器物的烧制过程中，各种性能差异的釉和彩，需要用多种配方和不同的烧成气氛，乃至多道工序方能制成，确非常难能可贵。这种“瓷母”只有在所谓乾隆盛世那种“精巧之致几于鬼斧神工”的时代背景下，在集历代制瓷技艺之大成的客观条件下，才能出现这样划时代的珍品。

本瓶洗口，束颈，颈下渐广，颈肩部呈三圆弧形凸楞状，瓜棱腹，高圈足外侈，颈部附双螭龙耳，胎质坚致而洁白，瓶高43cm、口径13cm、足径15.5cm。

釉色包浆明显，全瓶从上到下用了多达14道釉彩工艺：1.金彩，用在瓶口沿、螭耳以及各色釉之间隔条上；2.紫地花卉纹珐琅彩一周；3.蓝地花卉纹珐琅彩一周；4.仿汝釉一道；5.釉上青花缠枝花卉纹一周；6.蓝釉一道；7.红釉一周；8.模印皮球花图案的粉青釉一周；9.黑釉描金长方形开光竖框一周10幅，内绘粉彩吉祥图案，分别为“丹凤朝阳”、“太平有象”、“仙山琼阁”、及“万字”、“花卉”五种图案；10.粉彩黄地花卉纹一周；11.粉彩蓝地花卉纹一周；12.绿釉蕉叶纹一周；13.仿汝釉一道；14.黑釉一道。

制作工艺中包括高温、低温釉色，有釉下彩也有釉上彩，需先后三次在不同温度的窑炉中烧成，如何能全局统筹，充分发挥各种釉彩的特性而又互不妨得影响，体现了当时制瓷工艺的登峰造极，号称“瓷王”。

底部釉上钤“乾隆年制”楷书方框章。

清乾隆——开光各色釉大瓶

目测法：瓶洗口，束颈，颈下渐广，颈肩部呈三圆弧形凸楞状，瓜棱腹，高圈足外侈，颈部附双螭龙耳，胎质坚致而洁白，瓶高43cm、口径13cm、足径15.5cm。

釉色包浆明显，全瓶从上到下用了多达14道釉彩工艺：金彩，用在瓶口沿、螭耳以及各色釉之间隔条上；紫地花卉纹珐琅彩一周；蓝地花卉纹珐琅彩一周；仿汝釉一道；釉上青花缠枝花卉纹一周；蓝釉一道；红釉一周；模印皮球花图案的粉青釉一周；黑釉描金长方形开光竖框一周10幅，内绘粉彩吉祥图案，分别为“丹凤朝阳”、“太平有象”、“仙山琼阁”、及“万字”、“花卉”五种图案；粉彩黄地花卉纹一周；粉彩蓝地花卉纹一周；绿釉蕉叶纹一周；仿汝釉一道；黑釉一道。

图（5-304）

制作工艺中包括高温、低温釉色，有釉下彩也有釉上彩，需先后三次

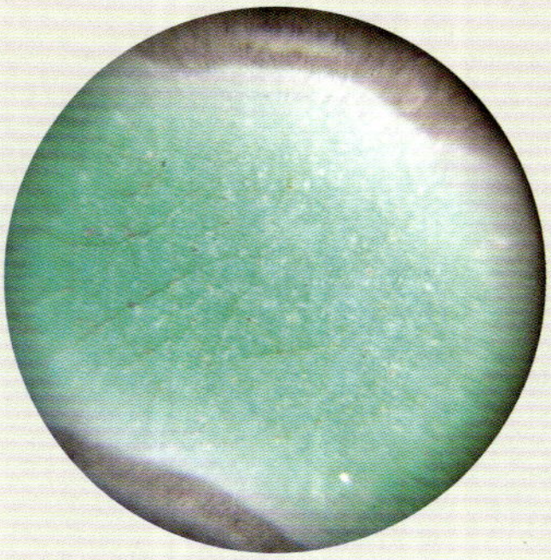

图（5-305）

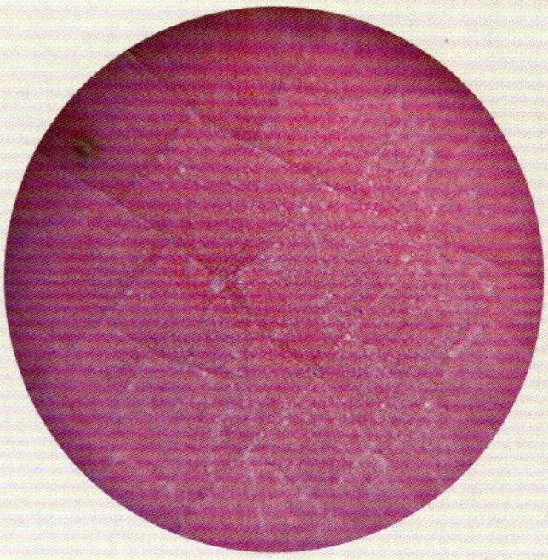

图（5-306）

图（5-307）

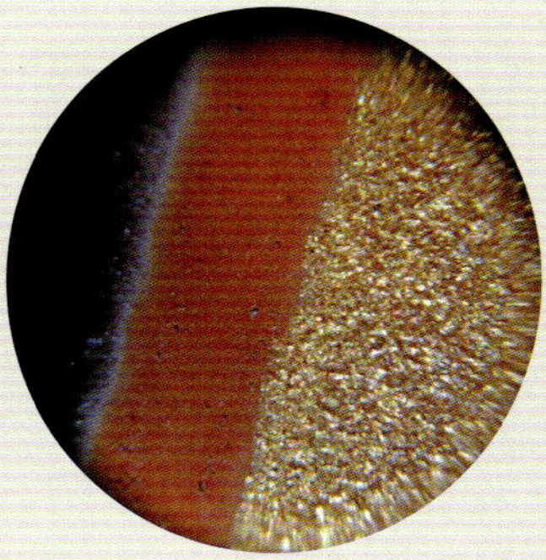

图（5-308）

在不同温度的窑炉中烧成，如何能全局统筹，充分发挥各种釉彩的特性而又互不妨得影响，体现了当时制瓷工艺的登峰造极，号称“瓷王”。

底部釉上钤“乾隆年制”楷书方框章。

比色法： 红釉色标为C-0，M-100，Y-100，K-0，绿釉色标为C-90，M-20，Y-80，K-0，两色均属清瓷正常色。

容重法： 瓶在空气中称重3900克，在水中称重2180克，瓶体积相当于3900-2180=1720cm^3，则E=3900/1720=2.267，此值在乾隆朝瓷容重范围。

微观法： 见绿釉、粉红彩均开片，符合清古瓷条件。又见金彩为填金彩料，证实为真品。

总结： 从实鉴分析：此瓶定为乾隆瓷器是恰当的。

匀净清雅豆青釉

豆青釉由宋代龙泉窑所创，属青釉系中的一个著名品种。在高温还原气氛中煅烧，色泽基本稳定，但不同的年代有不同的釉色，明代豆青釉，近于黄色。清代豆青釉，釉色也不相同，康熙豆青釉色深，釉面润泽，釉质坚硬；雍正豆青釉，呈青绿色，色如美玉，十分纯净。

豆青釉瓷器是清康雍乾时期，景德镇御窑厂仿古瓷器生产中，在颜色釉方面的成功之作。

乾隆时期的仿古颜色釉能做到仿肖逼真，精巧之致，令人叫绝，将颜色釉瓷器的生产引入到“自然洒脱的韵致”境地。加上豆青釉色调“匀净清雅”，象征“清廉”的高贵品质，所以豆青釉瓷器深受帝王的雅赏，也常作为赏赐给“清廉”官员的佳品。

（在 2013年10月8日香港苏富比秋季拍卖会上，一件清代乾隆豆青釉浮雕瑞蝠双鱼“百寿”图如意耳瓶的落槌成交价，高达7800万港元。）

清雍正——豆青地粉彩鸟语花香玉壶春瓶

目测法： 瓶高32cm。玉壶春瓶为宋代所创瓶式，因诗句“玉壶先春”而得名。器形特点是：撇口、细颈、削肩、硕腹、圈足。瓶体由变化的弧线构成，器形显示出柔美匀称的装饰美感。

图（5-309）

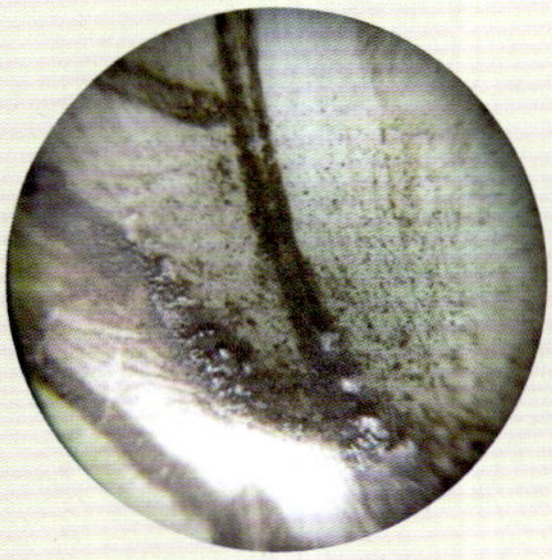

图（5-310）

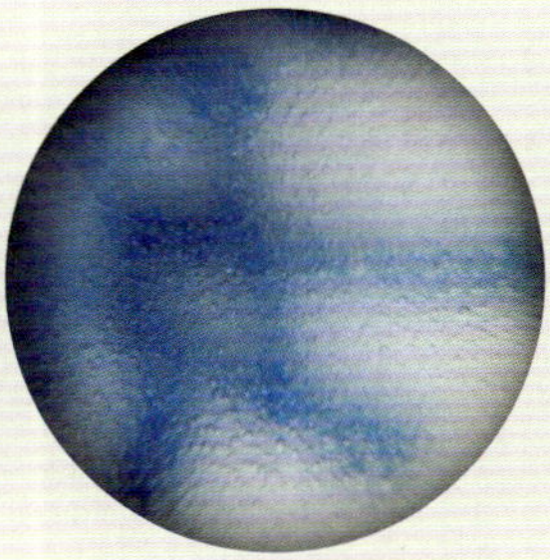

图（5-311）

图（5-312）

胎质薄而洁白精致，施仿龙泉釉，呈豆青色泽纯近绿色。豆青釉为青釉派生釉色之一，雍正豆青釉的烧制有自已的风格：釉面润泽凝厚，釉色纯净，釉只施于器表，器壁和器底为白釉装饰。在釉上用珐琅彩绘画的孔雀三冠高耸、背部为网络状、有宽阔重叠的花形尾羽、尾比躯体还要粗大；牡丹倾力渲染花朵的富丽，显出淡雅柔和之美。整器亭亭玉立，似名符其实的“玉壶”彩瓶！

底钤青花双圈内书“大清雍正年制”两行六字楷书官窑款识。

比色法： 纯红色标为C-0，M-100，Y-20、K-5， 淡黄色标为C-0，M-5，Y-70，K-10， 绿色色标为C-60，M-10，Y-20，K-10，这几种粉彩色很正。

容重法： 瓶在空气中称重1046克，在水中称重562克，其体积相当于1046-

562=484cm³，则E=1046/484=2.161，这个值很小，说明本器胎薄釉层厚，为雍正官窑瓷器。

微观法： 见彩色釉开片纹，又见青花下沉，符合雍正古瓷相。

总结： 雍正粉彩的绘画承袭了中国传统的绘画技法，画面写意，绘牡丹、花鸟配山石等，具有中国画的艺术效果。在画面旁配以书法精妙的题诗"鸟语花香"，诗首、尾落款印章。这是将书、诗、画和制瓷工艺融合一体的传世珍稀古瓷。从目鉴、加上三种测定，均可确证本瓶为珍贵的雍正官窑真品。

清乾隆——豆青釉浮雕瑞兽吉祥图案赏瓶

目测法： 器形撇口、细颈、肩部有凸起二道弦纹、圆腹、腹部亦有凸起一道弦纹、圈足足墙斜削、颈部纹饰蕉叶纹，造型规整，为乾隆朝继承雍正又加饰的造型，名称为"赏瓶"，作为帝王赏赐之用。瓶高27.5cm。

图（5–313）

胎质细腻洁白。瓶内外满施豆青釉，胎釉结合浑为一体，有玉质感。釉面色泽浅淡匀净、典雅，釉表上泛出浅银色的纹饰线光泽。装饰主题采用古代青铜器的瑞兽吉祥纹样，釉下印有花纹，纹饰图案是凸起的浅浮雕，纹饰流利、制作精良。

底足较深，底施白釉，钤青花"大清乾隆年制"六字三行篆书官窑款。

比色法： 豆青釉色标为C-10，M-0，Y-10，K-0，符合"匀净清雅"的正色调。

容重法： 瓶在空气中称重1350克，在水中称重764克，其体积相当于1350-764=586cm³，则其容重E=1350/586=2.30，此值可排除现代仿品，再则此瓶为加厚底（底厚1cm），又为传世品，放存环境较好，容重变化缓慢，所以定其为清古瓷是妥当的。

微观法： 见豆青釉如乳脂，釉下不见气泡，呈高古瓷相。另见瓶底白釉中

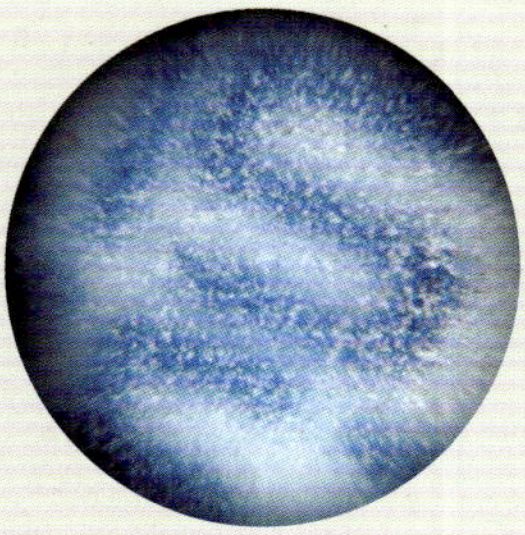
图（5-314）

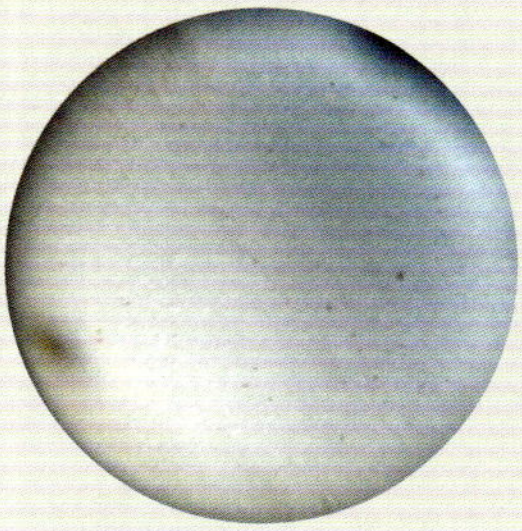
图（5-315）

图（5-316）

布满白云棉，釉下青花下沉，白釉中见稀少小气泡，证实为清古瓷相。

总结： 从以上诸方面测定分析，可确定本瓶为乾隆豆青釉官窑器。

瓷器的装饰发展到清乾隆，又到了一个新的境地，寓意吉祥的瑞兽图案，成为官窑纹样的主流，本器即是典型一例，呈显名贵。

清同治——豆青地粉彩“献桃祝寿”图纹执壶

目测法： 执壶，又名“注子”，大约从唐代中期开始出现。本器以小口长颈三弯式流、耳形把柄、圆腹、圈足、附嵌盖式盖、宝珠钮为器形特征。形制精巧，制作工细。本壶口径为10cm、通高10cm、通宽17cm。

器内及圈足底部施白釉，盖面与器腹均以豆青釉作地，其上加绘粉彩工艺的山水人物“献桃祝寿”图纹，还有诗词：“问余何意棲碧山 笑而不答心自闲”，诗首尾均有印章。器底中心钤红彩双框“大清同治年制”六字三行篆款，这是清代同治朝民窑精品款式。

粉彩也叫软彩，用玻璃白打底后上色，用低温烘烤两次，玻璃白可以使色彩按色浓淡均匀散开，效果比五彩强，如衣服深浅有致，看上去光照自然。粉彩是同治时期彩瓷中最常见的品种。民窑瓷中多见一种厚重的粉彩绘图纹，古玩行里称之为“同治彩”，釉色浓重，独具特色。

比色法： 黄色色标为Y-80，绿色色标为C-90，M-30，Y-90，K-10，皆合格。

容重法： 壶身在空气中称重得351克，在水中称得重量为194克，则其体积当为351-194=157cm^3，可算出壶身容重E=351/157=2.2，另测壶盖在空气中称重为77克，在水中称重得42克，算出壶盖体积为77-42=35cm^3，则壶盖的容重为77/35=2.2，壶身与壶盖的容重相等，均为2.2，这数字非常好，完全可以证实本器为清同治朝古瓷无疑。

图（5–317）

图（5–318）

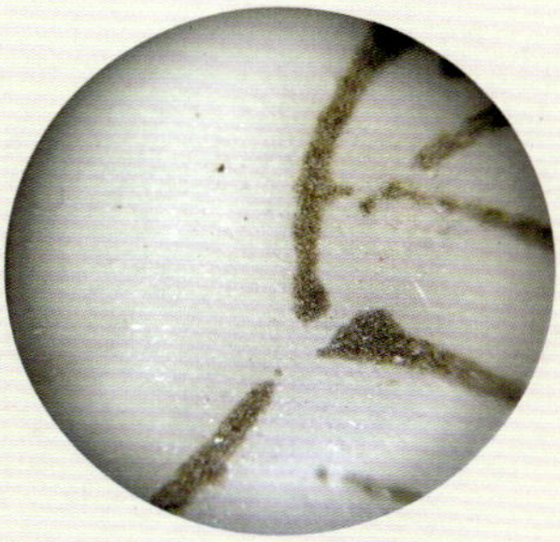

图（5–319）

微观法： 彩釉微观中不见明显开裂纹，这是“同治彩”釉色浓重的特点所造成，也是古瓷中彩釉不见开裂纹的特殊例子，所以确定本器为清同治古瓷亦是合理的。

总结： 从上四项测定分析，本器尚属开门货，可以确定本执壶为清代同治时期民窑烧造的精品、传世佳作是可信的。

同治民窑中多见这种厚重的粉彩绘图纹，古玩行里称之为“同治彩”，釉色浓重，独具特色，而且这种彩料的“微观”中不见开片纹，民窑款式为“红彩双框六字三行篆书款”。本器确为清代同治时期民窑烧造的精品，传世佳作。

皇室宝石祭蓝釉

祭蓝原称霁蓝、积蓝、宝石蓝。霁蓝是以氧化钴为着色剂，经高温一次烧成的失透状蓝釉，呈色深沉古朴，因作皇室祭器而称祭蓝。

祭蓝瓷烧制时裸露在外，青花瓷是在青花外罩一层透明釉；其次在原料上祭蓝用含较多氧化铁和氧化锰的天然钴土矿，而青花则是较纯的氧化钴，因而青花瓷呈色明亮艳丽。

乾隆祭蓝釉瓷，除单色无纹素器外，有稀少的一种，在深沉古朴的祭蓝釉上辅以富丽堂皇的银彩，饰以寓意“吉祥”的图案，成为一代奇品，在中国陶瓷制瓷史上达到了登峰造极的境地。

明宣德——蓝釉罐

目测法： 器型为小圆口、丰腹、圆体。罐高18cm。

瓷土用料讲究，烧制中对窑温及气氛控制比较好，所以胎质细腻、洁白、坚硬。

器外施霁蓝釉，是一种著名的蓝釉瓷，以进口钴蓝料为呈色剂，在高温中烧成，釉质肥腴，呈浅橘皮纹，釉色蓝中偏黑、色调一致、深沉古朴。器内和外底足皆为白釉，凡露胎处均涂透明釉护胎。

图（5-320）

由于胎土中含微量杂质，露胎及釉中均见褐黑色斑点。底部与足边相接处有一周下凹，俗称“月亮底”，周边积釉处泛青，呈湖水绿色，边线呈橙黄色线条。

底足采用两面斜削的手法，足墙较窄，有棱边感。

比色法： 蓝釉色标为C-100，M-5，Y-0，K-70，符合蓝中偏黑的霁蓝釉色调。

容重法： 罐在空气中称重为1072克，罐在水中称重为606克，则算出罐的体积为1072-606=466cm^3，由此可测得罐的容重值为1072/466=2.30，此值可证实本

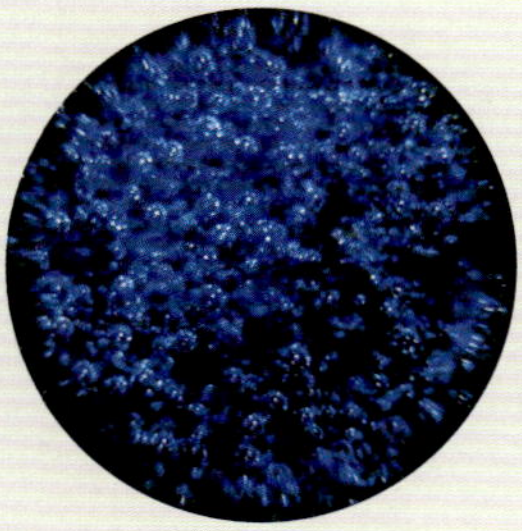

图（5-321）

图（5-322）

罐为年代久远的古瓷器无疑。

微观法：见蓝釉中充满了大大小小的气泡，但气泡分层而间距较疏朗，混有少量杂质斑点，呈古瓷相。

总结：从目测胎质、釉面、工艺诸方面均符合明宣德朝瓷器的特征，又从比色、容重、微观剖析也均呈明宣德瓷的条件，所以确定该蓝釉罐为明代宣德时期单色釉瓷器中难得的精品是妥当的。它为祖上中药老字号的传世品，可惜已缺罐盖。

清康熙——霁蓝釉开光青花花卉纹荸荠尊

目测法：这是清康熙年间开始流行的器形，颈稍长而粗，扁圆腹，形如荸荠而得名。又因口径（12.5cm）大于底径（11cm）而称为“尊”，以单色釉制品为著名瓷品，尊高21.5cm,器形敦重古拙。

胎坚质细，缜密似玉，修胎规整，有厚重感。足脊平整，外壁微斜，不是多刀削斜，这种挂釉足外墙一刀斜削底，是清康熙瓷器底足工艺的特征。

图（5-323）

尊外体施霁蓝釉，釉上蓝彩是清康熙时期新创的工艺。它用紫金土做化妆土，掺它使釉层很规洁，釉厚呈深宝石蓝色，色泽深沉宁静，釉面不流不裂，无开片。口部施粉白釉，呈齐平的“灯草口”，尊内和器足施白釉。釉面光滑细腻，胎釉结合紧密。

颈肩部和腹部开光处，用青花料装饰卷草纹和花卉纹。康熙青花有独特的风味，青花的色调鲜蓝青翠，明艳净丽，娇翠欲滴。画法精细挺秀，分色层次增加，甚至一笔中分出深浅浓淡的笔韵，表达出康熙青花瓷纯熟的绘瓷技巧和丰富的表现力，故素有“青花五彩”之誉。

底足内用青花料书“大清康熙年制”六字三行官窑楷书款，笔划苍劲挺拔，古拙浑厚，布局宽大。

比色法： 霁 蓝釉的色标为C-80，M-40，Y-0，K-40，是正宗宝石蓝釉，青花有四色组成：C-100，M-60，Y-10，K-20，符合康熙青花色调。

容重法： 尊在空气中称重1689克，尊在水中称重为960克，则尊的体积为1689-960=729cm^3，尊的容重E=1689/729=2.31，此值稍大些，但有其原因，尊的胎质为康熙官窑的“紫金土”，其容重值比同代一般白瓷土的容重稍大是合理的。所以从2.31容重值来判定本尊为清康熙瓷器也是妥当的。

微观法： 可见青花上白气泡很多，青花下沉入骨明显，达到康熙瓷要术

总结： 从以上四方面测定来分析， 本器物比较"开门”，它确是一件 康熙单色釉官窑瓷器，它的制作工艺代表了清康熙中期景德镇官窑的制瓷高水平，呈显珍贵。

图（5–324）

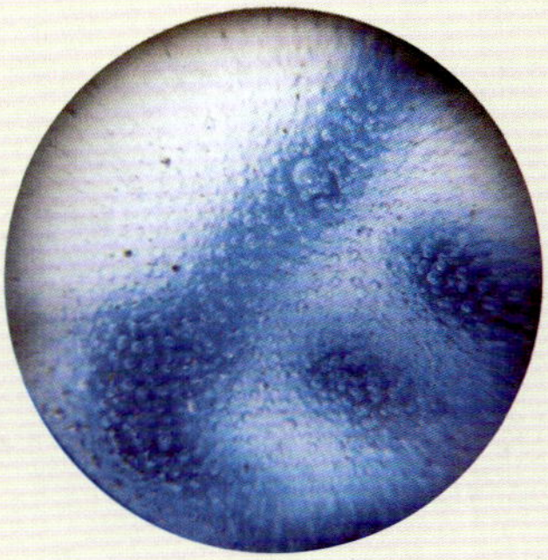

图（5–325）

清乾隆——祭蓝釉银彩瓶（二件）

目测法： 造型浑厚，为梅瓶和棒瓶形。梅瓶高20cm，棒槌瓶高19.5cm，胎体较厚重，胎质密致。祭蓝釉色深蓝中偏黑，色调均匀致，无明显色差，亦无流淌现象，色泽深沉古朴，玻璃质感较强。主纹饰为银彩印团球形图案、及福禄寿字纹。寓意“福寿”瓶，蓝底银彩，呈富贵相。

图（5-326）

图（5-327）

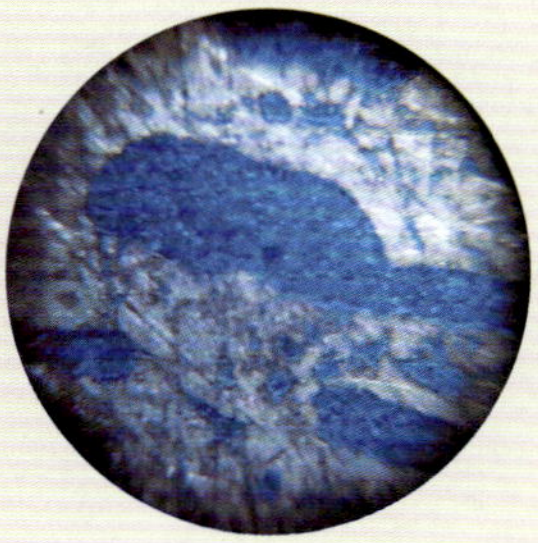

图（5-328）

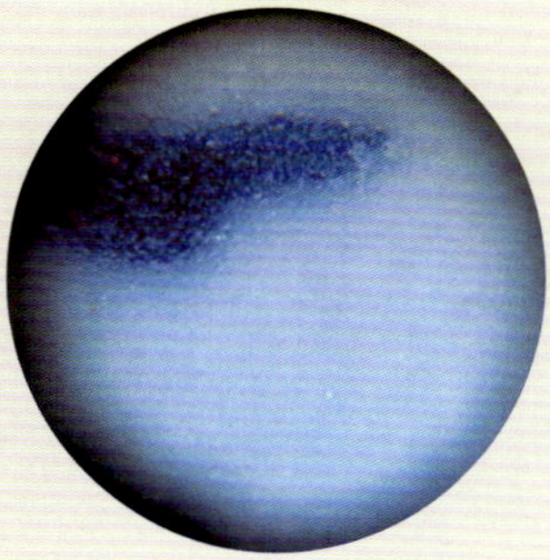

图（5-329）

两瓶底足均施白釉，钤青花“大清乾隆年制”两行楷书款，字迹符合官窑款规格。

比色法： 祭蓝色色标为C-100，M-5，Y-0，K-70，银彩色标为100%。

容重法： 梅瓶在空气中称重366克，水中称重207克，体积相当于366-207=159cm^3，则E=366/159=2.30，棒槌瓶在空气中称重509克，水中称重288克，体积相当于509-288=221cm^3，则其E-509/221=2.30，两瓶容重相同，说明为同代瓷器。此值比乾隆瓷正常容重2.25偏大些，但因为是银饰瓷，容重比同代一般瓷值大些亦属合理，所以此值仍可证实两瓶均是乾隆瓷无疑。

微观法： 见青花下沉，呈古瓷相。蓝釉中仅见少量小气泡，银彩为纯银饰。

总结： 从以上四方面测定分析，该两瓶均为珍贵的清乾隆官窑器。

皇家象征黄釉瓷

清代黄釉瓷多仿明弘治黄釉瓷。另外，清代康、雍、乾盛世时期使用的“锑黄”，是在珐琅彩的基础上，吸收了外国釉料产生的。其釉色淡雅娇艳富有层次感，能与弘治黄釉相媲美。

清代皇室都使用全黄釉瓷器，黄釉器是代表皇权至尊的颜色，它和五爪龙一样，象征着皇权神圣不可侵犯。

圣祖之明——康熙开光艺术瓷器

彩瓷先施圈栏，内绘花彩，外填色釉，则谓之“开光”瓷器。

清代开光瓷，往往圈内为白地，饰主纹，圈外为色地，又加绘耙花、什锦花等辅纹，以辅垫衬托主纹， 可收富丽之效。

图（5–330）

康熙开光艺术瓷器，最突出的点是成功地借鉴绘画表现手法，凡生动新鲜的图样，多直接选自纸帛画，面画手素养深厚，指功腕力内蕴，常见墨迹和畅气壮，可更充分表达画意，构成立体感 极强的完整画面。其次康熙瓷开光装饰还巧妙借鉴织锦纹饰，以锦地开光形式增强瓷绘表现力，使其形成一种鲜明的时代风格。

康熙开光艺术瓷之成就，是康照作为一代圣祖之明，其崇尚汉文化，并广泛汲取各门类艺术精华的结果，也是其强大的经济实力在艺术上的相应表现。

三件古瓷供鉴赏:

清康熙——黄地开光五彩雉鸡牡丹纹棒槌瓶

目测法： 瓶高38cm、口径11cm、底径11cm。盘口、直颈、颈部凸楞一周、折肩圆弧、筒形长腹、至底微内收、平切底浅圈足。此瓶器形规整，为康熙时期独特的创新造型，类似江南农家妇女洗衣服用的木头棒槌而得名。

胎质坚硬细润，与器型、重量的比例合宜。

瓶口装饰绘连续三角纹、回纹，颈部、肩部则锦地开光装饰书卷等文房用

图（5–331）

图（5–332）

品。腹部锦地开光绘山石、花鸟图，画工细腻精致。鸟的姿态，尤为活灵活现，鸟的肚腹画得夸张，显得浑圆丰满。彩釉呈色见“蛤蜊光”。

这种用釉上墨彩勾线，以刚劲的风格画鸟、枝干、叶子、石。特显玻璃质感的釉上彩之下那乌黑发亮如铁丝嵌于瓷器的黑线之“硬”，又其刚直造型（如棒槌瓶）的应运而合生，表明了从绘画装饰到造型一体化的“硬彩”风格，是康熙朝的创新，又称“古彩”。

底面用青花书写“大清康熙年制”六字二行楷书官窑款。

比色法： 绿色色标为C-80，M-10，Y-40，K-10，黄色色标为C-10，M-30，Y-80，红色色标为C-20，M-90，Y-100，K-10，以上均为康熙五彩正色调。

容重法： 瓶在空气中称重2198克，在水中称重1255克，则其体积为2198—1255=943克/cm^3，容重E=2198/943=2.33，由于康熙瓷胎缜密似玉，超过一般古瓷，所以此值在合理之中。

微观法： 见青花下沉，又见彩釉开片纹，证实为古瓷。

总结： 以上测定可证实，本瓶为康熙五彩古瓷，很珍贵。

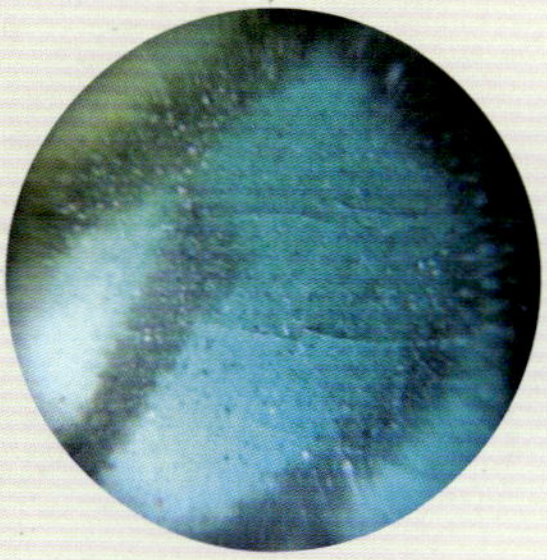

图（5–333）

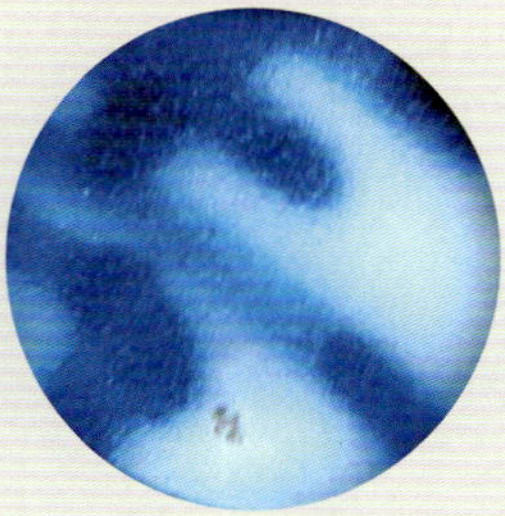

图（5–334）

图（5–335）

清乾隆——黄釉地矾红彩莲荷纹描金藕耳蒜头瓶

图（5-336）

目测法： 器形仿古青铜蒜头壶，口部似蒜头，长颈有弦线，腹部像油壶，圈足，足脊滚圆，颈部两侧附“象生藕”作耳。瓶高30cm，头部与颈部过渡自然，颈部与腹部弧度优美，底足俏外撇，造型俊美。

胎体较薄，坚致而洁白。

以鸡黄釉作地，釉厚而润滑，这釉色只在官窑器上出现。纹饰由矾红绘莲荷纹，配上金彩“象生藕”，莲、荷、藕相连融。釉色调艳丽，纹饰清晰，并有深浅不一的多层次色阶，图案趋於规矩化，特显清乾隆期绘饰之特点，整器异常雅致明艳。

底足露胎为糯米色，修胎规正。底钤“大清乾隆年制”六字三行官窑篆书款。

比色法： 黄釉色标为M-20，Y-80，呈皇家正黄色调。

容重法： 瓶在空气中称重1421克，在水中称重775克，瓶体积相当于1421-775=646cm^3，则E=1421/646=2.199，此值进一步说明本器为薄胎厚釉之官窑瓷器。

微观法： 见黄釉乳状厚润、矾红深浅清晰。见金彩为真金描绘。又见釉下青花下沉，釉中气泡密布，证实为年代久远的古瓷相。

总结： 一见就很开门，加上测定完全达标，可以肯定本器物是异常珍贵之清乾隆官窑器无疑。

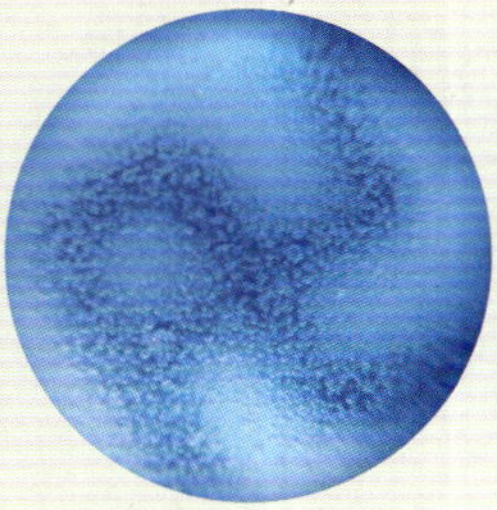

图（5-337）

图（5-338）

图（5-339）

清光绪——黄地墨彩牡丹纹八瓜棱罐

目测法：造型端庄凝重，八花瓣形口，瓜棱腹体罐，高18.5cm。

胎体略显厚重。先通体施白釉，装饰好墨彩，再口沿、内壁加施嫩绿釉，外壁加施黄釉地，上颈部和近足部各施浅淡青翠的绿釉带，完成红彩字款和印章。外体墨彩满饰盛开的牡丹花，上下绘花芽、仰莲纹带。其淡雅的艺术效果，犹如纸绢上所作的水墨画一般。

图（5–340）

画面间红彩书“大雅斋”三字，旁边钤椭圆形红彩印章“双龙环绕一行篆书‘天地一家春’款”，器底红彩楷书“永庆长春”款。这均是清朝晚期慈禧太后的私人堂款、印章，表明本器为慈禧太后的私人用瓷，是“官窑”器，非常珍贵。

比色法：黄釉色标为C-0，M-10，Y-60，K-0，白釉地上的浅淡娇嫩黄色调，绿釉色标为C-50，M-0，Y-10，K-0，也是白釉地上的青亮翠绿色调。

容重法：罐在空气中称重为1728克，在水中称重为963克，其体积相当于1728-963=765cm^3，则E=1728/765=2.258，此值很好，完全证实本器为清光绪时的官窑瓷。

微观法：见绿釉开片，是到代真品瓷相。

总结：一看就很开门，从测定分析也可肯定，本罐为清光绪朝的慈禧太后专用官窑瓷，是大雅斋墨彩瓷器中一件有代表性的作品，非常名贵。

图（5–341）

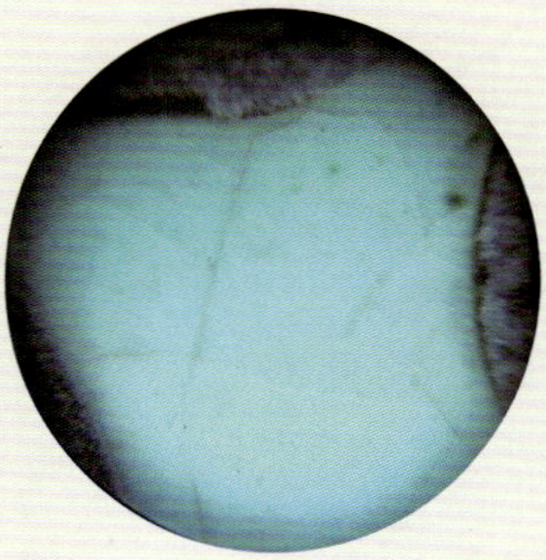

图（5–342）

圆满富足红釉瓷

红釉色寓意“圆满富足”，红釉瓷主要是用来制作祭祀器，历朝官窑都要制作的。清代中期，红釉瓷的工艺水平很高，有几种名品。清后期，因政治、经济日渐衰落，红釉瓷的生产每况愈下。至清道光以后，红釉瓷的釉色已不如前朝那样鲜亮明丽，有些釉色被烧成“芸豆色”而得名“芸豆红釉”，光听名字像是一种新釉，其实是烧得不好的红釉，不过这毕竟是晚清铜红釉的标准釉色，值得重视。

道光官窑承袭乾隆窑红釉地上以金彩勾廓，取其富丽。金彩有曰:“金水是一种金的树 脂酸盐，系德国人居恩所发明，其特点是使用方法简单，耗金量低，外观富丽堂皇”

清道光——红釉地金彩云龙戏珠纹天球瓶

目测法： 实测瓶高23cm、球直径14cm。造型为直口、长颈、圆球腹、圈足，显稳重，制作规整。 胎质细润，外体施红釉，色泽匀净、亚光。以金彩绘火云中五爪龙戏珠纹。纹饰严谨而生动，线条流畅而柔和，金、红两色调相互映衬，格外呈富丽堂皇。

底施白釉，钤金彩上红料篆书“大清道光年制”官窑章款。

图（5–343）

比色法： 红釉色标为C-20，M-100，Y-100，K-0，金彩色调100％，两色色谱均很规正。

容重法： 瓶在空气中称重638克，在水中称重358克，其体积相当于638-358=280cm^3，则容重E=638/280=2.278，此值正符合清道光朝古瓷容重值范围。

微观法： 红釉上基本不见气泡，金色由真金彩描绘，呈官窑真品相。

总结： 四方面测定均证实，本器物为清道光官窑瓷，很珍贵。

图（5-344）

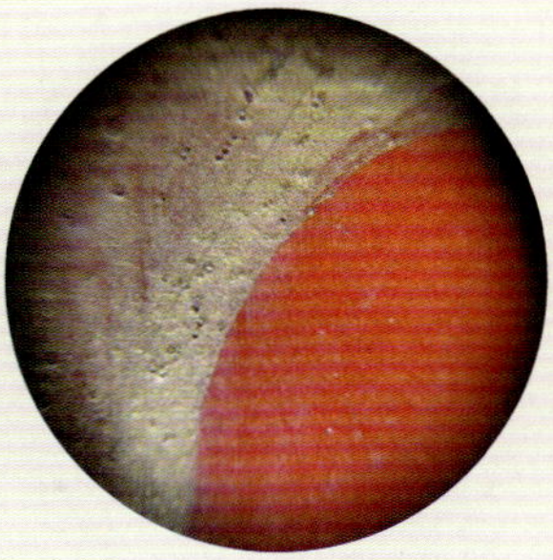

图（5-345）

乳浊茄紫宜钧瓷

钧窑在历史上的烧制几乎没间断过，明清代仿钧瓷胎质过细，釉下不见“蚯蚓走泥纹”，见走泥纹的也呆板不活。

“宜钧釉”即由江苏宜兴生产的仿钧釉。胎用宜兴紫砂土为原料制成。器内外通体施仿钧釉，釉呈乳浊茄皮紫色，釉层平整失透，厚润光洁，釉面上隐约开细密片纹，口沿、圈足呈米黄色。这是一种稀有的仿钧瓷，产量极少，呈珍贵瓷品。

明末——宜钧釉出戟尊

目测法：造型仿古铜器式样，敞口、颈部束收、鼓腹、下接喇叭形外撇圈足。体饰方棱三层，每层饰以四道相同的扉棱，俗弥“出戟”。口、颈部位胎骨较薄，腹以下厚重。尊高14cm，口、底径均为8cm。

胎质细洁，胎体厚重坚密，胎色较深，呈茄皮紫色。

“宜钧釉”即由江苏宜兴生产的仿钧釉。胎用宜兴紫砂土为原料制成，足端露胎呈褐紫色。器内外通体施釉，

图（5-346）

图（5–347）

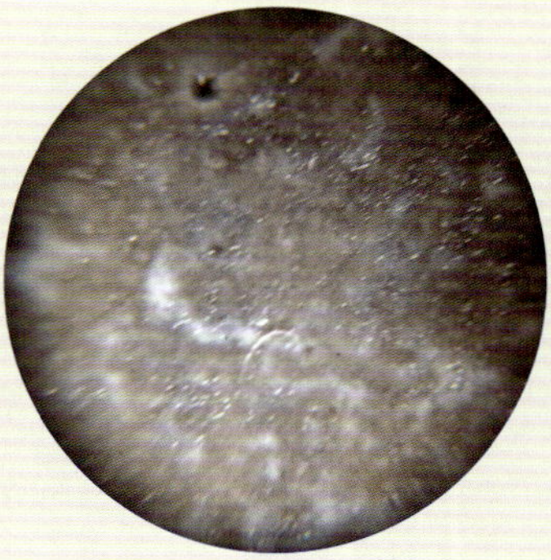

图（5–348）

釉为乳浊茄皮紫色，釉层平整失透，厚润光洁，釉面上隐约开细密片纹，有细小的黑斑点和棕眼，在器口沿和边棱凸起的釉薄处，呈米黄色。

比色法： 宜钧釉色标为C-60、M-40、Y-30、K-0。

容重法： 本器物在空气中称得重量为399克，浸入水中称得重量为223克，算出其体积V=399-223=176cm^3，则其容重值E=399/176=2.26，此值对于本尊非白瓷胎质来讲，可以证实本尊为明末古陶器无疑。

微观法： 见釉下开片纹、不见气泡、不见蚯蚓走泥纹、只见白色石花似散云密布、悬浮着稀少颗粒杂斑。

总结： 从以上诸方面测定分析，确定本尊为明末宜钧器物是妥当的。

明末——宜钧釉莲花式碗

目测法： 碗型八花瓣敞口，器里外凸凹八条线纹，将碗自然分成八莲花瓣形，像一朵盛开之莲花，圈足，造型优美。碗高5.5cm，口径13cm。

胎质细洁，胎体厚重坚密。

“宜钧釉”即由江苏宜兴生产的仿钧釉。胎用宜兴紫砂土为原料制成，足端露胎呈褐紫色。器内外通体施釉，釉为乳浊茄皮紫色，釉层平整失透，厚润光洁，釉面上隐约开细密片纹，在口沿、圈足的釉薄处呈米黄色。

比色法： 宜钧釉色标为C-40，M-30，Y-30，K-0。

容重法： 碗在空气中称重为246克，在水中称重为137克，则碗的体积相当于246-137=109cm^3，碗的容重E=246/109=2.256，此值很好，符合明末瓷器之容重值范围。明代宜兴窑生产过仿宋钧窑的低温花釉陶器，由此证实本碗为明末宜钧

图（5-349）

图（5-350）

佳品无疑。

微观法： 釉下见开片纹、不见气泡、白色石花似散云密布、悬浮着稀少颗粒杂斑。

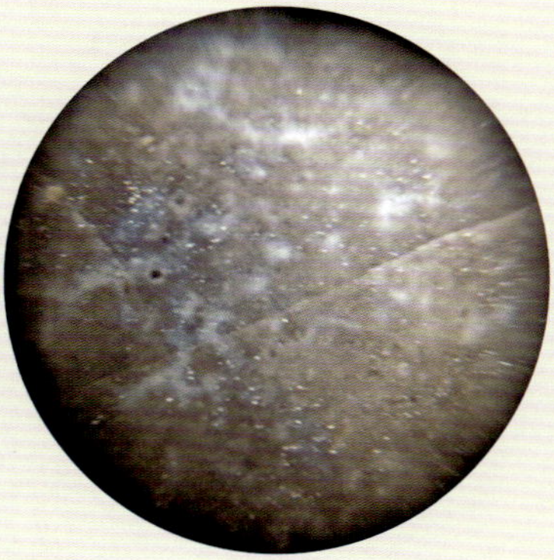

图（5-351）

总结： 值得注意的是：明、清的各代钧瓷都基本不见“蚯蚓走泥纹”，而现代“高仿”钧瓷都能逼真地仿出“蚯蚓走泥纹”。

从以上四方面实鉴，可确定本碗为明末宜钧佳品，显珍贵。

二十一、明、清代仿宋汝、官、哥、钧窑器

明代仿汝瓷的釉色、开片均与宋汝官器仅仅相似，但釉质肥厚匀净，烧成温度较宋汝窑明显提高，因而仿品釉面透亮，而宋汝为无光釉。另外釉面纹路与釉下瓷相无法仿造。

清初官窑仿宋官窑器的形制，由于制瓷工艺的进步，其形制特别规整。仿品的圈足则往往也处理得相当规整，足端切削呈弧状。口沿、足端露胎处多涂以酱褐色来代替真品的“紫口、铁足”。

明、清代各朝景德镇窑仿哥窑品种的生产就没有间断过，其中大部分仿品的胎为白色，其口沿处相当光滑，没有真品外口沿那种微微凸起的特征。哥窑最主要、最奇妙、最令人称道、又最被人忽视的特征，即所谓“攒珠聚球”的釉下瓷

相，是后仿者无法仿制的。

钧窑在历史上的烧制几乎没间断过，明清代仿钧瓷胎质过细，釉下不见“蚯蚓走泥纹”，见走泥纹的也呆板不活。

雅蔚集藏苑有6件藏品供鉴赏：

1.明宣德——仿汝窑青釉长颈贯耳瓶（高：16cm）

2.明末——仿哥釉鹿头尊（高：26cm）

3. 清雍正——仿官窑天球瓶（高：33cm）

4. 清雍正——仿钧釉鱼形瓶（高：26cm）

5. 清——仿钧釉象耳瓶（高：23cm）

6. 清嘉庆——仿哥釉“望子成龙”小罐（高：9.5cm）

明宣德——仿汝窑青釉长颈贯耳瓶

目测法： 器高16cm，直口、长颈、筒腹、无圈足。口沿两侧各有一个圆管状的贯耳，与瓶口平齐，口耳相连，加重了口部的力度，与腹部形成上下对称，构成视觉上的均衡，端庄稳重，造型流畅，是一件极美的古瓷。

图（5-352）

胎质细致而略厚，胎色偏白。

通器施仿汝窑青釉，釉层较厚，釉色偏蓝，釉面开片纹较重，呈明宣德朝仿宋汝窑瓷的特点。

平封底存留有三支钉痕，此芝麻钉痕稍大，不呈宋汝窑瓷的特点。

比色法： 青釉色色标为C-70，M-10，Y-20，K-30，比宋汝窑青釉偏蓝些，符合明宣德朝仿汝瓷之釉色。

容重法： 在空气中称重 322克，水中称重169克，体积相当于322-169=153cm^3，其容重E=322/153=2.10，这值很好，证实为古瓷无疑。

微观法： 见釉下气泡大小略为一致，流纹较不明显，又见气泡团簇无层次

图（5-353）

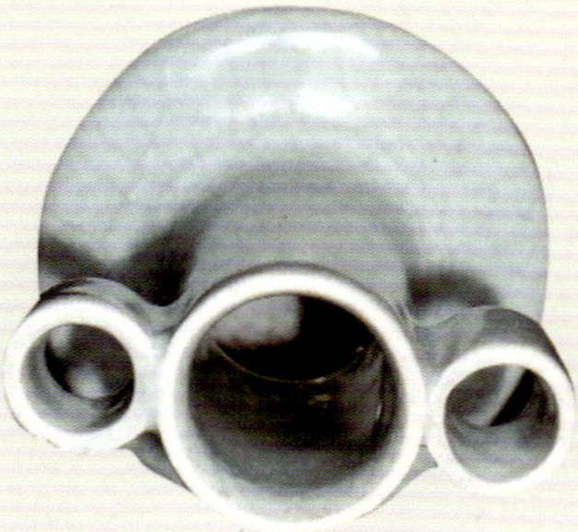

图（5-354）

而有分散感觉，呈仿汝窑瓷品相。

总结： 从釉色、片纹、釉下气泡分析，与宋汝窑瓷有差别，但符合明宣德朝仿汝窑瓷特征，故可判定本瓶为明宣德仿汝窑瓷为妥。

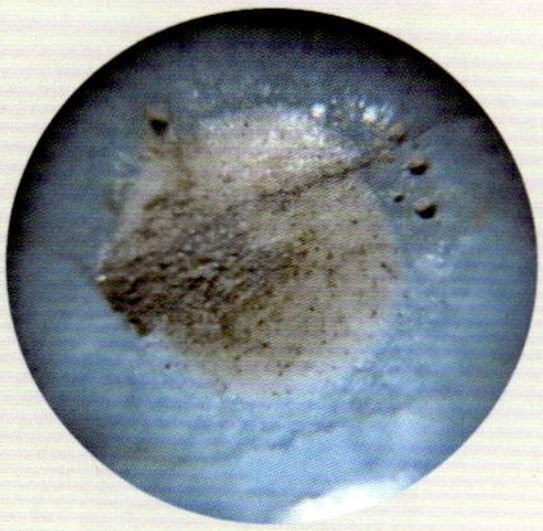

图（5-355）

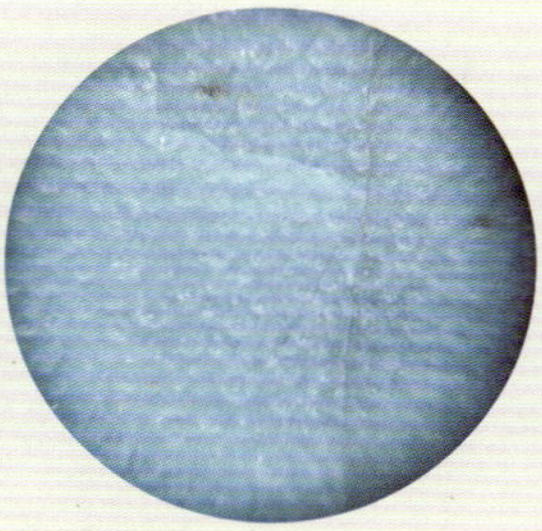

图（5-356）

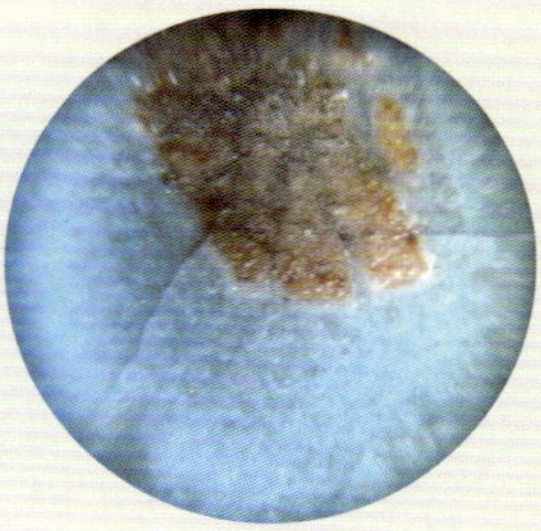

图（5-357）

明末——仿哥窑鹿头尊

目测法： 实测尊高26cm。造型硕大圆浑，口大稍撇，直下无肩、无颈，大鼓腹，直到底部稍收成圈足，腹上部两旁附鹿头护尊。因形似牛头而又名“牛头尊”，牛头尊造型出现于明朝末期。

胎色土黄，厚胎。釉色为粉青色，无亮光泽，玉质感强。开片大纹浅黑色、小纹似冰裂无色，纹路不自然。

图（5-358）

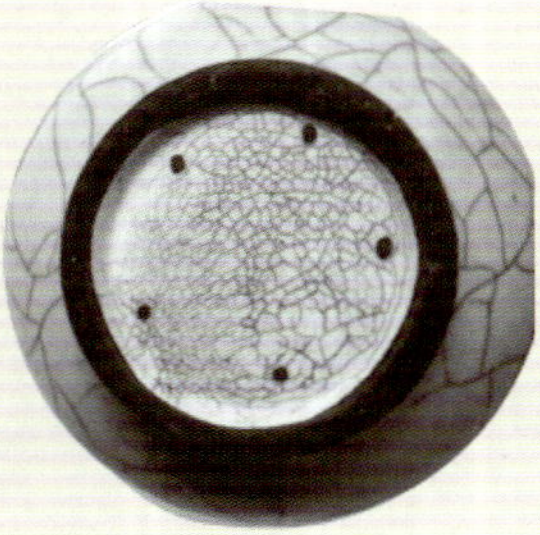

图（5-359）

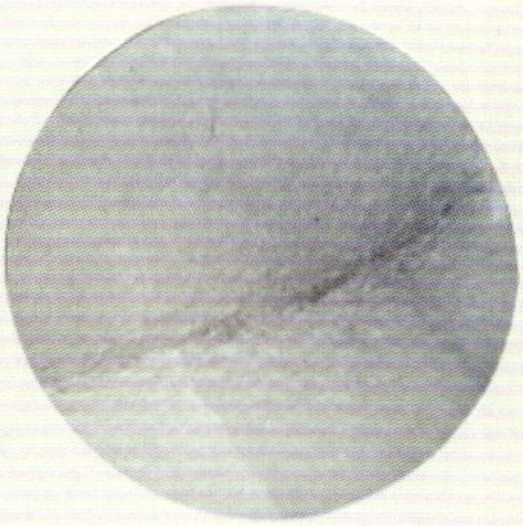

图（5-360）

圈足露胎较宽，呈涂“铁足”色。底部施釉，呈米黄色，有细开片纹和五个挣钉痕。

比色法： 釉面色色标为C-20，M-5，Y-20，K-10，显淡粉青色调。

容重法： 尊在空气中称重2538克，在水中称重1384克，其体积相当于2538-1384=1154cm^3，E=2538/1154=2.199，此值证实为明代瓷器。

微观法： 见釉下密密麻麻的混浊的白色气泡花斑，与哥窑瓷特征有异。

总结： 从诸方面测定均不符合哥窑瓷特征，可否定宋代哥窑传世品。根据造型、容重推断，可定性为明代晚期仿宋代哥窑瓷器。

清雍正——仿官窑天球瓶

目测法： 实测瓶高33cm、口径7cm、足径9.5cm。器型为清代流行器—天球瓶。小口、直颈、丰肩，底内凹呈圈足，圈足处理规整，足端切削呈弧形。体型因圆腹似球，故有“天球瓶”之称。

图（5-361）

胎体厚重，白色胎，用涂酱釉边的方法假造“紫口铁足”特征。通体施仿官釉，釉面亚光，呈粉青色。“铁线”纹片现一种自右上向左下的自然走势，隐现米黄色冰裂纹小开片。底面和瓶内施月白釉，呈密集小片纹。

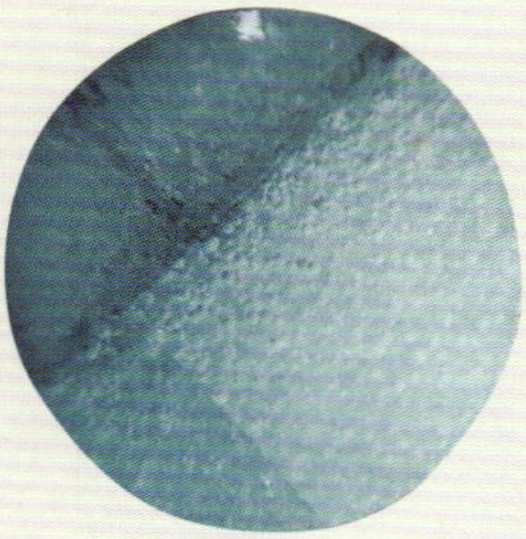

图（5–362）

图（5–363）

底钤“官”字篆书刻款。

比色法： 粉青釉色色标为C-40，M-5，Y-30，K-10，与宋代官窑釉相比，本色稍偏蓝色。

容重法： 瓶在空气中称重3216克，在水中称重1828克，其体积相当于3216-1828=1388cm^3，E=3216/1388=2.317，大超宋代官窑之容重值，肯定为后仿品。

微观法： 釉下见密集小气泡，纹片在釉下较浅，可确证为仿官窑瓷。

总结： 从四方面测定分析，与宋代官窑瓷均有差别，可以否定真品，为清雍正期仿宋代官窑瓷为恰当。

清——仿钧釉鱼形瓶

目测法： 实测瓶高26cm。造型似鱼形，鱼嘴为口，鱼尾部为底座。

胎体厚度适中，胎质细致而紧密，呈灰白色瓷胎。通体施月白色仿钧釉，兼有涂以红斑、灰绿色苔斑，圈足和底部涂酱釉汁。釉层厚而滑润，在圈足处有积釉现象。釉色全透明，呈显玻璃质冰裂纹。

图（5–364）

比色法： 月白釉色色标为C-30，M-5，Y-40，K-0，与宋元钧瓷相比，青蓝色偏淡而黄色偏深，紫斑色标为：C-80，M-100，Y-0，K-10，与宋元钧瓷相比，青蓝、品红两色偏深些，而黄、黑色偏淡。

容重法： 瓶在空气中称重1011克，在水中称重560克，其体积相当于1011-560=451cm^3，E=1011/451=2.24，此值与宋元古瓷比较偏大，但完全符合清代雍正朝古瓷之容重值。

微观法： 釉下见开片上翘、中小气泡较多、大气泡疏朗。紫斑釉下见玻璃相开片、基本不见蚯蚓走泥纹、气泡较多。微观证实非宋元钧瓷相，可符合清代仿钧瓷。

总结： 诸方面测定可否定为宋元钧瓷真品，肯定为清雍正仿钧瓷，仍属古瓷，非常珍贵。

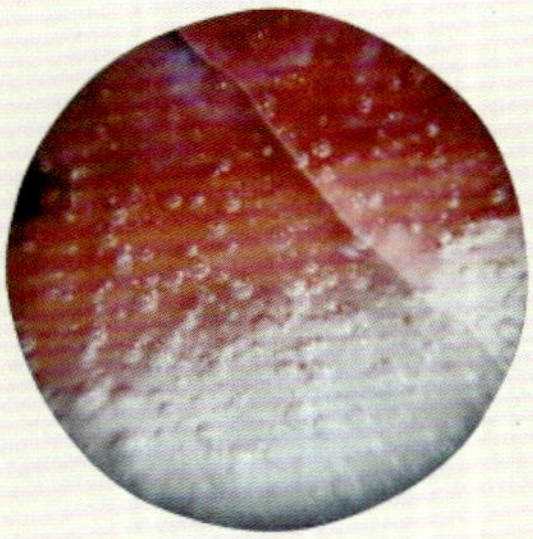

图（5–365）

图（5–366）

清光绪——仿钧瓷象耳瓶

目测法： 实测瓶高23cm。造型平口、肩腹通体渐扩身，上部两侧装饰象首为耳，有圈足，显稳重。

通体施月白色乳釉，涂红紫、灰绿色釉苔斑，非自然窑变色斑。圈足和底部涂深酱釉汁。釉层厚而滑润，在圈足处有积釉现象，釉色不透明。均呈仿钧釉特征。

比色法： 月白釉色色标为C-10，M-0，Y-5，K-0，偏白乳釉色。

图（5–367）

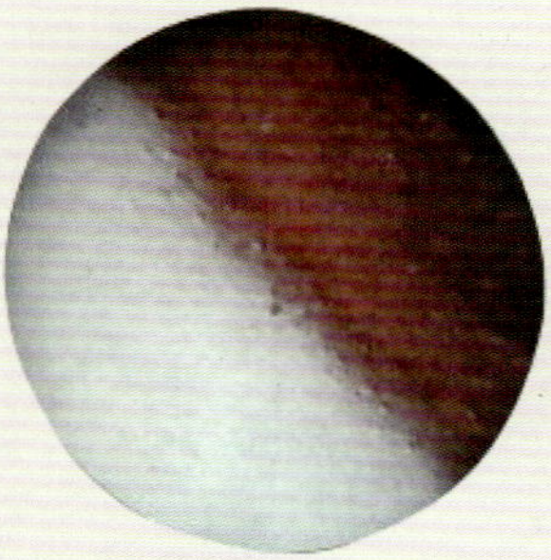

图（5–368）

图（5–369）

红紫斑色色标为C-40，M-70，Y-30，K-10，与钧窑瓷红紫色比偏褐黄色调。

容重法： 瓶在空气中称重991克，在水中称重560克，其体积相当于991-560=431cm^3，E=991/431=2.299，此值偏大，排除真品可能性，仅可推断为清晚期仿钧瓷。

微观法： 釉下基本不见蚯蚓走泥纹，见较多气泡。可以断定为仿品瓷。

总结： 以上诸方面测定，判断该瓶为清光绪期间的仿钧瓷为妥。

清嘉庆——仿哥窑瓷“望子成龙”小罐

目测法： 实测罐高9.5cm。罐口两例塑鼠、蛇两生肖，呈“望子成龙”吉祥寓意，造型规整。

胎体浑厚，胎质灰白色瓷胎，类似高古瓷材质。施仿哥窑釉，多松懈肥厚，釉色灰白明快，开百级碎片纹。

器底露胎，圈足宽厚。满底足刻“大清嘉庆年制”阳文篆书款，此款字似“印章式”，未见识过，呈显仿品瓷特征。

比色法： 釉色色标为C-5，M-0，Y-0，K-20，与月白釉色比，偏灰色。

容重法： 罐在空气中称重338克，在水中称重194克，其体积相当于338-194=144cm^3，E=338/144=2.347，

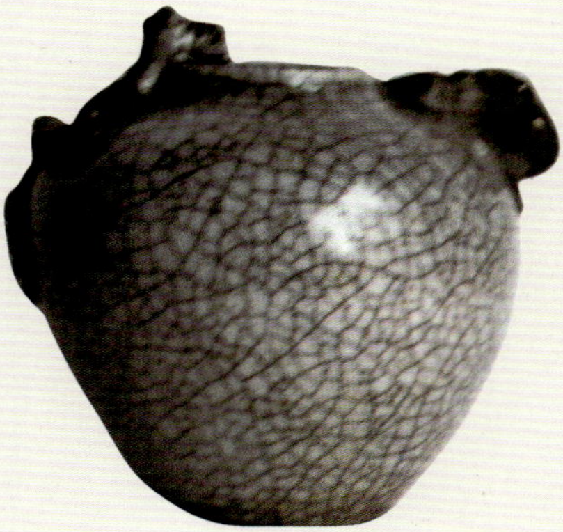

图（5–370）

此值超宋代哥窑瓷较大，肯定其为仿品。另外亦不符款式年代，仅为仿古瓷范围。

微观法： 见釉下开铁线纹，并有上翘现象，中小气泡疏朗存在。否定其为真哥窑瓷，符合仿哥窑瓷特征。

总结： 从上测定，可确证小罐为清嘉庆仿哥窑瓷器。

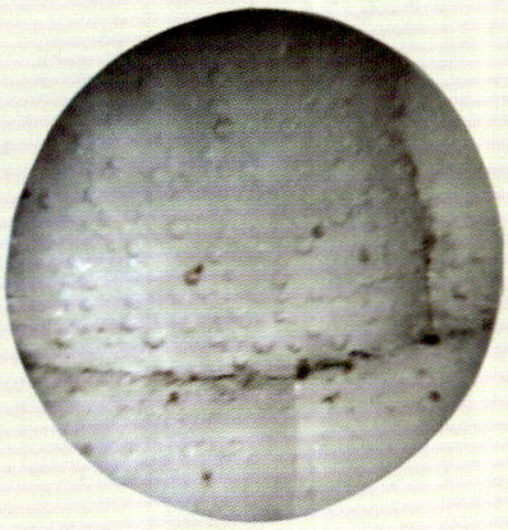

图（5-371）

图（5-372）

二十二、庄重大方法华彩

珐华彩又称法华或珐花，是我国民窑中风格独具的陶瓷产品。它始创于元代，盛于明，早期在山西蒲州一带烧造。

法华彩的装饰方法吸取了山西壁画所采用的勒粉彩绘。先在陶胎上用特制带管的泥浆袋，好似一支装满泥浆的自来水笔，一边挤压泥浆，一边在胎上勾勒凸起的图案轮廓，然后用黄、绿、紫色釉料填上色彩，再经过低温烘烤而成。明代晚期以后，江西景德镇仿制的较多，然而用的是瓷胎了。

珐华彩瓷器造型庄重大方、色彩浓艳、立体感强，这是它的特点。珐华器的器型以罐和瓶居多，图案以人物和花鸟为主。

清雍正——珐华彩绿地瓜蝶纹盖罐

目测法： 此盖罐造型似“瓜果”状，胎料非白瓷土而为陶质胎。

彩料釉采用牙硝，做法是彩画中用“立粉”技术，即在陶胎表面用特制带管的泥浆袋，勾勒成凸线的蝴蝶和瓜果纹饰轮廓，分别以各种色料填出底子色和彩纹。也就是说它的纹饰是有边的，这些边都是凸出的，这叫“珐华彩”。

罐长16cm、宽11cm、高8cm，底钤“大清雍正年制”六字两行楷书款。

图（5–373）

图（5–374）

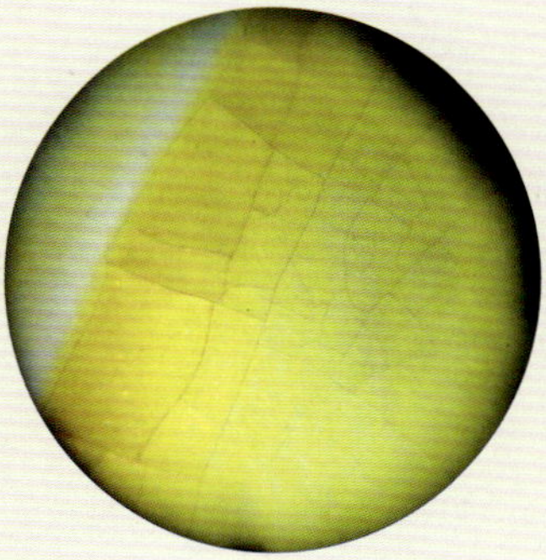

图（5–375）

比色法：绿釉色标为C-70，M-0，Y-50，K-50，这符合珐华彩绿釉偏暗绿色调，红色色标为C-0，M-60，Y-10，K-30，这符合珐华红釉偏紫色调。

容重法：盖罐在空气中称重569克，在水中称重329克，则体积相当于569-329=240cm^3，其容重E=569/240=2.37，因盖罐胎质为陶，而非白瓷土，所以此容重值在合理范围内。

微观法：见彩釉均有开片纹，符合清代瓷釉特征。

总结：从四方面测定，可以证实本器物为清雍正珐华器物，很珍贵。

第六章 古瓷釉彩鉴别

俗话说，“人靠衣服马靠鞍”，“三分长相，七分打扮”。此话道出了装饰在人们日常生活中的重要性。作为“土与火的艺术”的陶瓷器，同样离不开装饰。由于釉是形成瓷器的必要条件，所以中国古代瓷器以釉作为装饰的历史与中国瓷器的产生和发展息息相关。

在素白的胎面上施一层釉水后，瓷器不仅光洁、耐用，而且成为一件件精美的艺术作品。根据釉彩的不同，瓷器可以分为单色釉瓷和彩绘瓷两大类；而彩绘瓷又有釉下彩和釉上彩之分。从单色釉瓷器的单纯、清丽、隽永，到彩绘瓷器的鲜艳、瑰丽、华贵，每一种独特的釉彩，都带给欣赏者独特的美感。

一、如何鉴别汝窑天青釉与龙泉窑梅子青瓷？

确实，不以装饰纹样取胜的汝窑青瓷，最与众不同的当属其有着“雨过天晴”美誉之绝妙釉色了。器物的釉色都呈现出一种比较纯正的天青色，虽然有的釉色稍微深点或浅点，乃至还有粉青、卵青、灰青等，但是总而言之色调没有大的变化，也就是说釉色比较稳定，基本上都离不开天青色这个基调，这说明汝窑匠师已经完全掌握了胎釉中呈色剂的主要成分——铁的含量，以及瓷器烧成时还原火焰温度的控制。

另外，汝窑釉中含有“玛瑙”，汝窑瓷器釉色之所以会呈现出天青色，还与瓷釉中含有氧化硅的成分有关，而玛瑙的主要成分就是氧化硅。

施釉过厚的结果就是使釉面经过高温后，在冷却过程中由于胎釉收缩速度不一致而造成釉面开裂，从而出现许多细碎的白纹开片，其状恰如蟹爪一般，这就是文献中所谓的“蟹爪纹”。

因为玛瑙有七种之多的彩色，故汝窑青瓷出现最奇异之处是随时间的光照变化而变化。

用适当放大镜微观，就可见汝窑釉下有像玉中雾棉一样的东西，气泡要在雾棉下，釉层下还有微小的有色粒状物，这就是所谓存在釉层中的色料粒和玉石、玛瑙。

龙泉窑最成功之处在于极其美丽的釉色，有青翠欲滴的梅子青，状如美玉的粉青和豆青，把我国古代青瓷生产推上了顶峰。装饰方面有刻花、凸弦纹、浮雕和堆贴等工艺手法。另外，由于胎料中加入了适量的含高铁的紫金土，在足底露胎部呈现一圈纤细的朱红色。

元代时龙泉窑上承南宋，生产规模扩大，外销势头不减，发展了刻、划、印、贴、堆、塑、镂、雕等各种装饰手法，釉色青黄。明成化、弘治以后，龙泉窑逐渐衰落，胎体厚重，釉色灰暗，至清中期停烧。

二件古瓷供鉴别：

宋——汝窑天青釉瓜棱花觚

图（6-1）

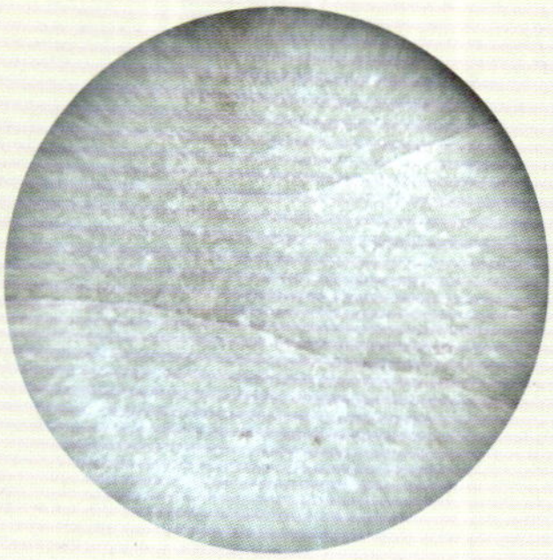

图（6–2）

图（6–3）

目测法： 花觚高13.5cm，口径10cm。上段为长颈花朵形，下段为瓜棱腹和圈足，造型极美。为仿古铜觚酒器，用于祭祀和礼器。香灰色胎质，天蓝色满器施釉，1米外看不清开片纹。封底，底部有芝麻状5点支钉痕，显示汝瓷特征。

比色法： 天蓝釉色色标为C-30 M-0 Y-10 K-30，蓝中泛绿，是传世汝瓷的本色。

容重法： 在空气中称得重量339克，水中称重为184克，体积相当于339-184=155cm^3，容重E=339/155=2.187，符合古瓷容重标准。

微观法： 釉下无玻璃质层，有美丽的开片纹，石花斑密密麻麻，不见气泡和土咬斑。适合传世宋汝瓷条件。

总结： 无论从哪方面测定，都可定性为宋代汝瓷中美观精湛的珍贵文物。

南宋——龙泉窑青釉贴双鱼纹荷叶碗

图（6–5）

目测法： 碗口荷叶形状，口径13.5cm，高4.5cm，碗稍深，造型纤巧秀丽。胎质地细腻，胎薄而坚硬呈白色，玻化程度良好，通体施釉，釉层略带透明，釉层厚润光泽，碗口釉薄处见白色“出筋”，圈足里外积釉处呈正绿色，釉色柔和淡雅，是近似碧绿湖水的最美色调。碗内壁暗刻水藻纹，内底釉里贴两条相向的白色游鱼。

碗底钤“天一坊”印章款。本碗充分发挥了青瓷釉与质地之美，为龙泉窑瓷中珍品。

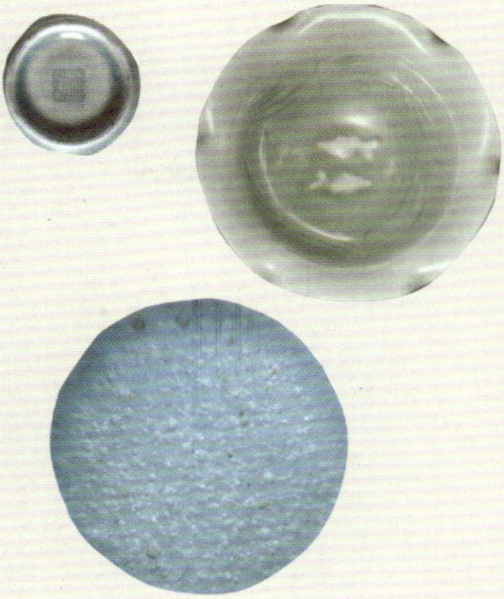

图（6-4）

比色法： 青釉色标为：C-60，M-5，Y-50，K-0，呈碧绿湖水正色。

容重法： 碗在空气中称重185克，在水中称重100克，其体积相当于185-100=85cm^3，则E=185/85=2.177，在宋古瓷范围。

微观法： 见小气泡如粉末状浮于釉层中、又见糠斑存在，呈古瓷相。

总结： 从上四方面测定，均符合宋瓷条件，证实本碗为一件古瓷艺术珍品。

二、如何鉴别宋代“如玉似冰”的哥窑瓷？

哥窑是宋代五大名窑之一。据史料记载，浙江龙泉南宋时有章家二兄弟，均以陶为业，各主一窑，兄所主之窑名哥窑，弟窑亦称龙泉窑。

要真正算得上名副其实的宋代传世哥窑瓷器，它起码应当具备以下特征：

1、必须具有“金丝铁线 ”和 “紫口铁足” 。前者是哥窑瓷器的与众不同的裂纹，大纹为“铁线”，大纹中套的小纹为“金丝”，大纹小纹合称为“面圾破”，它应当密而不疏，曲而不直。其开片特点多样化，有鳝鱼纹、黑蓝纹、浅黄纹、鱼子纹、冰裂纹等等；后者是哥窑显露的较为特殊的胎色，但两者往往如鱼与熊掌一样不可兼得，瓷胎满釉器有“紫口”而无“铁足”。哥窑瓷器的特点是里外披釉，晶莹滋润，不仅扣之瓷音清亮，而且造型挺拔大方，轮廓亦柔和流畅。

2、哥窑器釉色为青釉，浓淡不一，所施的釉属无光釉，犹如“酥油”般的光泽，色调丰富多彩，有粉青、米黄、奶白诸色。因窑变作用，釉色多显两种或两种以上的色泽，非人为主观意志所为。哥窑瓷器的胎质有瓷土、澄泥（砂）之区别，少花纹，无年款。胎色有黑灰、深灰。杏黄、浅灰等。釉面不光洁，釉层厚薄不匀，釉质较深浊不清透，蘸釉立烧之器，底足之釉最厚，有的可达4毫米。

3、哥窑瓷器的底足也颇为特别，其圈足底边狭窄平整，非宽厚凹凸，足之内墙深长，足之外墙浅短，难以用手指提拿起来。

4、哥窑瓷最主要、最奇妙、最令人称道、又最被人忽视的特征：釉下微观只见白色石花斑，不见明显气泡，即所谓“聚沫攒珠”瓷相。

另外，这一闻名世界的传世哥窑的产地迄今还未发现，尚待文物考古学者的分晓了。

二件古瓷供鉴别：

南宋——哥窑粉青釉羊首双系罐

目测法：器型仿青铜器式样，口大，器口微微外鼓好似在胎里镶嵌了一根铁丝，其实这是哥窑的厚釉所致。口沿向下斜放无肩、无颈，大鼓腹，直到底部稍收。有圈足而不太规整，圈足端面较为平整，但不宽。上腹两旁有羊首系耳。罐通高17.5cm，造型具有古代雅典之美感。

图（6–6）

胎骨厚重，为澄泥（砂）胎质，呈土黄色，质地细腻而坚致。通体施哥釉，仅圈足端无釉。釉色粉青偏蓝，釉层肥厚如堆脂，呈现油酥般的光泽，有明显的乳浊玉质感。釉面布满“金丝铁线”，极富艺术观赏美感。底部有缩釉现象。

比色法：粉青釉色色标为C-50，M-5，Y-30，K-10，这是一种少见的哥瓷，偏蓝色。

容重法：空气中称重2522克，水中称重1309克，体积相当于2522-

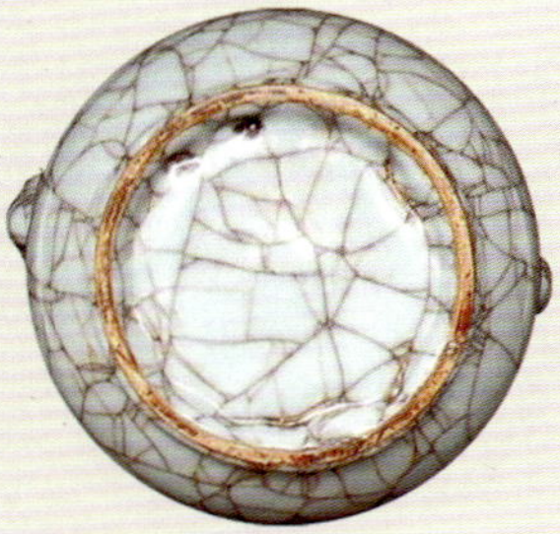

图（6–7）

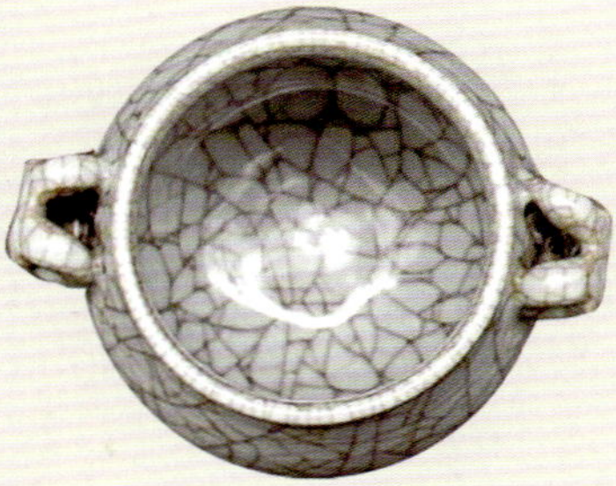

图（6–8）

1309=1213cm³，E=2522/1213=2.079，非常理想，确证为哥窑古瓷。

微观法： 见釉下白色石花斑盖釉面，似聚沫攒珠，有开片，并含有少量残留石英颗粒物，符合古瓷相。

总结： 从四方面测定分析，可定为南宋代稀有的传世哥窑瓷，非常珍贵。

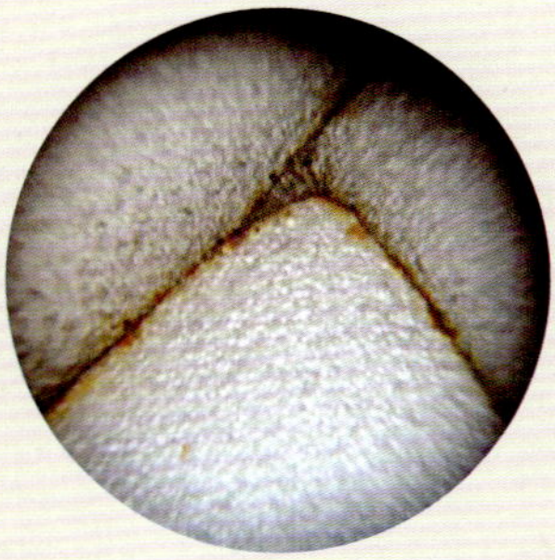

图（6–9）

明末——仿哥窑鹿头尊

目测法： 实测尊高26cm。造型硕大圆浑，口大稍撇，直下无肩、无颈，大鼓腹，直到底部稍收成圈足，腹上部两旁附鹿头护尊。因形似牛头而又名“牛头尊”，牛头尊造型出现于明朝末期。

胎色土黄，厚胎。釉色为粉青色，无亮光泽，玉质感强。开片大纹浅黑色、小纹似冰裂无色，纹路不自然。

圈足露胎较宽，呈涂“铁足”色。底部施釉，呈米黄色，有细开片纹和五个挣钉痕。

图（6–10）

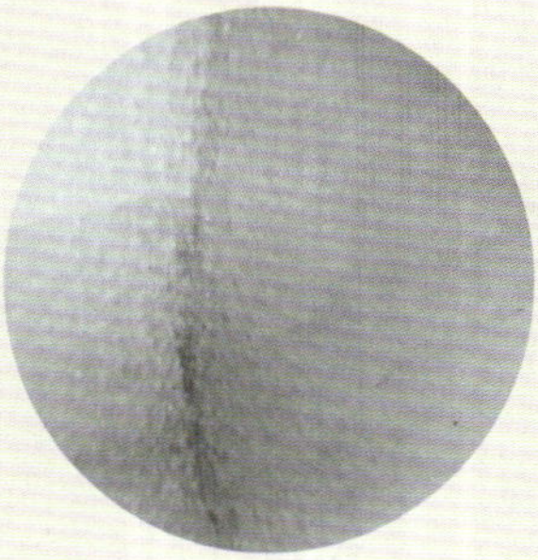

图（6–11）

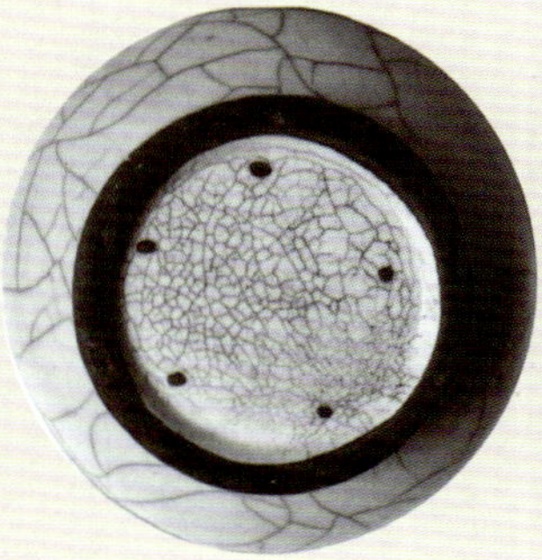

图（6–12）

比色法： 釉面色色标为C-20，M-5，Y-20，K-10，显淡粉青色调。

容重法： 尊在空气中称重2538克，在水中称重1384克，其体积相当于2538-1384=1154cm^3，E=2538/1154=2.199，此值证实为明代瓷器。

微观法： 见釉下密密麻麻的混浊的白色气泡花斑，与哥窑瓷特征有异。

总结： 从诸方面测定均不符合哥窑瓷特征，可否定宋代哥窑传世品。根据造型、容重推断，可定性为明代晚期仿宋代哥窑瓷器。

三、如何鉴别定窑白釉与影青釉瓷？

定窑是继唐代邢窑而起的北宋著名窑场，定窑窑址位于河北曲阳涧磁村以及东西燕山村一带。这里宋代时属定州，故名定窑。定窑白瓷的烧造始于唐代晚期，终烧于元代。北宋初期，定窑瓷器脱颖而出，完全取代了邢窑（邢窑就此衰落）。

从釉色来看，北宋时滋润，而带有粉质感，亦显得较为稀薄，突出于器表的纹饰微露白色。泪痕现象仅见于北宋定窑器，唐至五代定瓷并无此特征。北宋则凝厚而泛黄，釉内气泡大而多，釉层在烧结过程中随器垂挂流淌，形成泪痕。也有一些定窑白瓷，泪痕方向为横向，十分奇怪，形成原因尚待研究。

占定瓷大宗的北宋定窑白瓷，具有以下的特征：

1、“硬”。北宋定窑的刻、划花技法与当时的其它窑口瓷器颇为不同，给人一种很“硬”的感觉，这种感觉只可意会，不可言传，但可以打一个比方来形容，如用钢刀在松软的木料上刻花，受刀处周围的木料表面会随着刀具的刻压而下陷，此谓之“软”，而在坚硬的红木上刻花，受刀处周围的木料表面则不会下陷，使刻纹轮廓更为鲜明，此谓之“硬”。

2、“竹丝刷纹”。当然在其它窑口的器物外壁也可见到旋坯痕，但不如定窑的纤细密集，此为鉴定定窑器物的一个特征。另外，定窑圈足器之圈足有大小两种类型，大圈足器之足底往往可见竹丝刷痕，刷痕呈同心圆，而小圈足器则无这种现象，但无论大小圈足，足均极浅，足墙均窄，小圈足器挖足不过肩，几乎无钩手。

3、“变形”。 定窑器物，尤其是碗类器物，大都有些变形，若是完整器，将器物倒扣于桌面，便很容易发现这一特点。

就目前在市场上所见到的仿定白瓷而言，泪痕现象已可做到，竹丝刷痕亦不难实现，至于器物的变形非人力而可强为，而取决于烧造时的火候、窑位、气氛等等因素，若以人力做作，不免留下故意造作的，不自然的痕迹。现在只有一点还难以企及，就是足面的不平现象，这种现象的形成完全出于自然，且在目前尚未引起仿造者足够的重视，仍可作为鉴定的一个标准。

影青瓷又被称为青白瓷，是宋代景德镇制瓷匠师的一大创造。其胎质洁白细腻，胎体薄而透影，故又有“影青”之称。宋代景德镇影青瓷的烧制达到新的高度：其釉色青翠而润泽；釉质晶莹透彻而显胎，色泽温润如玉，所以历史上有“假玉器”之称。它有较强的玻璃质感；其纹饰繁密而清晰，刻、划、篦等纹饰线条流畅而泼辣，这时的青白釉瓷不仅有色泽之美，而且还独具一种蕴蓄丰厚质感的内在美，给人以无穷韵味，如影随形，恰恰体现了“影青”的意境。宋代青白瓷由半透明的釉，发展到半透明的胎，这在我国瓷器发展史上是一个飞跃。由于青白瓷制作的丰富经验，为以后青花瓷的出现和发展奠定了基础。

元代景德镇青白釉瓷器的胎由于采用瓷石加高岭土“二元配方”法而成，胎中氧化铝增多，其烧成温度也相应提高，产品变形率明显减少。其器物露胎处因氧化而成米黄色，釉面也不如宋代的清澈透亮。总之，景德镇青白瓷以其精细秀丽、清澈典雅的卓约风姿，成为中国陶瓷史上一个极其珍贵的品种，让很多高古瓷骨灰级的藏家为之向往。

二件古瓷供鉴别：

宋——定窑白釉刻花双龙柄瓶

目测法：器型盘口、细颈、溜肩、长圆弧腹、矮圈足。肩部有两条龙柄连接盘口与颈瓶肩上，龙嘴紧紧衔住盘口，生动别致，对称的布局更增强了装饰效果，它们与瓶身构成了虚实对照补充，形成了此瓶最突出的部分，给人以匀称稳重之感，同时便于提拿，集装饰性与实用性于一体。腹部线条圆润优美，底部敛收至圈足，与口、颈、曲柄顾盼呼应，形制非常规整，给人以一丝不苟的感觉。瓶高27.5cm。

图（6-13）

胎薄而质细密坚致。釉面细腻，是一种柔和的乳白色，莹润光洁。

颈部刻弦线纹，肩部刻斜叶片纹，腹部刻牡丹花型硕大、花瓣、枝叶筋脉清晰。纹饰用刻画和印压两种工艺，线条活泼、流畅，极具写实效果、富立体感。在薄胎上的刻画深度适中，造型轻巧而又静雅，装饰尽显器物的沉稳华丽。

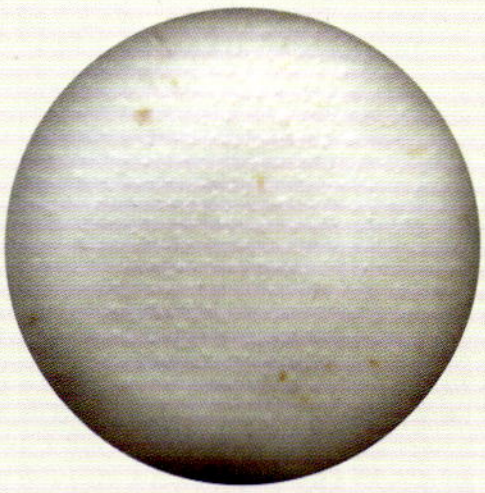

图（6-14）

底部刻“易定”两字款。

比色法：乳白釉色标为C-0，M-0，Y-10，K-0。

容重法：在空气中称重为757克，在水中称重为431克，其体积相当于757-431=326cm^3，E=757/326=2.32，容重因宋瓷胎质与后代白瓷胎质有本质区别，所以其值偏大也是合理的。

图（6-15）

微观法：釉中上层见稀疏而有亮度的气泡像鱼籽大小，亮泡不见泡底。又见稀少糠色老化沁斑。下层几乎全是小干泡。证实是宋定瓷相，年代久远。

总结：从目测法看造型好、工艺精、胎釉符合宋白定瓷，比较开门。又从比色、容重、微观诸方面测定，均与宋白定瓷相符合，所以定性为宋代白定瓷是恰当的，是珍贵之古名瓷。

宋——影青釉刻花双龙耳尊

目测法： 器型盘口、细颈、溜肩、长圆弧腹、矮圈足。肩部有两条龙柄连接盘口与颈瓶之上，龙嘴紧紧衔住盘口，生动别致。尊通高28.5cm。

胎质细密坚致，釉色近白，只在积釉处显出湖绿色的青色，青色常在若有若无之间，故称“青白釉”，又名“影青釉”。

纹饰颈部刻弦线纹，肩部刻斜叶片纹，腹部刻牡丹花纹、花型硕大、花瓣枝叶筋脉清晰，极具写实效果。

图（6–16）

比色法： 青白色色标为C-5，M-0，Y-5，K-0，显清静温柔之感。

容重法： 在空气中称重784克，在水中称重390克，体积相当于784-390=394cm^3，E=784/394=1.98，很好的宋古瓷容重值。

微观法： 见白釉如脂，有疏朗气泡，极少量土染斑。

总结： 四方面测定达标，是一件稀有的宋代影青瓷珍品。

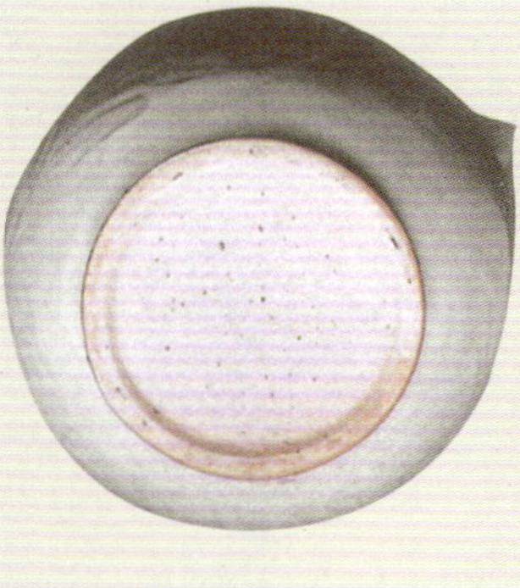

图（6–17）

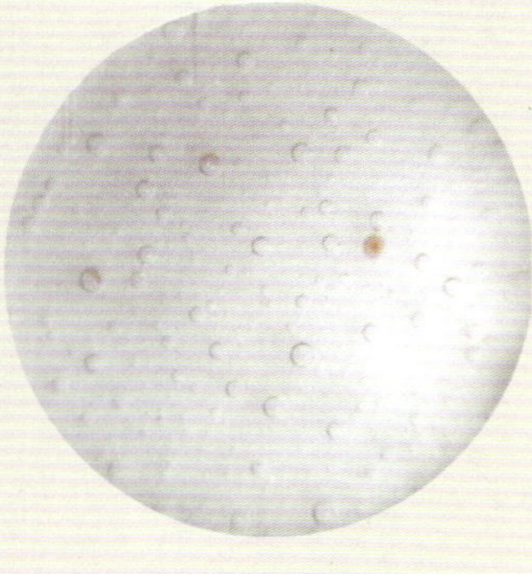

图（6–18）

四、如何鉴别明甜白釉瓷和德化白瓷？

（以明甜白釉瓷梅瓶和德化白瓷观音像为例鉴别）

1、器形：

甜白釉小口梅瓶，八棱型器身修长，小口外卷，溜肩丰满圆润，小腹削瘦，圈足内底为浅台阶式，此种足型系明永宣期新创，并成为这一时期瓷器底足处理的典型，瓶高30cm、口径4.5cm，梅瓶，显示甜白瓷传世器形之特点。

德化白瓷观音立于海水神龙座上，高髻系巾，双目低垂，神态温情脉脉，身披袈衣，胸佩璎珞，左手握扶莲花枝，右手五指组神掌，衣褶随风飘动自然。观音之像雍容大度，呈现其“大慈大悲救苦救难”的佛教圣态，像高35cm，佛像，为德化白瓷器形之突出代表。

2、胎土：

梅瓶胎土淘炼精细，呈色腻白，胎体敦厚而不透明，底足为细白砂底，有铁质点斑，质地坚硬。制胎工艺细致，分段拼接，接胎痕迹不明显，瓶口与肩接胎处，以小指伸进拭之有锋利感，呈明永宣期制瓷工艺之特征。

观音胎质细腻，胎骨致密而坚硬，有糯米胎的感觉，呈独特的嫩白色，透光度好，但又有性脆的缺点。

3、釉质：

梅瓶釉质洁白，釉面肥厚，器口、棱边薄釉处闪露出胎骨的肉色，堆釉处白中闪灰青，整体釉面偶然显现如同青、灰、白三色交织在一起的极淡的虾青色，甚为奇特。釉下微观：有大小不等的细密气泡，排列纹乱不整齐，有少量土染斑点。

观音像釉面纯净无瑕，釉光泽明亮，呈玻璃相、透光度好，乳白如凝脂，更象“猪油”般妙造自然，有温润如玉的感觉，所以有‘猪油白’之美称。釉下微观：不见明显气泡，有少量糠斑。

4、纹饰：

梅瓶外腹暗刻云龙纹，龙身较肥，三爪龙，线条纤细，似隐似现，层次清晰，形态自然，呈显帝王之化身，为明永宣官窑瓷纹饰之特征。

佛像制作细腻，雕刻入微，形象准确，生动传神，栩栩如生，特显明德化窑瓷雕塑艺术之宝。

5、款识：

明永宣甜白瓷一般无款，本梅瓶上肩部用青花料书“内府”官窑款，实属珍稀。

佛像背部钤作者何朝宗印记：葫芦形和方形章两枚，印章隐形浅刻，表示此像为何氏的得意之作。

明永乐——甜白釉“内府”暗云龙纹八棱梅瓶

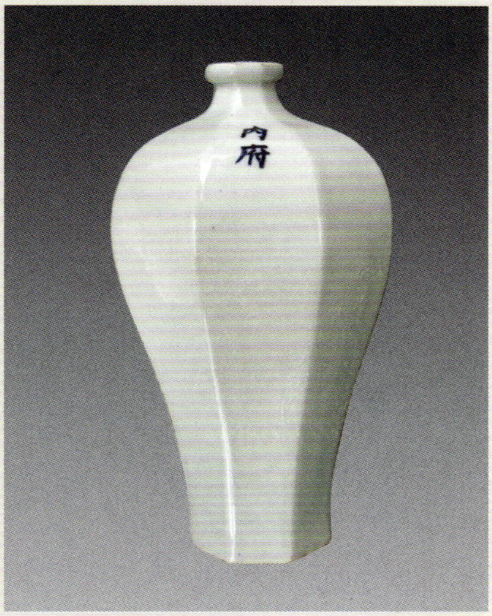

图（6–19）

图（6–20）

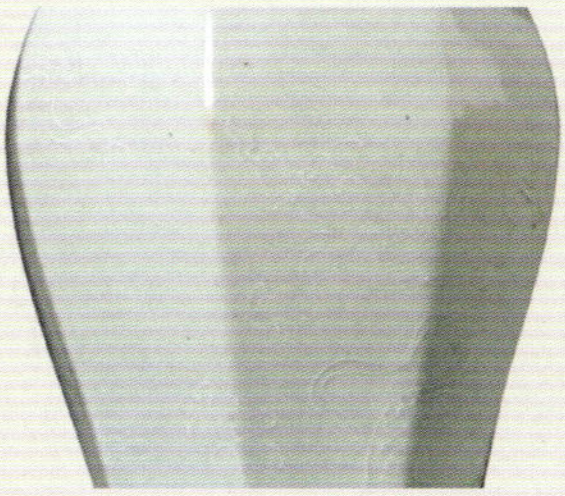

图（6–21）

目测法：小口梅瓶，八棱型器身修长，小口外卷，溜肩丰满圆润，小腹削瘦，圈足内底为浅台阶式，此种足型系明永乐朝新创，并成为这一时期瓷器底足处理的典型，瓶高30cm，口径4.5cm。

胎土淘炼精细，呈色腻白，胎体敦厚而坚硬。制作工艺修胎细致，分段拼接，接胎痕迹不明显，瓶口与肩接胎处，以小指伸进拭之有锋利感，呈明永乐工艺之特征。

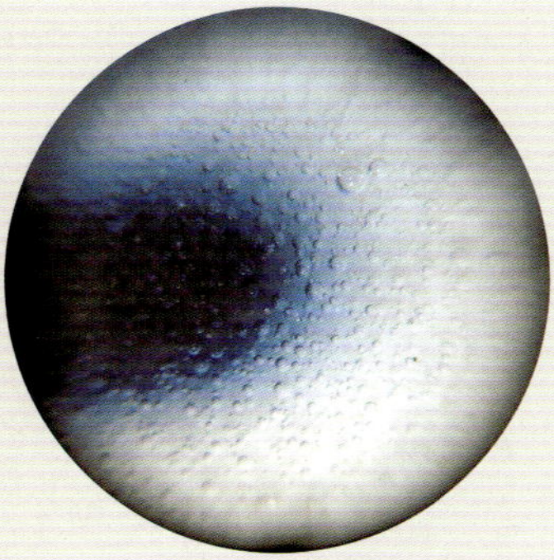

图（6–22）

通体施甜白釉，釉面肥厚，釉色淡雅，堆釉处白中闪淡青，器口、棱边薄釉处闪露出胎骨的肉色。瓶肩部用进口青料书写“内府”两字，青花发色清晰明快，局部有轻微晕散。瓶外腹暗刻云龙纹，龙身较肥，三爪龙，线条纤细，似隐似现，层次清晰，形态自然，呈显帝王之化身，为明代官窑瓷纹饰之特征。

底足为细白砂底，无釉，火石红痕明显，有铁色点斑。

比色法： 白釉色色标为C-20，M-0，Y-5，K-0，符合明永乐甜白釉色，青花色色标为C-90，M-50，Y-10，K-50，为永乐进口青料特殊偏黑色。

容重法： 空气中称重1541克，水中称重869克，体积相当于1541-869=672cm^3，容重E=1541/672=2.29，永乐梅瓶不配底座，为使其稳定，座部加厚，使瓶的重心下移，保持平稳，不致倾倒。所以本梅瓶的容重虽偏大些，但仍符合永乐年代，亦在合理之中。

微观法： 见釉下青花下沉、铁锈斑入骨。白釉如脂，有大小不等的细密气泡，排列纹乱不整齐，有少量土染斑点，符合古瓷相。

总结： 各方面测定均符合永乐甜白釉古瓷条件，梅瓶肩上有青花“内府”款的，为景德镇明初官窑瓷，极为珍贵。

明——德化窑白瓷何朝宗塑龙头观音立像

目测法： 观音立于海水神龙座上，高髻系巾，双目低垂，神态温情脉脉，身披袈衣，胸佩璎珞，左手握扶莲花枝，右手五指组神掌，衣褶随风飘动自然。观音立像雍容大度，呈现其“大慈大悲救苦救难”的佛教圣态，栩栩如生，像高35cm。

图（6–23）

胎质细腻，釉面纯净无瑕，光泽莹润无比，有如凝脂，更如象牙般妙造自然，有温润如玉的感觉，所以又有“象牙白”之美称。

佛像背部钤作者何朝宗印记：葫芦形和方形章两枚，印章隐形浅刻，表

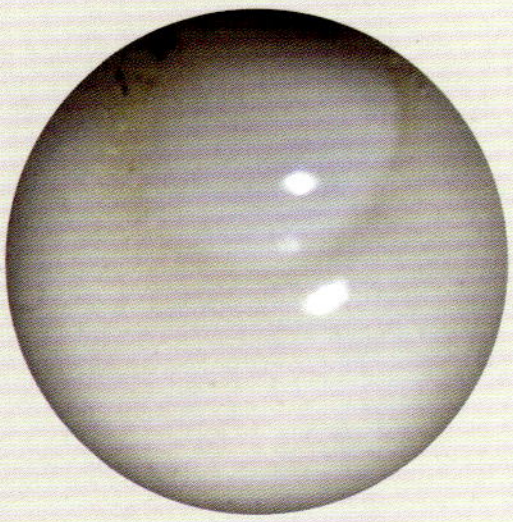

图（6–24）

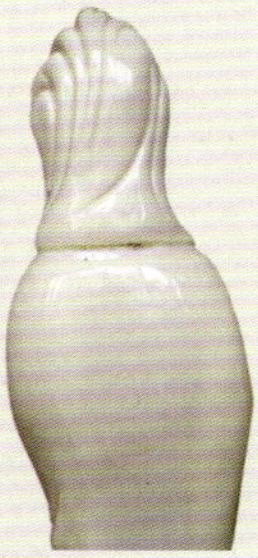

图（6–25）

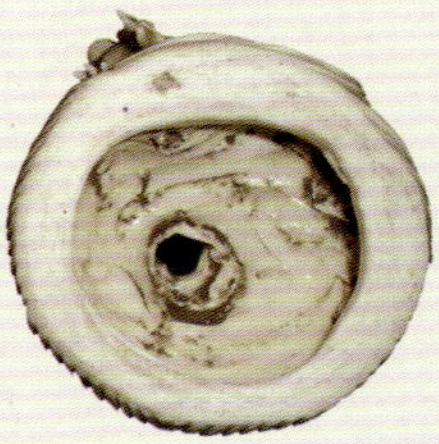

图（6–26）

示此像为何氏的得意之作。

比色法：乳白釉色色标为C-0，M-5，Y-20，K-0，呈“象牙白”正色。

容重法：在空气中称重1338克，在水中称重680克，体积相当于1338-680=658cm^3，E=1338/658=2.033，此值非常理想，证实佛像系何朝宗亲手之作的到代古瓷。

微观法：见白釉如脂，不见气泡，有少量糠斑，符合德化窑乳白釉古瓷之特点。

总结：四方面测定证实器物为明代古瓷，从塑像的清秀飘逸，又超凡脱俗极具生命力的艺术魅力来看，可以确定本佛像为何朝宗之作品，实属非常珍稀的“东方艺术之宝”。

（附简介：中国明代瓷塑家——何朝宗，1522-1600年，又名何来，生于福建省德化县浔中乡隆泰后所村人。生活在明代嘉靖、万历年间，善瓷塑佛像，形象准确，生动传神，被称“瓷雕塑艺术之宝”。）

五、如何鉴别花釉与黑釉瓷？

花釉瓷器是河南地区唐代瓷器中一个创新品种，在黑釉、茶叶末釉、酱褐色釉或灰褐釉上出蓝色、天蓝色、黄褐色、灰紫色或自然的淡蓝色乳光，给人以天然造化、变幻莫测的感觉。

鲁山窑花瓷的特点，其一是制瓷工艺上创造了二液分相釉的新技巧，尤其为黑釉瓷系的美化和装饰开辟了光辉灿烂的窑变效果。其二是它的艺术性，造型敦厚拙实、粗犷雄放、彩斑智妙入神。它在瓷器格局中独树一帜，受到世人的重视和喜爱。

吉州窑瓷是宋代著名的产品，它始创于唐，因位于江西省吉安永和镇，吉安古称吉州，故得名。

吉州瓷中尤以宋代黑釉瓷最为有名。其胎骨粗松，体质厚重，釉色深者如漆，浅者似酱，纹样有洒釉、木叶、剪纸贴花、彩绘、剔花、玳瑁、素瓷等。这些装饰的构思新颖、别致，在宋代各产瓷区中独树一帜。

吉州窑瓷器的施釉甚不规则，往往胎脚和圈足露出胎骨，露胎处可见修胎时不工整的刀印痕迹，显示出生硬的棱角。这是鉴别吉州瓷的重要特征，而仿品则修胎平整，没有民间自然粗犷的味道。

二件古瓷供鉴别：

唐——鲁山窑黑釉蓝白斑执壶

目测法： 唐代鲁山窑首创了窑变技术，其花釉瓷器蓝白相间，粗犷豪放，光怪陆离，被很多专家认作钧窑之肇端。此壶直颈，口略外翻，长流嘴，S形柄，肩安双花形系，肩部有两道玄纹，腹鼓圆，浅圈足。胎为黄白色粘土，质细而密实。体先施黑釉，再饰乳白斑纹在黑釉之上，不过烧制不成熟，白中泛蓝，产生钧瓷风味的玉质美感。壶高23.8cm。

比色法： 黑色色标为K-100。

图（6–27）

图（6–28）

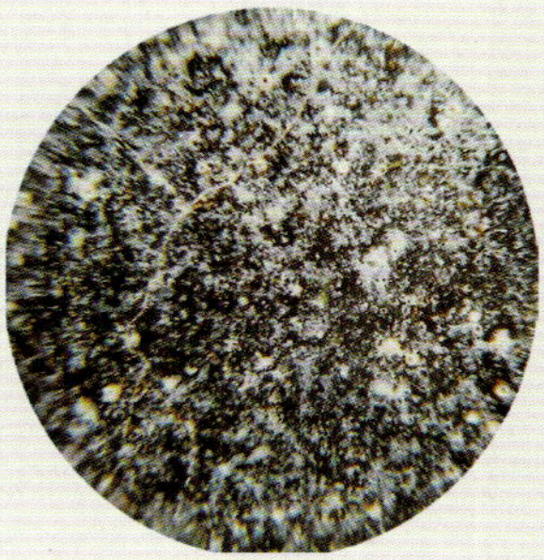

图（6–29）

容重法：在空气称得重量926克，水中称重为471克，其体积相当于926-471=455cm^3，容重E=926/455=2.035，很好的数值，证实是唐代古瓷。

微观法：釉下见细小开片纹，没有气泡，只有不圆不方、不明不亮的石花斑和咬土孔斑。

总结：无论从哪个方面测定，都可定论此壶为稀有的唐钧瓷珍贵古瓷。

宋——吉州窑树叶纹荷叶形口碗

图（6–30）

图（6–31）

图（6–32）

图（6–33）

目测法：碗口波浪起伏，呈五瓣荷叶形，矮圈足。碗高5cm，口径13.8cm，足径5.2cm。

胎质采用烧结温度较低的瓷土作原料。除底足外，通体施黑釉，釉面开纹片、光泽较差。碗内贴一天然树叶作装饰，再施一层含铁量高的姜黄釉，然后将树叶揭去，经高温一次烧成。出窑冷却后，叶纹微微凹进黑釉层，树叶纹饰显得更加清晰自然。黄叶黑地色彩醒目，看上去很像一片秋叶落在水面，令人深不可测，别有一番情趣。吉州窑工匠的大智大勇，充分反映了其高超的制瓷工艺水平。

比色法： 黑色色标为k-100，纯黑色调。

容重法： 碗在空气中称重232克，在水中称重121克，则碗的体积相当于232-121=111cm^3，碗的容重E=232/111=2.09，此值很好，充分证实此碗为宋代古瓷无疑。

微观法： 见釉下没有气泡、只有开片纹和不圆不方却不明不亮的“石花斑”，呈宋代古瓷相。

总结： 在四方面测定下，可结论本碗为宋代吉州窑古瓷器，很珍稀。

六、如何鉴别祭蓝与洒蓝瓷？

祭蓝原称霁蓝、积蓝、宝石蓝。霁蓝是以氧化钴为着色剂，祭蓝釉始烧于明宣德年间，经高温一次烧成的失透状蓝釉，呈色深沉古朴，因作皇室祭器而称祭蓝。

祭蓝瓷烧制时裸露在外，青花瓷是在青花外罩一层透明釉；其次在原料上祭蓝用含较多氧化铁和氧化锰的天然钴土矿，而青花则是较纯的氧化钴，因而青花瓷呈色明亮艳丽。

洒蓝釉又名“青金蓝”釉、“雪花蓝”釉、“盖雪蓝”釉，属于以氧化钴为着色剂的中、高温色釉，其特点是蓝色中夹杂白色小斑点，分布自然，犹如片片雪花飘落在蓝地上，外观效果极似天然青金石（催生石）的色泽。洒蓝釉瓷器属于名贵窑器，为宣德时期景德镇首创。

洒蓝釉质肥廋带桔皮纹，施釉工艺分二次进行，先施白釉高温烧成白釉瓷器。二次用竹管沾蓝釉水，吹于白釉瓷器表面上，形成厚薄不均、深浅不同的斑片，一在半干不干之时，以小刀刮出花卉主题纹饰和辅助纹饰，露出白瓷胎，再在白瓷胎上填上白釉，用白泥料在上腹部横书 “大明宣德年制”款识，然后再经二次烧成。它的地釉面犹如洒落的蓝水滴，故称“洒蓝”；又因透出的白釉地斑像雪花飘洒在蓝地溶渗了一般，故又称“雪花蓝”。白色花纹纹饰又似浅浮雕效果，蓝地白花，别有情趣。

洒蓝釉在明代唯有宣德年制作，清代康熙时又恢复生产，那时用蓝釉直接吹在瓷坯上，干燥后施上一层透明釉经高温一次烧成，因而釉面十分平净而滋润。

明宣德——蓝釉罐

图（6–34）

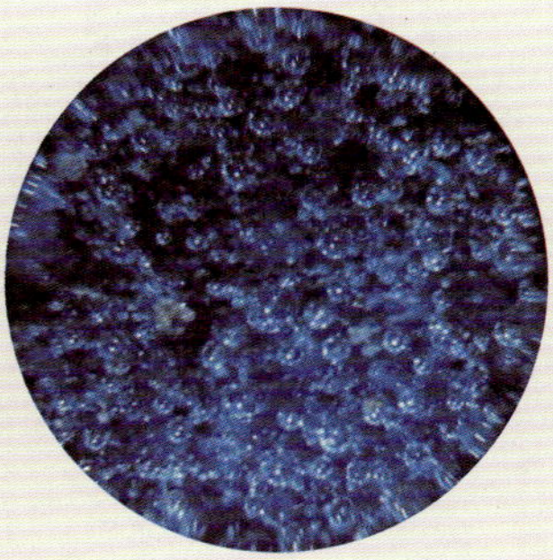
图（6–35）

图（6–36）

目测法： 器型为小圆口、丰腹、圆体。罐高18cm。

瓷土用料讲究，烧制中对窑温及气氛控制比较好，所以胎质细腻、洁白、坚硬。

器外施霁蓝釉，是一种著名的蓝釉瓷，以进口钴蓝料为呈色剂，在高温中烧成，釉质肥腴，呈浅橘皮纹，釉色蓝中偏黑、色调一致、深沉古朴。器内和外底足皆为白釉，凡露胎处均涂透明釉护胎。

由于胎土中含微量杂质，露胎及釉中均见褐黑色斑点。底部与足边相接处有一周下凹，俗称“月亮底”，周边积釉处泛青，呈湖水绿色，边线呈橙黄色线条。

底足采用两面斜削的手法，足墙较窄，有棱边感。

比色法： 蓝釉色标为C-100，M-5，Y-0，K-70，符合蓝中偏黑的霁蓝釉色调。

容重法：罐在空气中称重为1072克，罐在水中称重为606克，则算出罐的体积为1072-606=466cm^3，由此可测得罐的容重值为1072/466=2.30，此值可证实本罐为年代久远的古瓷器无疑。

微观法： 见蓝釉中充满了大大小小的气泡，但气泡分层而间距较疏朗，并混有少量杂质斑点，呈古瓷相。

总结： 从目测胎质、釉面、工艺诸方面均符合明宣德朝瓷器的特征，又从比色、容重、微观剖析也均呈明宣德瓷的条件，所以确定该蓝釉罐为明代宣德时期单色釉瓷器中难得的精品是妥当的。它为祖上中药老字号的传世品，可惜已缺罐盖。

明宣德——洒蓝釉地白花卉纹天球瓶

目测法： 器型小口，直颈，圆球腹，假圈足，砂底微凹。因圆球腹硕大，像是从天上降下来似的，故名“天球瓶”。瓶高33.5cm。这种瓶式从明代永乐朝开始成为观赏瓶式，宣德年间较为流行。

图（6–37）

胎体厚重、坚傲，胎质细腻。底足为细砂底，呈火石红。

釉质肥瘦带桔皮纹，施釉工艺分二次进行，先施白釉高温烧成白釉瓷器。二次用竹管沾蓝釉水，吹于白釉瓷器表面上，在半干不干之时，以小刀刮出花卉主题纹饰和辅助纹饰，露出白瓷胎，再在白瓷胎上填上白釉，用白泥料在上腹部横书 “大明宣德年制”款识，然后再经二次烧成。它的地釉面犹如洒落的蓝水滴，故称“洒蓝”；又因透出的白釉地斑像雪花飘洒在蓝地溶渗了一般，故又称“雪花蓝”。白色花纹纹饰又似浅浮雕效果，蓝地白花，别有情趣。

图（6–38）

比色法： 蓝釉色色标为C—90，M-60，Y-0，K-0。

容重法： 空气中称重3286克，水中称重1869克，体积相当于3286-

1869=1417cm³，容重E=3286/1417=2.31，此值偏大，但可排除现代仿品。另外明代厚胎古瓷都容重偏大，可能与它用水洗沉淀胎料工艺有关，尚待研究。此瓶古瓷包浆明显，民国仿的可能性亦不大。

微观法：蓝、白两釉均少见气泡，有少量小黄斑点，符合洒蓝釉特点。

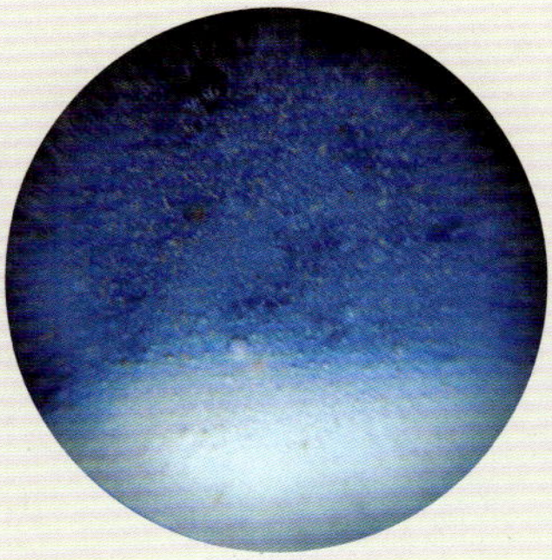

图（6-39）

总结：“洒蓝”是宣德时创烧出的蓝釉新品种。明代宣德洒蓝釉完整古瓷器传世极为罕见，加上白花卉纹饰，所以本瓶特显珍贵，也可能是存世的唯一孤品！

七、如何鉴别祭红与郎窑红瓷？

现以“明宣德祭红釉杯”与“清康熙郎窑红釉莲蓬口瓶”为例，谈谈赏辨。

1、明代永乐时，烧制出著名的“祭红釉瓷”，器形以碗、杯等小件居多。胎较厚、圈足内平底的“红釉杯”，符合明宣德时的器形。清康熙仿明宣德红釉时，创造出名贵品种“郎窑红釉瓷"，器形以瓶、尊为多见。红釉的莲蓬口瓶是清康熙朝的器型之一。

2、祭红的釉面莹润透亮，釉呈浓郁失透状，釉内含深浅赤紫色丝缕，施釉较均匀，无开片纹，显桔皮纹，均符合明宣德祭红釉特征。郎红釉面光爽，呈糯米兼具玻璃质感，有开片和牛毛纹，色泽浓艳猩红，彷佛初凝的牛血，俗称“牛血红”。

3、祭红釉在器口与足根处，均有一 圈整齐的淡青白釉宽线，白釉与红釉接唇明显，俗称“灯草边”，或称“白玉带”，底釉不坠，这是明宣德祭红瓷器的典型特征。郎窑红釉流动性大，口沿下因此显露出白色，俗称“脱口”。另外，垂流的厚釉又恰好中止在底足周围，整齐如削，决不流过足，形成独特的“脱口垂足郎不流”风格。

4、从各自放大的微观图中，见祭红釉中无片纹、气泡稀少且大而明亮、分布自然，呈明代祭红釉瓷相。而见郎窑红釉下有强烈的玻璃光泽、有明显开片和牛毛纹、见极稀疏的小气泡，呈郎红釉瓷相。

5.祭红的器内与底足，均施微泛青色的白釉：郎红的底足与器内呈米黄色釉，有细开片纹，俗称“米汤釉”。

6.祭红器底今“故宫御膳房”官款，证明其为官方用瓷。而郎红瓶底部无款识，也证实其为官窑器真品。

明宣德——祭红釉杯

图（6-40）

图（6-41）

目测法：器型敞口、口沿稍外撇、深腹、腹至底微敛、小圈足。胎体显厚重、坚致。器足为齐平足，足脊如刀切一般，略显倭角。杯高6.6cm、口径8.8cm、足径3.6cm，杯型端庄。

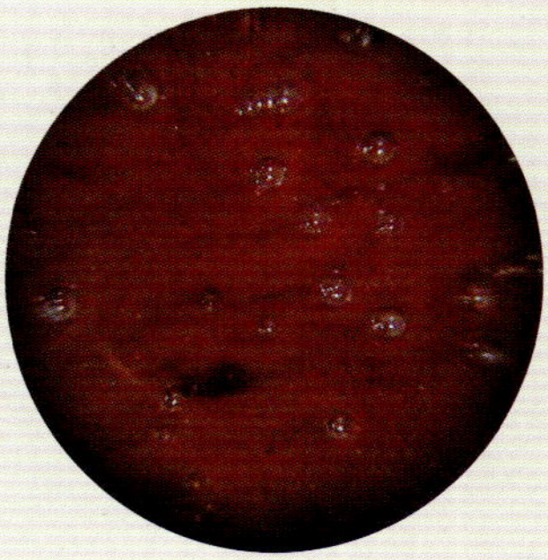
图（6-42）

外壁施红釉，杯内和杯底施青白釉。红釉面凝厚莹润，釉子浓郁呈失透状，釉内含深线赤紫色丝缕，施釉较均匀，无纹片，显桔皮纹。器口与足根处，均有醒目而地道的“灯草边”、或称“白玉带”，底釉不坠，这是宣德祭红釉器的典型特征。杯底有贴加款“故宫御膳房”，证实是官方用瓷。

比色法：红釉色标为C-60，M-100，Y-100，K-0，为宣德官窑红釉正色。

容重法：杯在空气中称重119克，在水中称重68克，其体积相当于119-68=51cm^3，则E=119/51=2.333，此值偏大，与官方用料、工艺、保存条件均有关，还有明永宣期厚胎瓷器的容重都较大，所以可排除现仿瓷。

微观法： 见红釉中无片纹、气泡稀少且大而明亮、自然分布，符合明代祭红釉瓷相。

总结： 除容重较大但可排除现仿外，其余均完全符合明宣德祭红器条件，故本杯仍可定性为明宣德祭红釉官窑瓷器，罕见珍贵。

清康熙——郎窑红釉莲蓬口瓶

图（6-43）

目测法： 莲蓬口瓶是清早期的器型之一，本瓶实测高35cm、口径3cm、足径11cm。瓶颈较长，颈中间有凸弦纹，瓶口呈莲蓬形，腹圆浑。造型古拙、凝重而质朴。

器物胎骨洁白坚致。

郎窑红是清康熙年间创造的新釉种，色泽浓艳猩红，彷佛初凝的牛血，所以又有“牛血红”之称。郎窑红釉面玻璃光泽强烈，釉子清澈透明，光亮夺目。釉的流动性大，口沿下因此显露出白色称之为“脱口”。另外，垂流的厚釉恰好中止在底足周围，整齐如削，决不流过足，形成独特风格，俗称“脱口垂足郎不流”的特征。

底足呈里收外斜削台式，底部施米黄色釉，开有细小百圾纹，俗称“米汤

图（6-44）

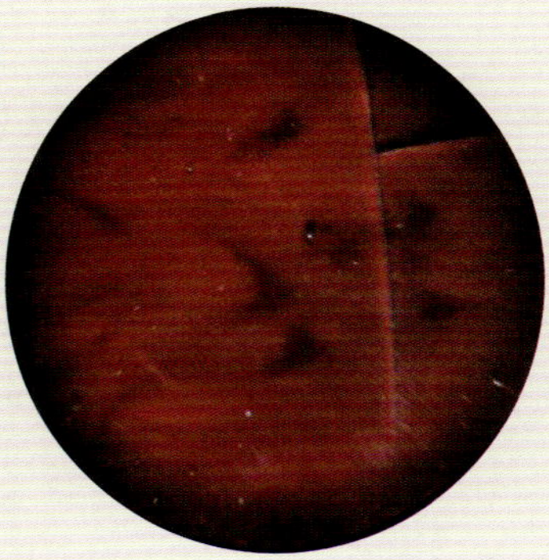

图（6-45）

底”，没有款识，这又是郎窑红瓷器为官窑器的特征。

比色法：红色色标为C-40，M-90，Y-40，K-30，这是郎红正色。

容重法：瓶在空气中称重1981克，在水中称重1098克，瓶体积相当于1981-1098=883cm³，E=1981/883=2.243，符合清康熙古瓷标准范围。

微观法：可见釉下有强烈的玻璃光泽，光亮夺目，有明显开片和牛毛纹，有极稀疏的明亮小气泡。完全符合郎窑釉特征。

总结：一眼看出很“开门”，可以确定此瓶为清康熙朝郎窑红古瓷器，非常珍贵。

八、如何鉴别豇豆红与红釉瓷？

名贵绝品豇豆红

瓷器走到清朝，又步入了另一个高度。清瓷不仅复古，也在创新，尤其是新颜料的出现，使得瓷器的釉色不仅流云泻玉，而且色彩繁复，五光十色，云蒸霞蔚，其中的美人醉釉便是清瓷极具代表性的一类釉色。

豇豆红瓷器是清代康熙年间后期，在御窑厂烧制的一种铜红色釉瓷器绝品，由于因釉中掺加粉质，所以较之郎窑红更觉细腻雅致，它是各种铜红釉器物中最精妙的一种。由于其有深红，有暗红，色调淡雅，风轻云淡，如醉后美人脸上的红晕，如纷纷飘落的桃花，又如豇豆那种自然色的红艳，也有的带有斑斑点点的苔斑，就好像久未走过的石板道，生出零零星星的青苔，空气中弥漫着潮湿而清新的味道。所以，清代诗人洪亮吉看到美人醉釉瓷时赞叹道：“绿如春水初生日，红似朝霞欲上时”。

豇豆红的烧成难度大，制作时间短，所以传世数量极少，历来是收藏家搜猎的目标。雍正时仅有少量烧制，雍正后已很难见到了，所以雍正“美人醉”更是极其名贵的绝品。

豇豆红釉，它是郎窑创新铜红釉品种，颜色类似豇豆，没有玻璃光感，非常温润平静。这是在烧制工艺中因氧化还原不同而呈色各异，出现窑变，变成红多、绿少的窑变色调，也造就了一个新的品种，白如肌肤，红如酒晕，容光艳冶，若醉后美人之颜色，俗称“美人醉”，符合“绿如春水初生日，红似朝霞欲上时”之美誉。

微观釉面，可见釉下有强烈的玻璃光泽，光亮夺目，有明显开片和走泥纹，有极稀疏而明亮的气泡，完全符合郎窑红釉的瓷相，这也证实了“豇豆红”是“郎窑红”的窑变产品。

“解貂换美酒，半与美人醉。留半伴山翁，深夜谈世事。”（宋张植《小绝句》）有美人陪伴共此一醉，是人生一大乐事;有美人醉釉瓷器陪伴赏心悦目，也是人生一大乐事。前者娱情，后者悦心，可惜，都是不常有的幸福。

圆满富足红釉瓷

红釉色寓意“圆满富足”，红釉瓷主要是用来制作祭祀器，历朝官窑都要制作的。清代中期，红釉瓷的工艺水平很高，有几种名品。清后期，因政治、经济日渐衰落，红釉瓷的生产每况愈下。至清道光以后，红釉瓷的釉色已不如前朝那样鲜亮明丽，有些釉色被烧成“芸豆色”而得名“芸豆红釉”，光听名字像是一种新釉，其实是烧得不好的红釉，不过这毕竟是晚清铜红釉的标准釉色，值得重视。

道光官窑承袭乾隆窑红釉地上以金彩勾廓，取其富丽。金彩有曰：“金水是一种金的树脂酸盐，系德国人居恩所发明，其特点是使用方法简单，耗金量低，外观富丽堂皇”。

清雍正——豇豆红釉“美人醉”葫芦瓶

目测法：器物小口、短颈、形如上小下大的束腰葫芦而得名“葫芦瓶”，瓶高11cm，成型规整。胎体坚

图（6-46）

图（6-47）

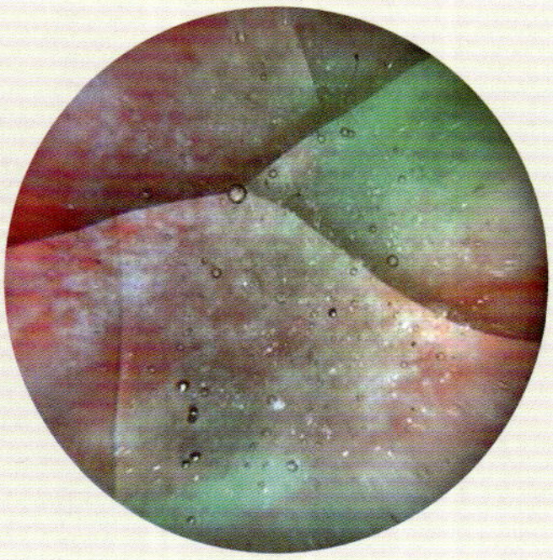

图（6-48）

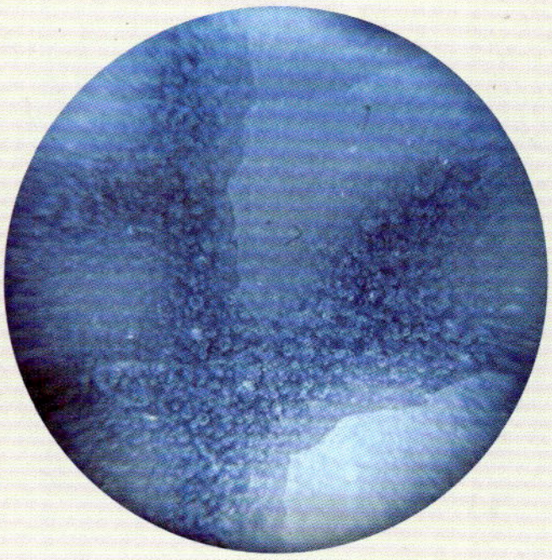

图（6-49）

白细洞，修胎俊秀，足脊滚圆成“泥鳅背”状。

器身施豇豆红釉，它是郎窑创新铜红釉品种，颜色类似豇豆，没有玻璃光感，非常温润平静。这是在烧制工艺中因氧化还原不同而呈色各异，出现窑变，变成红多、绿少的窑变色调，也造就了一个新的品种，白如肌肤，红如酒晕，容光艳冶，若醉后美人之颜色，俗称“美人醉”，有“绿如春水初生日，红似朝霞欲上时”之美誉。

底施青白釉，显桔皮纹，呈百圾碎纹，用青花钤“大清雍正年制”两行六字楷书款，款字端正，为官窑款。

比色法： 红釉色标为C-40，M-90，Y-40，K-30，符合郎窑红正色调。绿釉色标为C-60，M-10，Y-60，K-10。

容重法： 瓶在空气中称重为473克，在水中称重因瓶口太小，瓶内存空气而无法测定。

微观法： 可见釉下有强烈的玻璃光泽，光亮夺目，有明显开片和走泥纹，有极稀疏而明亮的气泡，完全符合豇豆红釉瓷相；另一图见釉下青花下沉，有开片纹，证实清代郎窑古瓷相。

总结： 除容重情况不明外，其余均符合雍正瓷和豇豆红釉特征，款式也对，所以本瓶可定为清雍正官窑瓷无疑。是一件使欣赏者能感受到时代和文化传承的佳物。

清道光——红釉地金彩云龙戏珠纹天球瓶

图（6–50）

目测法： 实测瓶高23cm、球直径14cm。造型为直口、长颈、圆球腹、圈足，显稳重，制作规整。 胎质细润，外体施红釉，色泽匀净、亚光。以金彩绘火云中五爪龙戏珠纹。纹饰严谨而生动，线条流畅而柔和，金、红两色调相互映衬，格外呈富丽堂皇。

底施白釉，钤金彩上红料篆书“大清道光年制”官窑章款。

比色法： 红釉色标为C-20，M-100，Y-100，K-0，金彩色调100％。两色色谱均很规正。

容重法： 瓶在空气中称重638克，在水中称重358克，其体积相当于638-358=280cm^3，则容重E=638/280=2.278，此值正符合清道光朝古瓷容重值范围。

微观法： 红釉上基本不见气泡，金色由真金彩描绘，呈官窑真品相。

总结： 四方面测定均证实，本器物为清道光官窑瓷，很珍贵。

图（6–51）

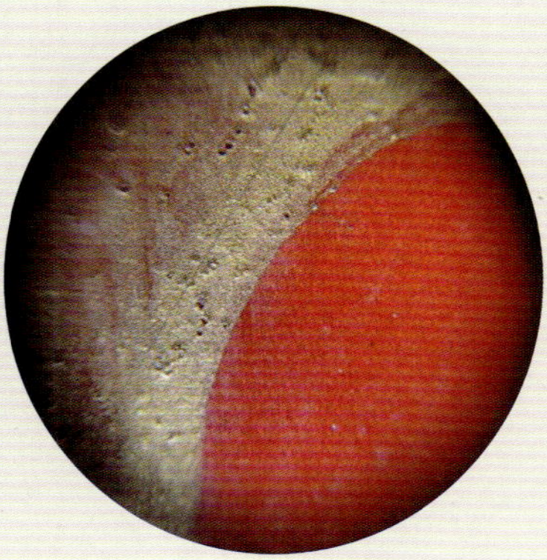

图（6–52）

九、如何鉴别皇家象征黄釉瓷？

清代黄釉瓷多仿明弘治黄釉瓷。另外，清代康、雍、乾盛世时期使用的“锑黄”，是在珐琅彩的基础上，吸收了外国釉料产生的。其釉色淡雅娇艳富有层次感，能与弘治黄釉相媲美。

清代皇室都使用全黄釉瓷器，因“黄”与“皇”的谐音关系，黄釉器是代表皇权至尊的颜色，清代宫廷就把施黄釉的瓷器称为“殿器”，地位和五爪龙一样，象征着皇权神圣不可侵犯。

二件古瓷供鉴别：

清乾隆——黄釉地矾红彩莲荷纹描金藕耳蒜头瓶

图（6-53）　　图（6-54）

目测法： 器形仿古青铜蒜头壶，口部似蒜头，长颈有弦线，腹部像油壶，圈足，足脊滚圆，颈部两侧附“象生藕”作耳。瓶高30cm，头部与颈部过渡自然，颈部与腹部弧度优美，底足俏外撇，造型俊美。

胎体较薄，坚致而洁白。

以鸡黄釉作地，釉厚而润滑，这釉色只在官窑器上出现。纹饰由矾红绘莲荷

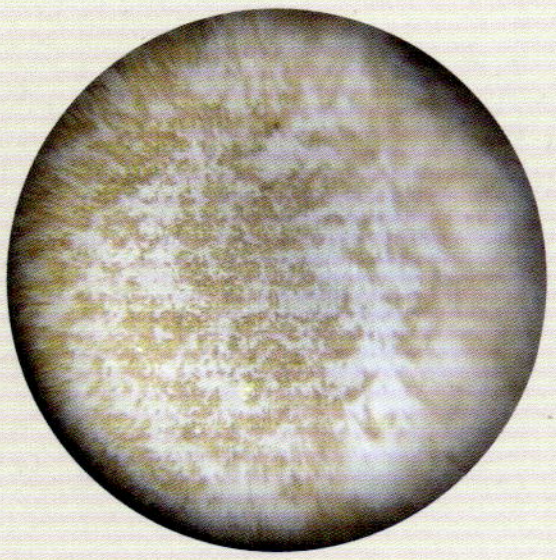

图（6–55）

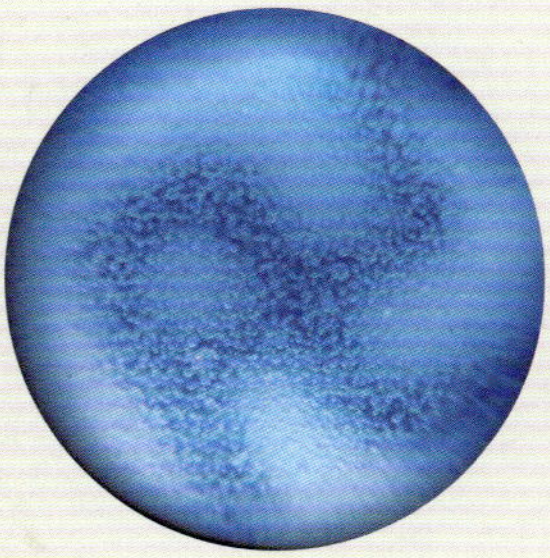

图（6–56）

纹，配上金彩“象生藕”，莲、荷、藕相连融。釉色调艳丽，纹饰清晰，并有深浅不一的多层次色阶，图案趋於规矩化，特显清乾隆期绘饰之特点，整器异常雅致明艳。

底足露胎为糯米色，修胎规正。底钤“大清乾隆年制”六字三行官窑篆书款。

比色法： 黄釉色标为M-20，Y-80，呈皇家正黄色调。

容重法： 瓶在空气中称重1421克，在水中称重775克，瓶体积相当于1421-775=646cm^3，则E=1421/646=2.199，此值进一步说明本器为薄胎厚釉之官窑瓷器。

微观法： 见黄釉乳状厚润、矾红深浅清晰。见金彩为真金描绘。又见釉下青花下沉，釉中气泡密布，证实为年代久远的古瓷相。

总结： 一见就很开门，加上测定完全达标，可以肯定本器物是异常珍贵之清乾隆官窑器无疑。

清乾隆——黄地粉彩花卉纹双耳套瓶（四件套文房用具）

目测法： 此瓶由笔筒、水盂、笔洗、印台组合而成，造型奇特，在清乾隆

图（6–57）

朝曾出现过这类文房用具。组合瓶高20cm。

胎体轻重适度，胎质细腻洁白，硬度较高。装饰采用“轧道”工艺，先由艺高的人画出样，再由瓷画匠一笔一笔临摹，在黄釉地上刻画花卉纹线，然后加绘色彩图案。彩色釉鲜艳，整个彩绘工艺符合乾隆朝真品瓷特征。其中高温（黄）色地粉彩是乾隆朝创烧的品种。

四件器底均施白釉，钤“大清乾隆年制”三行六字红彩官窑篆书款。

比色法： 黄釉色标为C-0，M-20，Y-80，K-0，绿釉色标为C-80，M-10，Y-90，K-0。

容重法：（主腹部）大件在空气中称重为306克，在水中称重为172克，其体积相当于306-172=134cm^3，则E=306/134=2.28，此值符合清朝古瓷器的容重范围。

微观法： 釉下气泡馒头形状，像压榨过似的，泡面是平的，呈清古瓷气泡特点。又见绿釉开片纹，证实为清真品古瓷。

总结： 观其彩饰工艺和其它诸方面测定来分析，定其为乾隆朝官窑真品是妥当的，特显珍贵。

图（6-58）

图（6-59）

十、如何鉴别元青花瓷器？

元代青花瓷器的胎体，有些洁白，釉面纯净透明；有些胎色泛灰，釉面白中带青或是较为乳浊。器面上的青花呈色更会因为材料来源不同而产生相异的色泽。

元代青花所使用的材料有国产青料和进口的苏麻离青料二类，前者偏向蓝灰色或蓝黑色，后者则浓艳如蓝宝石，并且会有自然凝聚的黑疵斑点，是精品青花瓷器的标准色泽。

元代青花纹饰的施绘方法很多，有的是先勾勒边框再填上颜色，有的则以毛笔蘸钴料直接描绘而成。笔法是依据各种纹饰的需要，分别采用粗毛笔或细毛笔来画，笔触率真明快，常在花卉或龙纹等纹样上产生独特的风格。

元代青花瓷器的造型变化极为丰富，制作工艺具元代瓷匠特有的风格。其青花纹饰的题材内容亦包罗万象，其遍施全器的铺排方法，更在视觉上营造出层次丰富、花纹缛丽的美感。

元代青花还以消费地区的需求为导向，运用国内和国外的原料来制作，造形具有传统中国瓷器的特色，纹饰则融合了中西方各种不同的题材，以浓艳的色调和饱满丰富的形纹之美，成就了无法复制、无可取代的独特风格。

由于元青花瓷器的胎土、进口材料现在没有了，用毛笔绘画纹饰的技法也不同了，加上年代久远，元代青花瓷器釉下气泡有其鲜明的规律性特点，特别是在肉眼不能辨别的极细微处，釉下青花呈现的晕散样，再则器底的时代环境遗留的合乎情理的使用痕迹，这些都是人工作伪无法做到的。所以说，景德镇是仿不出元青花来的。

无锡雅蔚苑二件藏品，供鉴别：

元——青花缠枝牡丹纹罐

目测法：器型大口圆唇微侈、短颈、鼓肩、扁圆腹、胫部渐收、浅圈足。罐高20.5cm，口径15.8cm，底径15cm。口径比足径大，造型显得肥矮。罐用分段制作工艺，接底部位痕明显。胎质厚重粗糙，有很多粗颗粒和孔隙，罐里密布小曲裂纹。

釉面不匀净，青白釉色呈灰淡青色微显土黄，青花色偏灰青、有铁锈斑，无光泽而有包浆。满身开片、有棕眼、落渣、缩釉、漏釉等缺陷。

纹饰由双弦线分四层次：口颈部绘海波纹；肩上绘缠枝莲花纹、莲瓣中留白、莲叶呈葫芦形、叶脉类似蟹爪；腹部主题饰盛开而硕大的缠枝牡丹花朵、叶态规整实写、细细的枝茎、围绕花朵呈变化多端的排列；腹下部绘变形仰莲瓣纹、两肩方形、互不借用边框、边框粗线而内框画细线、框中画卷草线纹。

图（6-60）　　图（6-61）

圈底外作削足处理，底足外墙何外微撇。圈足底无釉，露胎呈褐红色，足底有旋坯纹，呈火焰红色。

比色法：青白釉色色标C-20，M-10，Y-20，K-10，青花色标为C-40，M-20，Y-20，K-30，不艳偏灰的本土料。

容重法：空气中重3466克，水中称重1882克，体积相当于3466-1882=1584cm^3，E=3466/1584=2.188，这值达标，证实为元古瓷。

微观法：见开片、铁渣点、小气泡多而大气泡稀疏，青花深沉，证实年代久远。

总结：从四方面测定均达标。纹饰酣畅淋漓，呈现元代瓷绘风格，是一件元青花珍品。

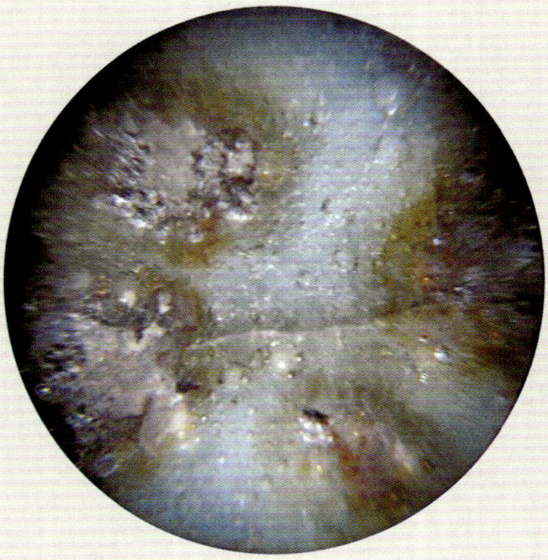

图（6-62）　　图（6-63）

明永乐——青花双凤穿云纹梅瓶

目测法：本梅瓶造型为直圆口、丰肩束腰，比例偏低；口部圆浑厚实，没有明显的线角转折；肩部向上抬起，线条饱满而有卜力；腹部之下，向里收敛；在足部的结束部分，呈八字稍向外撇；底削平，有旋痕。这种器型呈显雄健、敦厚，富于男性的特征，这也是明代初期独创梅瓶造型之特点。瓶高26cm。

器壁较厚，重而坚，是用麻仓土和瓷土烧成的瓷器，被称为二元烧法，含铁又含微量元素。胎质白而不细，有很多气孔，断口截面有细小空隙，具有不均的黑渣点，表面不平整，但摸上去仍然有光润的感觉，像有滑石粉在上面一样。器肩及腹部有器物成形粘接时留下的横向接痕，用手抚摸，略有高低不平之感。

图（6-64）

图（6-65）

图（6-66）

图（6-67）

器身施亮白釉，釉色白中微闪青，底釉有波纹、有水绿痕迹。器身饰青花纹样，颈部绘回纹，肩部饰龟锦纹，腹部绘主题“双凤穿云纹”，凤纹和元代凤纹相近，但凤尾三条长羽犹似风筝。腹部还饰绘牡丹纹，其不画蓓蕾，花蕊画成细细的篦筋线，有所创新。胫部饰二件杂宝纹。永乐绘工技法精湛，笔划纤细，布局留白空间较大。青花釉面肥厚，青花色泽也比元青花浓丽有疵，晕散更明显，是苏麻离青料的典型呈色。

比色法：青花色标为C-90、M-60、Y-30、K-30。呈浓丽青花色调。

容重法：梅瓶在空气中称得2762克，在水中称重为1570克，可算出本瓶体积为2762-1570=1192cm^3。则本梅瓶的容重E=2762/1192=2.317。因为本瓶非白瓷胎质，容重值稍大于2.30是完全可能的。另外这值可以证实这种非白瓷胎瓷器在明古瓷范围内，是合理的。

微观法：见青花深沉釉下，见锡光和铁锈斑沉底，又见密集小气泡中有零散的大气泡，且没有中气泡现象，又见少量黄褐色斑点，呈苏麻离青料古瓷相。

总结：从器型、胎质、装饰与青料等鉴测来分析，确定本梅瓶为明永乐古瓷是妥当的。

十一、如何鉴别元代至正型青花釉里红瓷？

“至正型青花”是一个确实存在的元青花类型，其独立成类的理由在于它蕴含有丰富而独特的文化内涵和艺术语言、它的艺术排他性、唯一性和强烈的语言标识性。这是一个类型概念而不是一个时间概念。所以元青花瓷器可按艺术风格和文化内涵分为“至正型”青花瓷和“非至正型”青花瓷。毫无疑问，“至正型”青花瓷代表了元代青花瓷的最高艺术水准，是元代青花瓷的顶峰之作。“至正型”青花瓷在元至正年前后短短的几十年中，达到了如此高的艺术造诣，而且其艺术风格只有同一个（或师徒一批）绘瓷名匠才能实现，这还是一个谜。

“釉里红”为瓷器釉下彩品种之一，它是在青花瓷工艺基础上，借鉴了唐代长沙窑和宋代钧窑运用铜红釉作为呈色剂的装饰技巧而发明的。在坯上用铜料绘画纹饰或彩斑，罩以透明釉，在1350度高温还原气氛中一次烧成，使釉下呈现红色花纹。但铜在高温下极易扩散、挥发，因此氧化铜彩料的配制、研磨技术以及烧成的温度等工艺要求很高，所以对还原焰的掌握必须恰到好处，否则就会功亏一篑。元代釉里红往往是作为一种胎体装饰或青花装饰的辅助手段而出现的，由于烧造技术的限制，元釉里红呈色不够纯正，发色偏黑成猪肝色调，有的影响严重些即出现飞红（红色没有了）或出现暗红色、苔绿色斑点，绘画线条不清晰，也常见晕散、糊团，没有浓淡不等的几个色阶。

元代“至正型”青花釉里红瓷，即是元代“至正型”青花加釉里红辅助装饰的瓷器，元代青花工艺已是成熟期，但釉里红工艺仅是初创期，加上铜元素所具有的特性及工艺难度甚高，一器上同时装饰好青花与釉里红，是难之又难。所以元“至正型”青花瓷已名贵少见，元“至正型”青花釉里红瓷几乎是稀少至极的宝中罕见之宝了！

附二件古瓷供鉴别：

元——至正型青花釉里红飞凤穿缠枝莲纹小罐

图（6–68）　　图（6–69）

目测法： 广口、短颈、圆肩、鼓腹下斜收、近底略外扬、内卧浅圈足。口径与底径相差无几、器高小于腹径，故体型显得肥壮，呈元代至正型青花瓷常见罐造型。

胎土洁白纯净、致密坚厚，胎体采用分段制作后再衔接的工艺。底面旋削痕清晰，砂底上有砂眼、刷痕和铁质斑点。罐高13cm。

施卵白釉，釉子较厚，釉面滋润而失透，釉色闪青，青中有点浑浊的感觉，包浆显油腻感，胎釉结合紧密。青花色泽浓艳，呈深蓝色。花纹中出现下凹的黑

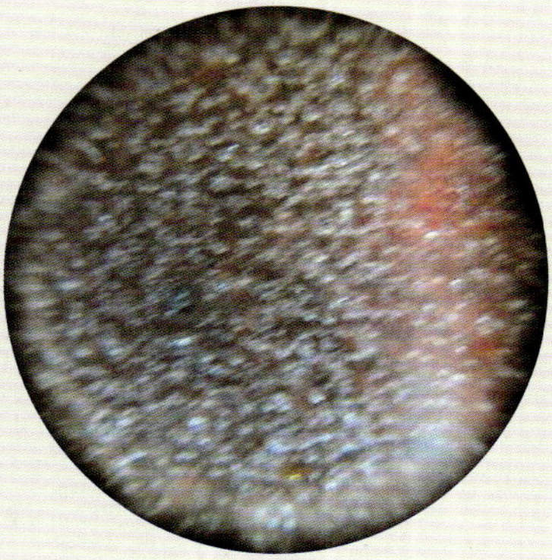

图（6–70）

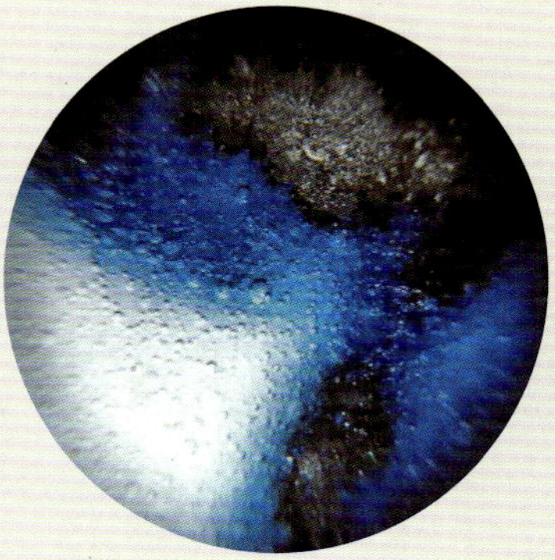

图（6–71）

色斑痕，黑色浓的地方闪烁如锡光，用手摸起来有凹凸不平的感觉；釉里红呈色灰黑，线条略带晕散，没有浓淡不等的几个色阶，出现烧飞情况。呈元代至正型青花釉里红瓷胎釉特征。

纹饰中凤纹为鸡头、鹰嘴、鳞躯和花尾；缠枝莲叶呈葫芦形、叶脉类似蟹爪，莲辨上半部填色，下半部留白。以上纹饰亦符合元代至正型青花瓷的装饰特征。

比色法： 青花色标为C-100，M-80，Y-20，K-50，釉里红色标为C-40，M70，Y-90，K-50，两色均属元代至正期正常范围。

容重法： 罐在空气中称重696克，在水中称重382克，其体积相当于696-382=314cm^3，E=696/314=2.216，此值符合元代古瓷条件，证实本器为元代瓷器无疑。

微观法： 见釉下青花晕散和釉里红均下沉、见小气泡多且大气泡稀疏、见铁焊斑反银白光、有少量糠土斑。证实是元代古瓷品相。

总结： 从四方面测定，可确证本小罐为罕见的元代至正型青花釉里红瓷器，异常珍贵!

清康熙——青花釉里红穿云龙纹长颈胆瓶

目测法： 造型为口颈相连，颈较长，肩以下渐硕，腹下部丰满，因瓶体之形似垂胆而得名。瓶高38cm。

胎体厚重，质地坚硬细密。底足修削工艺精致。

青花釉色浓淡有致，为康熙“蓝分五色”的典型色泽，釉里红深暗泛黑，与

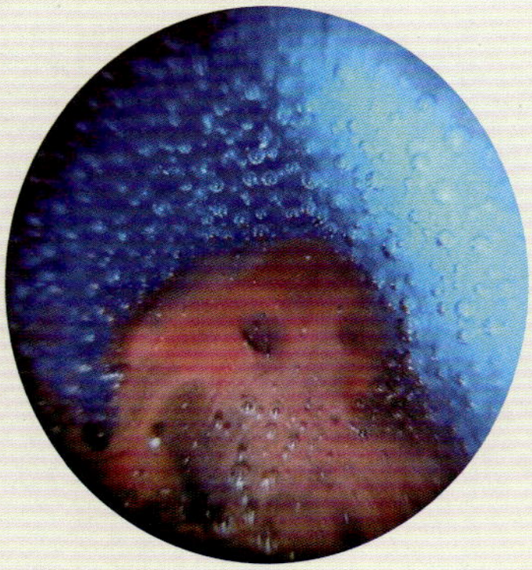

图（6–72）

图（6–73）

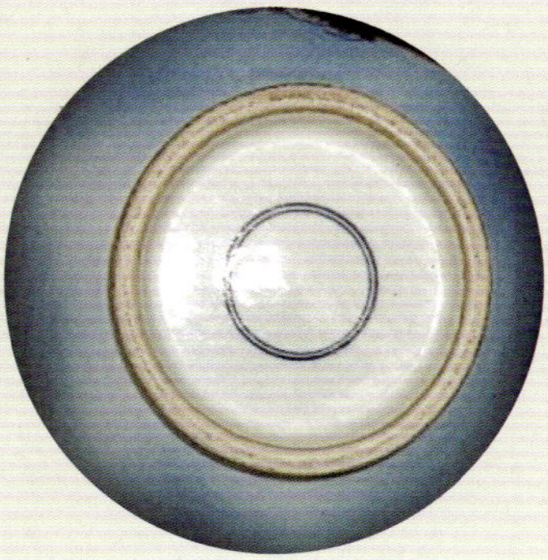

图（6–74）

青花色组合十分协调。主题穿云龙纹雄浑劲健，龙鳞细密齐整，立体感强。器底虽无字款，但有青花双圈。

比色法： 青花色标为C-90，M-50，Y-20，K-30，青花发色符合康熙青花正色调。釉里红色标为C-40，M-80，Y-90，K-20，不鲜亮，呈深暗红色调。

容重法： 此瓶颈长、口小，浸在水中进出水排气不净，所以不宜测量正确数据，只能免测。

微观法： 见青花、釉里红均下沉，又见釉中大小气泡较多，证实年代久远，呈清古瓷相。

总结： 从以上诸方面实鉴，可确定本瓶为到代清康熙古瓷，无疑。非常珍贵。

十二、如何鉴别元末与明初釉里红瓷？

一．器形

一件瓶高36.5cm，瓶为小口，短颈呈上小下大的梯形，肩部丰满，下腹渐收腹，圈足，足部微外撇，器身线条柔和流畅，造型端庄，重心较稳，是元代梅瓶典型器。

另一件瓶高32cm，呈葫芦样式，显丰满、浑厚、古朴，器型线条柔和、圆润，给人以质朴、庄重之感，呈葫芦器形。

二. 胎釉

梅瓶胎体厚却粗松，不够细腻。胎体分段制造，拼接而成，有明显接痕，特别是接底的部位，处理粗糙，不大规整，痕迹十分明显。器物底部涩胎无釉，烧成后氧化呈赭红色，圈足端采用平削工艺而成浅底宽足，底足中心乳钉突起，呈元代工艺特征。

白釉层肥润致密，釉色白中含青灰，见缩釉点（线）。釉里红呈灰黑色，有晕散现象，见苔绿斑，有烧飞情况，没有浓淡不等的几个色阶，有一层似乳油状的包浆，均呈元代的釉里红特征。

葫芦瓶胎质厚重，坚致缜密，过于细腻。底足砂底露胎，有人为粘砂土，做出窑红的痕迹。

白釉地白中闪青，釉质干枯，没有透亮滋润感。釉里红发色呈铁红，过于均匀，不见灰黑或苔绿斑，也无烧飞情况，呈明瓷釉特征。

三. 纹饰

梅瓶装饰层次繁多，肩饰卷草纹和缠枝莲纹；腹部主题绘翼龙穿云纹：龙头小、细颈、躯体壮实修长、背有锐利锯齿形鳍脊、三爪足、爪细长尖利、体表斜方鳞、两只飞翼似凤凰翅翼。绘流动云纹、云脚长；主纹下绘卷草纹一周；近底足绘仰莲纹、每瓣莲纹都分开绘饰、边框线均外粗内细双线条、框内饰团花图案。整个纹饰呈元代特征。但釉里红技术能自如地运用线描方法绘制纹饰，纹样都非常生动，粗细有致，点染涂沫一气呵成，却呈明洪武工艺特征。

葫芦瓶釉里红装饰中，上口沿绘回纹一周（明洪武纹样）；上腹部绘凤穿花纹（元代纹样）；中颈间隔上绘海水纹、下绘圆内斜菱方格纹一周（均为元代纹样）；下腹绘云龙戏珠纹（元代的龙纹、明洪武的云纹样）；下腹底部绘仰莲纹一周（明代纹样）。整个纹样几代混杂，画风呆滞不流畅，呈明瓷纹饰。

四. 微观

用放大镜加数码相机摄釉相观察。梅瓶釉下见釉里红已明显下沉、釉中有很多中小气泡散布、见稀少白石花斑和铁质小黑圆斑，呈元代瓷相特征。

微观葫芦瓶釉下，见小气泡密布、中气泡疏朗、釉里红不沉较浅。呈年代达不到元代，仅可适合明瓷相。

五. 鉴别

根据以上器形、胎釉、纹饰、微观诸项观测，可分别鉴定为“元末釉里红翼龙穿云纹瓶”和“明代仿元代龙凤纹葫芦瓶”。

元末——至正型釉里红翼龙穿云纹梅瓶

目测法：瓶为小口，短颈呈上小下大的梯形，肩部丰满，下腹渐收瘦，圈足，足部微外撇，器身线条柔和流畅，造型端庄，重心较稳，是元代至正型梅瓶典型器。瓶高36.5cm。

图（6–75）

胎体用麻仓土制作，胎质厚而粗松，不够细腻。胎体分段制造，拼接而成，有明显接痕，特别是接底的部位，处理粗糙，不大规整，痕迹十分明显。

装饰层次繁多，肩饰卷草纹和缠枝莲纹；腹部主题绘翼龙穿云纹：龙头小、细颈、躯体壮实修长、背有锐利锯齿形鳍脊、三爪足、爪细长尖利、体表斜方鳞、两只飞翼似凤凰翅翼。绘流动云纹、云脚长；主纹下绘卷草纹一周；近底足绘仰莲纹、每瓣莲纹都分开绘饰、边框线均外粗内细双线条、框内饰团花图案，呈现至正型青花瓷装饰工艺（参见图5-127-A—云龙纹）。

图（6–76）

白釉层肥润致密，釉色白中含青灰，见缩釉点（线）。露胎处呈窑红。釉里红呈偏灰黑色，有晕散现象，见苔

图（6–77）

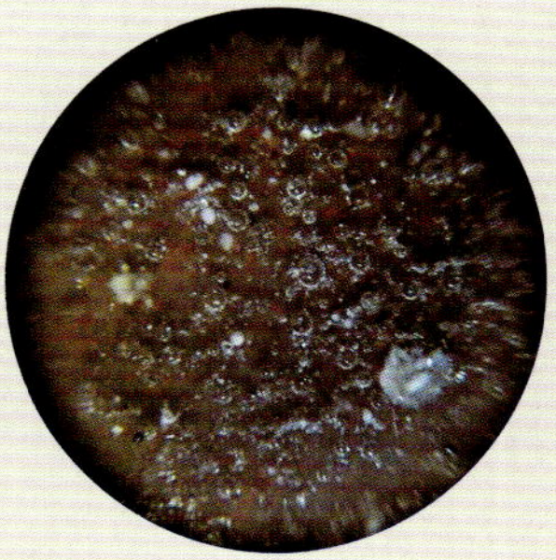

图（6–78）

绿斑，有烧飞情况，没有浓淡不等的几个色阶，有一层似乳油状的包浆。釉里红技术能自如地运用线描方法绘制纹饰，纹样都非常生动，粗细有致，点染涂沫一气呵成。呈元代末期釉里红工艺特征。

器物底部涩胎无釉，烧成后氧化呈赭红色，圈足端采用平削工艺而成浅底宽足，底足中心乳钉突起，呈元代工艺特征。

比色法： 釉里红色色标为C-40，M-70，Y-60，K-30，符合元代釉里红猪肝色调。

容重法： 空气中称重3740克，水中称重2114克，体积相当于3740-2114=1626cm³，E=3740/1626=2.30，容重偏大，但可排除现仿。另外原因与腹大口小排放空气不尽及瓷料和工艺有关，或者窖存环境、时间长的缘故造成。所以年代仍可定元末古瓷。

微观法： 见红釉明显下沉，釉下有很多白色石花斑，大小气泡散布，有少量黄斑，也见小黑色铁圆斑，呈元代古瓷相。

总结： 从以上“四合一”检测来分析，完全符合元代至正型釉里红瓷特征，故可定性为珍稀的“元末”官窑精品瓷。

明洪武——釉里红龙凤纹葫芦瓶

目测法： 瓶高32cm。此瓶葫芦样式，显丰满、浑厚、古朴，器型线条柔和、圆润，给人以质朴、庄重之感。葫芦瓶因其谐音“福禄”，且器型似“吉”字，故又名“大吉瓶”，寓意大吉大利，为世人所爱，遂成为瓷器传统器型。

胎质厚重，坚致缜密、细腻。胎体分段制造，上下拼接而成，有明显接痕。

圈足端采用平削工艺而成浅底宽足，底足中心乳钉稍突，呈洪武继承元代工艺特征。底足砂底露胎，有粘砂土、窑红的痕迹。

白釉地白中闪青，釉质肥润致密，呈玉质感。釉里红呈猪肝色，有一层似乳油状的包浆，发色艳丽，是一件烧造成功的釉里红极品，完美地诠释了明洪武时期釉里红名品之气度。

瓶外壁以釉里红作装饰，葫芦上口沿绘回纹一周（明洪武纹样），上腹部绘凤穿花纹（元代纹样），中颈间隔上绘海水纹一周，下绘圆内斜菱方格纹（均为元代纹样），下腹绘云龙戏珠纹（龙为元代纹样；云为明洪武纹样），下腹底部绘仰莲纹一周（明代纹样）。

比色法：白釉地色标为C-10，M-5，Y-20，K-0，符合明初白釉色白中闪青的特点。釉里红色色标为C-40，M-80，Y-60，K-10，呈猪肝色，呈元末明初釉里红色调。

图（6–79）

图（6–80）

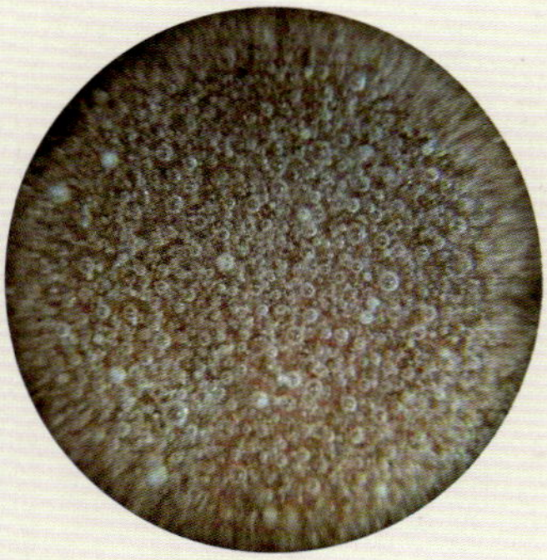

图（6–81）

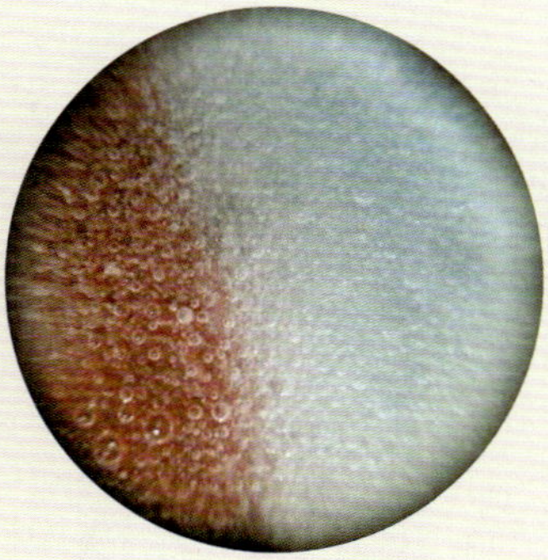

图（6–82）

容重法： 瓶在空气中称重2032克，在水中称重1150克，瓶体积相当于2032-1150=882cm^3，容重E=2032/882=2.30，这值可以证实本瓶为明代瓷。

微观法： 见中小气泡密布，大气泡稀疏，釉里红色下沉较深，见黄斑、石花斑，呈年代达到元末明初瓷相。

总结： 从目测等四项测定来看，是一件元末明初的瓷器。整个画面纹饰笔触纤细，堪称明洪武时釉里红品种的经典之作，殊为难得。

十三、如何鉴别大明五彩与康熙五彩瓷？

“大明五彩”在用彩方面以红、淡绿、深绿、孔雀绿、黄、褐、黑紫及釉下青花的蓝色为主，尤其突出红色；康熙五彩的一个最大突破是发明了釉上蓝彩和黑彩，蓝彩色调越青花，呈紫灰色，彩层很厚，四周有一层光晕，黑彩有黑漆光泽，衬托在画面中加强了绘画的效果，到康熙晚期而以黑作主题纹饰，略加五彩做陪衬，成为鉴别的特征。金彩的运用，突破了明代五彩在矾红、霁蓝上的限制。康熙五彩的色泽透彻明亮，能露出底色，但发色较火，且不容易填平，此时还多各种色地彩绘。

在构图方面大明五彩以图案繁密取胜，画面多平涂；康熙五彩则受文人画影响，讲究虚实均衡，也有空灵开朗的构图。

大明五彩调料用“水调”法，易晕散，描绘精细纹饰较难；康熙五彩调料用乳香油调料，比水调容易掌握，能把物象描绘得精细自然。

康熙五彩器物造型方面比大明五彩器种类多、尺寸大，造型饱满挺拔，有很强的装饰性和艺术性。

二件古瓷供鉴别：

明嘉靖——青花五彩飞凤穿花纹瓶

目测法：此瓶敞口外撇，束颈，丰肩圆弧，腹自上至下渐内收至底，形制规整，瓶高38.5cm。

胎体厚重坚硬。通体釉色白中闪青。纹样以釉下青花和釉上红、黄、绿、赭等彩勾勒渲染，色彩鲜丽明快。

器身纹饰花木、山石、凤鸟栖息或飞穿其间，绘画冗繁，线条纤细，笔法生

图（6–83）

图（6–84）

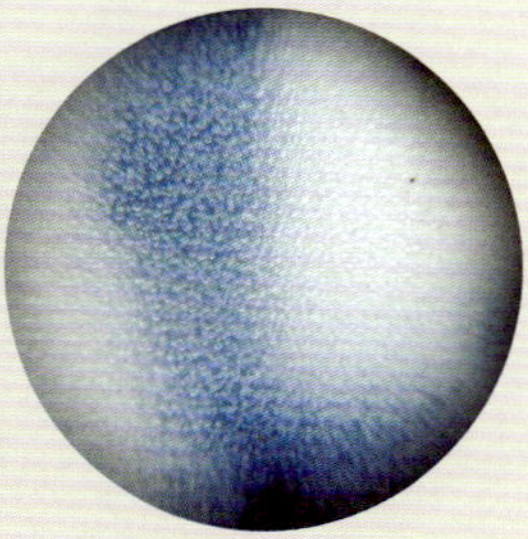

图（6–85）

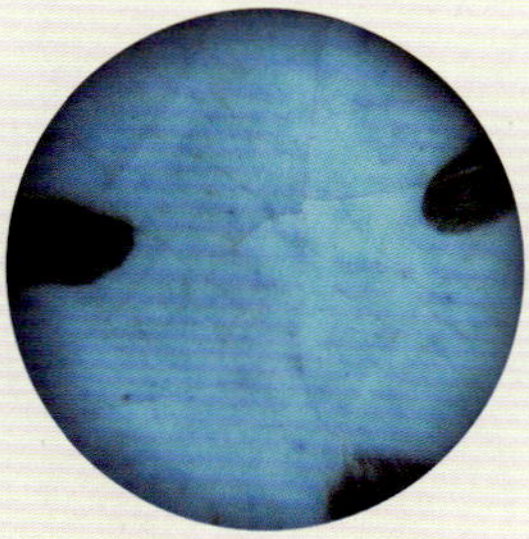

图（6–86）

图（6–87）

硬、毫放，营造出自然生态中欢快活跃的气氛。

底足部为平底，中心套浅圈足，施亮青釉。中心绘青花双圈，内钤“大明嘉靖年制”六字两行楷书款，款字体瘦长、笔划刚劲中藏透逸，“靖”字左边的“立”位置较高，呈明嘉靖官窑款特征。

比色法：红色色标为C-20，M-80，Y-50，K-0，深绿色色标为C-80，M-40，Y-80，K-0，符合明五彩红绿色调。

容重法：瓶在空气中称重为2647克，在水中称重1520克，则其体积相当于2647-1520=1127cm^3，容重E=2647/1127=2.34，此值偏大，但可排除现仿。另外该瓶内表面有矿物腐蚀层，会加重容重值。再则该瓶保存条件良好，温度变化小，容重变化也小，所以本器物定为明代瓷也合理。

微观法： 见青花下沉，说明年代久远。又见彩釉开片纹，呈古瓷相。

总结： 除容重值偏大有原因外，其余三方面均很开门，可以证实本瓶为明嘉靖的名贵品种“青花五彩官窑器”。

圣祖之明——康熙开光艺术瓷器

彩瓷先施圈栏，内绘花彩，外填色釉，则谓之“开光”瓷器。

清代开光瓷，往往圈内为白地，饰主纹，圈外为色地，又加绘耙花、什锦花等辅纹，以辅垫衬托主纹，可收富丽之效。

康熙开光艺术瓷器，最突出的一点，是成功地借鉴绘画表现手法，凡生动新鲜的图样，多直接选自纸帛画，画手素养深厚，指功腕力内蕴，常见墨迹和畅气壮，可更充分表达画意，构成立体感极强的完整画面。其次康熙瓷开光装饰还巧妙借鉴织锦纹饰，以锦地开光形式增强瓷绘表现力，使其形成一种鲜明的时代风格。

康熙开光艺术瓷之成就，是康熙作为一代圣祖之明，其崇尚汉文化，并广泛汲取各门类艺术精华的结果，也是其强大的经济实力在艺术上的相应表现。

清康熙——黄地开光五彩雉鸡牡丹纹棒槌瓶

目测法： 瓶高38cm、口径11cm、底径11cm。盘口、直颈、颈部凸楞一周、折肩圆弧、筒形长腹、至底微内收、平切底浅圈足。此瓶器形规整，为康熙时期独特的创新造型，类似江南农家妇女洗衣服用的木头棒槌而得名。

胎质坚硬细润，与器型、重量的比例合宜。

瓶口装饰绘连续三角纹、回纹，颈部、肩部则锦地开光装饰书卷等文房用品。腹部锦地开光绘山石、花鸟图，画工细腻精致。鸟的姿态，尤为活灵活现，鸟的肚腹画得夸张，显得浑圆丰满。彩釉呈色见“蛤蜊光”。

这种用釉上墨彩勾线，以刚劲的风格画鸟、枝干、叶子、石。特显玻璃质感的釉上彩之下那乌黑发亮如铁丝嵌于瓷器的黑线之“硬”，又其刚直造型（如棒槌瓶）的应运而合生，表明了从绘画装饰到造型一体化的“硬彩”风格，是康熙朝的创新，又称“古彩”。

底面用青花书写“大清康熙年制”六字二行楷书官窑款。

图（6–88）

图（6–89）

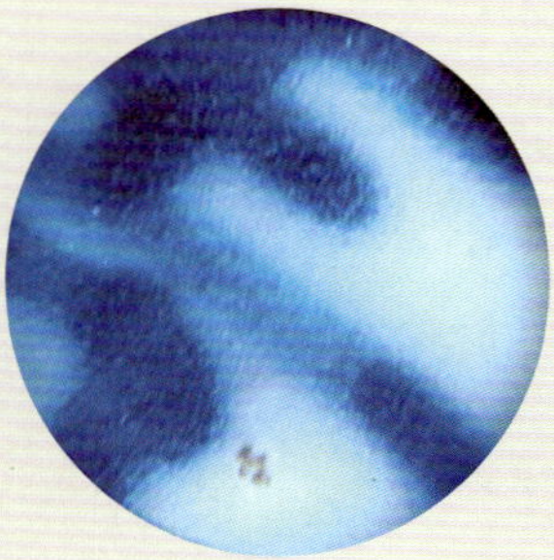

图（6–90）

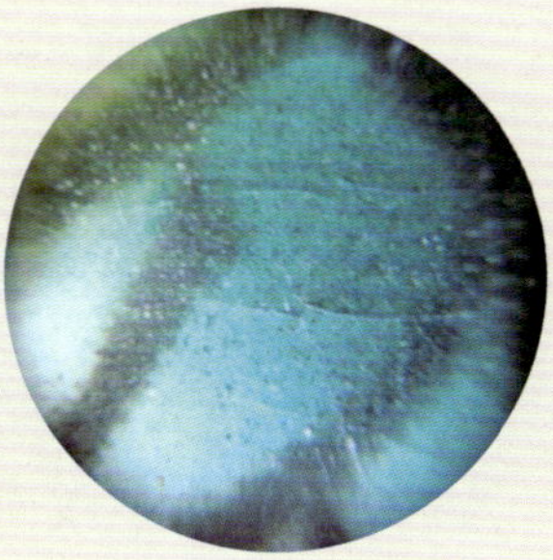

图（6–91）

比色法： 绿色色标为C-80，M-10，Y-40，K-10，黄色色标为C-10，M-30，Y-80，红色色标为C-20，M-90，Y-100，K-10，以上均为康熙五彩正色调。

图（6–92）

容重法： 瓶在空气中称重2198克，在水中称重1255克，则其体积为2198—1255=943克/cm^3，容重E=2198/943=2.33，由于康熙瓷胎缜密似玉，超过一般古瓷，所以此值在合理之中。

微观法： 见青花下沉，又见彩釉开片纹，证实为古瓷。

总结： 以上测定可证实，本瓶为康熙五彩古瓷，很珍贵。

十四、如何鉴别“大明成化年制”斗彩瓷？

明成化斗彩官窑器，胎骨细润晶莹，造型玲珑秀奇，彩料精选纯正，色调柔和宁静，画面淡雅幽婉，精巧可人，玩赏性大于实用性。不仅名重一时，还成为清代斗彩主要的模仿对象。 清代仿古斗彩器最有成就的，首推康熙时期仿明代成化斗彩，以质地精良、以假乱真著称。但明成化官窑瓷器的款识，犹如出自一人之手，用笔自然，肉中有骨，柔中见刚，既挺拔瘦劲，又笔道圆润。清代仿款，缺乏成化官窑款那种柔中见刚的神韵。

成化斗彩还因为其器形均小巧精致，为掌中把玩之物，开一代未有之奇，其风格之迷，数百年来在中国陶瓷史上，一直是人们津津乐道的话题。据历史考证，明宪宗的宫闱生活始终被蒙上一层传奇色彩，甚至影响一代朝政。终成化一朝始终受成化帝宠爱的妃子仅为一人，即贵妃万氏。成化斗彩因为具有一种所谓女性美，故人们相传当年在宫中，它是万贵妃的赏玩之瓷。

成化官窑款识书法风格十分特异，又有蛮味，使后仿学书法的人很难学样，几乎摸不着门。康熙仿成化斗彩的釉色水平最高，但在款识这项上，一下就露了馅。

标准的成化斗彩瓷款识，约有下列几点特色：其一，外框在接角处，有的因为笔法转折，青料堆积浸渍的关系，而出现较为明显浓重的青色。后代的仿款外框大多描得过分干净。其二，用笔开张、顿挫的笔划特别明显，如“大”字的一捺，“成”字的一撇。其三，“明”字日窄头平月。其四，“大”字尖圆出头不高，开脚均匀角度较大。其五，“成”字的一点，常在横划之外且偏上，据头、肩、腰三合一部位，甚妙。其六，“化”字人匕齐平头。其七，“年”字结体较扁，部位略高于右边的“明”字。其八，“製”字的衣部上横较短，不超上面的“制”字。

二件古瓷供鉴赏：

明成化——斗彩鸳鸯莲花纹茶具（6件/套）

目测法：茶壶一件，高9cm；茶盅4件，口径6cm；茶盘1件，直径20cm。胎体洁白细腻，并且轻薄秀美，透光度佳。修胎规整，造型雅致。

釉面肥腴，呈现不规则的老化现象。彩料由彩矿石炼成岩泥浆作釉，质粗易

图（6–93）

图（6–94）

图（6–95）

图（6–96）

图（6–97）

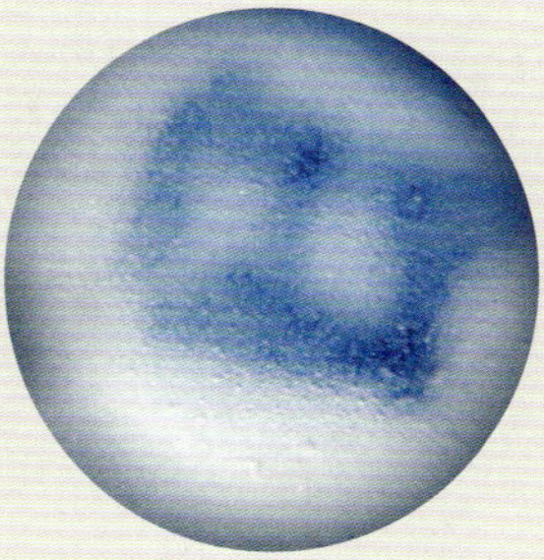

图（6–98）

脱落，呈色稍逊，甚至有枯败现象。

纹饰为鸳鸯莲花纹，大量采用双勾平涂技法，勾廓渐趋细线条，纤细活泼，笔意柔中含有劲力，用笔粗疏而古气横溢。

器底有釉，均钤“大明成化年制”青花款，款字苍劲有力，笔画圆润。

比色法：赭紫色色标为C-20，M-70，Y-60，K-0，绿色色标为C-70，

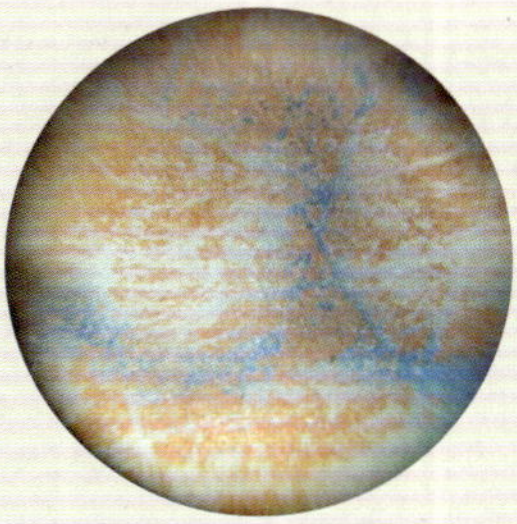

图（6–99）

图（6–100）

图（6–101）

M-10，Y-40，K-0，黄色色标为C-0，M-20，Y-80，K-0，以上三色均呈成化时代特色。

容重法：（1）壶在空气中称重为162克，在水中称重为39克，体积相当于162—39=123cm^3，则E=162/123=1.32克/cm^3，此值偏小，可能在水中称重时与壶中排不清空气有关。但此值可排除现仿瓷器之疑，定明朝古瓷是可信的。

（2）盅在空气中称重为33克，在水中称重为18克，体积相当于33—18=15cm^3，则E=33/15=2.2克/cm^3，此值很好，证实此盅为明成化古瓷无疑。

微观法：见釉中气泡紧密细小，又见平等青很平淡而深沉不漂浮，瓷质苍老显旧观，呈成化古瓷特征。

总结：从多方面测定均达标，可认定本套茶具为明成化斗彩名瓷。

清康熙——斗彩瓜果葡萄纹盘

款识：“大明成化年制”，口径32.5cm、底径12cm、高5.5cm。

目测法：造型浑厚。胎体轻薄，且致密而细润。釉面与胎体结合紧密，釉色温润与纯净，白中微泛青，有“蛤蜊光”。斗彩工艺仍承袭明成化斗彩风格，纹样采用平涂勾勒的技法而成。但由于勾勒的青花料已有浓淡层次，因而更具表现力。这时所用彩料均不加粉质，有较强的透明度。

绘单弧线表示瓜果的体积感，并在瓜叶上见筋不见脉，且纹饰较为生硬，这呈清康熙朝仿明成化的工艺和技法。

器足为窄的斜足，底部有下塌状。底钤青花双圈内书“大明成化年制”六字两行楷书款。

比色法：青花色标为C-80，M-40，Y-0，K-0，红色色标为C-5，M-80，Y-60，K-0，绿色色标为C-80，M-5，Y-100，K-0，与成化斗彩色标相比：青花偏

图（6–102）

图（6–103）

图（6–104）

蓝、红色不鲜亮、绿色较接近。所以本盘为高仿品。

容重法： 在空气中称重1318克，在水中称重742克，盘体积相当于1318-742=576cm^3，E=1318/576=2.288，符合清古瓷容重条件。

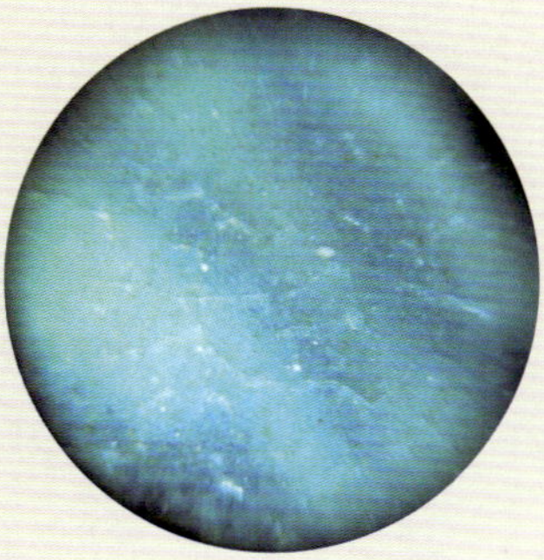

图（6–105）

微观法： 釉内青花下沉，上布白色气泡极小且密，具成化瓷特点。又见浅绿色釉开片纹，这是清康熙朝调用珐琅彩料的原因。

总结： 在纹饰技法、釉料、容重、微观诸方面均具清康熙朝工艺特点，可确定为清康熙高仿明代瓷器。

十五、如何鉴别明成化与清雍正斗彩瓷？

明成化斗彩是先用青花在白色瓷胎上勾勒所绘图案的轮廓线，罩釉高温烧制后，再在青花轮廓内填充各种彩色，再入彩炉低温烧成。其釉上之彩色具“五彩”特征。

清雍正时斗彩多仿成化，与成化斗彩极为相似，但开了“粉彩”与青花结合的先例，制作出更加柔和的色彩，加之填彩准确，很少漫出边廓，显得清秀明丽，正符合成化斗彩瓷特点。另外雍正斗彩瓷在绘画上采用了中国传统工笔花卉的技艺，工整严谨。

所以用“五彩”还是“粉彩”与青花结合成斗彩，以及绘图工艺是鉴别明成化与清雍正斗彩之关键特征。

二件古瓷供鉴别：

明成化——斗彩花卉蝙蝠纹蹲式碗

图（106）

目测法：实测口径15.2cm、高5cm、足径8.5cm。器型撇口折腰式，器壁较矮，口与底之间呈外弧形，底与圈足之间呈内弧形，器型比例协调，有“曲线美”。

胎薄体轻，坚白细润。釉质莹润柔和，表面光洁。大多色彩有浓淡的变化，如青花色浅淡而偏灰，红色如有光的油红或闪粉红，黄色透明如蜜腊，反映出高超的制瓷技艺。

图案纹饰轻描淡绘，线条纤细清晰，有清新雅感。釉下以浓淡的青料绘缠枝莲及勾出轮廓线，釉上填上淡雅彩釉。碗内心饰五蝙蝠围圈图案。

器足规整，圈足较深，露胎窄细。足底施白釉，书青料双方框“大明成化年制”官窑款。制作呈明成化斗彩之工艺。

比色法：红色色标为C-30，M-80，Y-40，K-30，如油红，绿色色标为C-60，M-5，Y-40，K-0，浅翠透明，呈成化柔和色调。

图（107）

图（108）

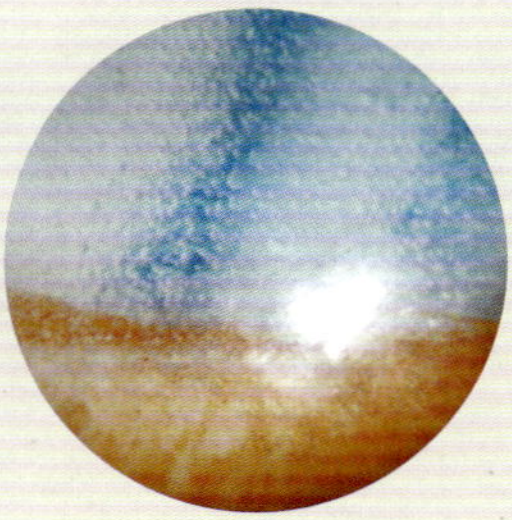

图（109）

容重法：碗在空气中称重187克，在水中称重105克，体积相当于187-105=82cm^3，E=187/82=2.28，此值肯定是明代古瓷。

微观法：见釉下青花下沉较深，青料上小气泡密集，证实年代久远。

总结：从各方面测定，确定本器物为明成化斗彩真品是妥当的，非常珍贵。

清雍正——斗彩缠枝花卉纹盘

目测法：实测口径20.5cm、高4.5cm、足径13cm。

图（6–110）

器型圆口、弧形腹、圈足。造型秀雅，比例协调，外显“曲线美”。

胎体坚白细润，薄胎体轻，匀称一致，有玉质感。迎光透视，从里面透过器壁，依稀可见另一面的纹饰。

釉质莹润无暇，表面干净，微显桔皮纹。釉色为闪青的白釉，在折角聚釉处有玻璃质感。装饰采用仿明成化斗彩工艺，用料有所不同。釉下以淡的青料勾出纹饰轮廓线，经高温烧成后，釉上填上淡雅的粉彩料，再经低温烧成。盘内口上沿饰青花双线下一周花边图案纹；盘心饰青花双圈内缠枝花卉纹；外腹部饰缠枝花卉纹，上下青花双线带。斗彩釉色富有变化，红色油润，绿色似水般莹亮明澈，黄色正而不艳，纹饰布局简洁幽雅，而且诸色皆有阴阳反侧，使器物更加富丽娇艳。

器足规整，足墙内斜外勾坡，足脊滚圆如“泥鳅背”，露胎窄细，修胎光滑洁净，有细腻润滑感，挖足较深。底心钤“大清雍正年制”两行六字楷书款，外

图（6–111）

图（6–112）

加双圈青花圈。字体工整严谨，用笔符合官窑瓷规范。

比色法： 绿色色标为C-100，M-10，Y-80，K-10，红色色标为C-20，M-90，Y-80，K-10，两色均为正色。

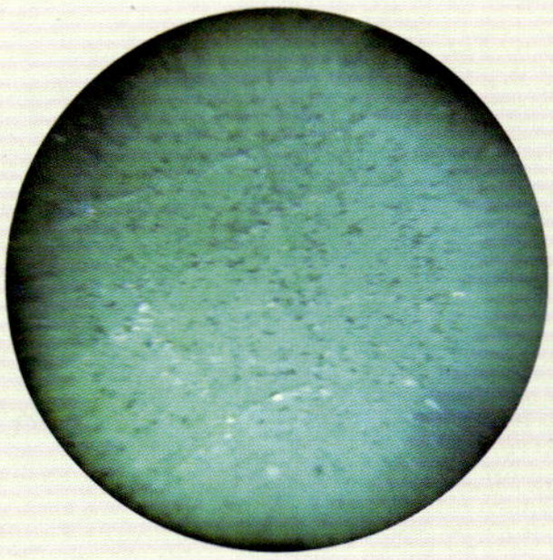

图（6–113）

容重法： 空气中重量为292克，水中称重161克，盘体积相当于292-161=131cm^3，E=292/131=2.229，符合清雍正瓷标准值。

微观法： 见青花下沉，有较多气泡，绿釉有开片和黑色小杂点。征实符合清雍正古瓷特征。

总结： 四方面测定均达标。本盘显示出雍正斗彩不仅彩色鲜艳温雅，而且以清丽秀媚见长，备受人们的钟爱，证实这是一件雍正官窑珍品。

十六、如何鉴别斗彩与五彩瓷？

斗彩与五彩名称上的不同，是斗彩取其五彩中色彩的争奇斗艳之意。

斗彩釉面肥润，纹饰层次分明，釉面硬度高，有光晕。其次是烧成工艺的区别，五彩有釉上五彩和青花五彩，釉上五彩中没有青花装饰；青花五彩与斗彩都要先经过釉下青花的高温烧成，但是严格意义上的青花五彩中青花是作为一部分纹饰出现，以其他色补充画面后二次烧成，而斗彩是先于釉下以青花作纹饰的轮廓线，再在釉上青花轮廓内缀填以艳丽或淡雅的彩色，经低温二次烧成，形成釉下青花与釉上彩色的鲜明对比，交相辉映；绘画技法上五彩采用单线平涂的方法，极讲究用线，靠线的顿挫转折、轻重缓急、粗细长短以及排列疏密来写形达意传情；斗彩则青花构成主色，釉上彩绘时在淡描瓷器的釉面上根据纹饰设色的安排，用点、填、染、覆等方法进行彩绘；五彩颜色少比较单调，红绿对比鲜明，斗彩彩色丰富，颜色淡雅，

无锡雅蔚苑二件古瓷，供鉴别：

明嘉靖——（成化款）斗彩子母鸡纹杯

（一对，其中一件有一个小“口磕”）

目测法： 敞口、深腹、形如一口倒置的小青铜钟。杯口径6.4cm。

胎质较软、洁白、轻薄，透光度佳，但缺苍老之观。修胎规整，造型雅致。

釉面细润洁白。

青花呈沉贴胎体幽静、淡雅的色调，与釉上绚丽灿烂的彩绘遥相辉映争奇斗妍，给人一种优雅而又华贵明快而又朦胧的美感。器足（及口沿），凡饰有青花双边线则规矩，紧靠圈足底部，而靠近足跟无釉处那条圈线，颜色较深重，上面一条则显清淡。

纹饰线条纤细，多用双线勾勒平涂技法，只分浓淡而不分阴阳，无渲染烘托。装饰纹样为一块旷地上群鸡欢跃，母鸡率雏啄虫捕食，雄鸡引吭高歌。月季花盛开，幽兰吐芳馨，一派初春庭院景象，令人觉得神爽气清。青花染山石，鲜红覆罩在月季花卉上，水绿覆罩叶子，姜黄、鹅黄填饰小鸡，红彩点鸡冠，使得整个画面神采奕奕。

杯底钤以青花料绘双圈内“大明成化年制”六字二行楷书款。

图（6–114）

图（6–115）

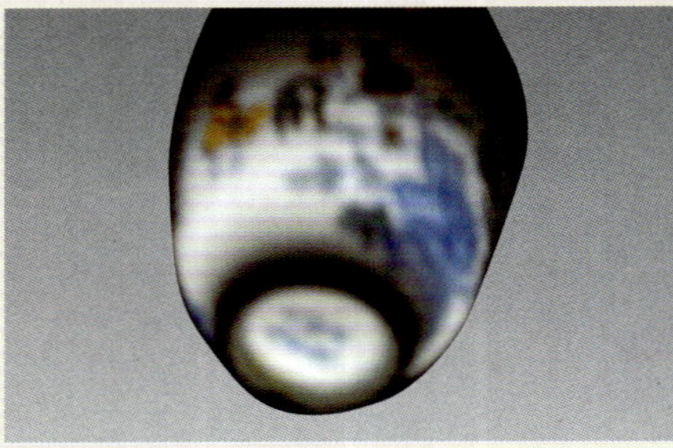

图（6–116）

图（6–117）

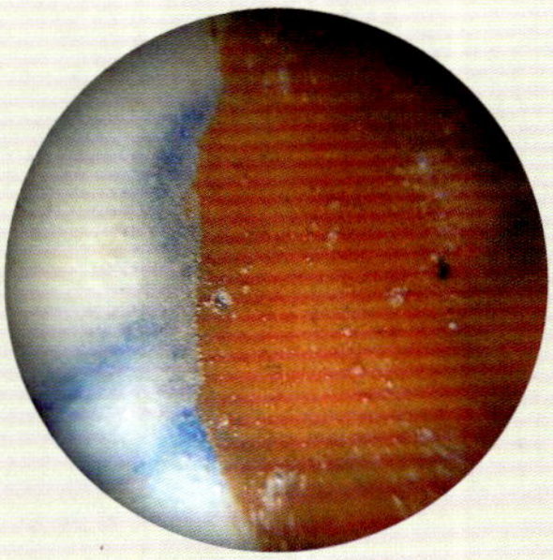

图（6–118）

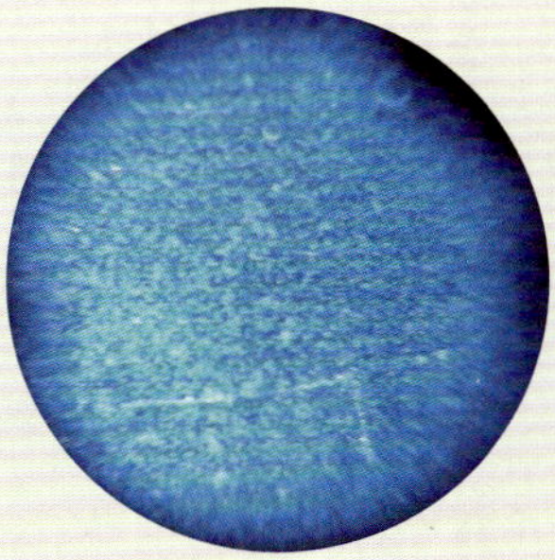

图（6–119）

比色法： 红色色标为C-10，M-60，Y-50，K-0，偏黄不鲜艳，绿色色标为C-70，M-5，Y-70，K-10，偏蓝色调，黄色色标为C-10，M-50，Y-80，K-0，偏红不鲜明，以上三色均不呈成化时代特色，有后仿之疑。

容重法： 杯在空气中称重为32克，在水中称重为17克，体积相当于32—17=15cm^3，则E=32/15=2.13克/cm^3，此值定明朝古瓷是可信的。

微观法： 见釉中气泡疏朗，有大、中、小三种，排列如天星，呈远、中、近，不均匀而有层次。又见青花深沉而不漂浮，与成化古瓷特征“气泡紧密细小、青花淡色下沉浓之上浮的苍气观”有差别。

总结： 从多方面测定分析，认定本器物为明嘉靖仿成化斗彩名瓷为妥。

清乾隆——五彩色地五福捧寿碗（二对）

目测法： 实测口径12.3cm-12.5cm，撇口、深腹、圈足，器型端庄规整。胎体略重，釉质粗糙，呈乾隆晚期瓷器特征。主饰五只蝙蝠围一个寿字编图案，配以折枝花卉纹，寓意福寿。

图（6–120）

图（6–121）

图（6–122）

图（6–123）

除底足施白釉外，其余整地色为黄色或外红内蓝，应属宫廷用品。纹饰用黑彩勾勒，内填浅黄、绿、淡绿、红、紫红等多种色彩，彩色较浓艳，纹饰布局疏朗，略显板滞，亦现乾隆晚期瓷器的纹饰变化。底钤“乾隆年制”红色楷书官窑款识印章。

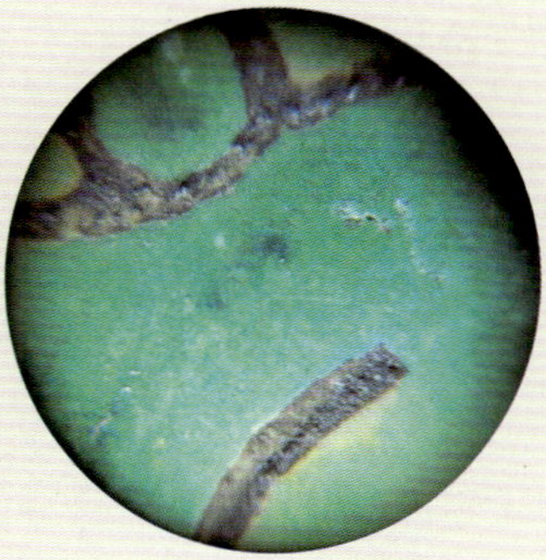

图（6–124）

比色法： 黄釉色标为C-5、M-30，Y-100，K-10，红色色标为C-0，M-100，Y-70，K-40，嫩绿色标为C-20，M-0，Y-80，K-20，几色均为清代五彩官窑瓷之常用色调。

容重法： 取一件碗在空气中称重246克，在水中称重132克，其体积相当于246-132=114cm^3，则容重E=246/114=2.157，此值较小，说明釉层较厚，完全达到乾隆古瓷标准。

微观法： 可见彩釉开微片纹（因釉地较厚，造成釉上彩开片纹不明显），证实为古瓷相。

总结： 从以上四方面测定，可确定这是两对清乾隆宫廷日用瓷，比较珍贵。

十七、如何鉴别素三彩与五彩瓷？

素三彩用色以黄、绿、紫为主，间有蓝色，庄重、素净，不见对比强烈的色调，其中的水绿色最为突出，其绿浅淡嫩艳如一汪泓水，与五彩最突出的区别特点就是不用红色。

此外，素三彩是在素胎上施彩釉；素三彩的图案大多使用锥刻纹来表现，工艺略显粗拙，锥刻纹与其他色釉图案互不干涉、相互并存。而五彩则是在已烧成的素胎瓷器上使用青花、黑彩描轮廓，图案描绘仔细，用多种彩料填绘，其中红彩居多，尤其是青花五彩，更体现了用彩艳丽浓郁的风格。

五彩始创于明宣德年间，是釉上彩绘方法的一种，五彩是单线平涂，基本色调以红、黄、蓝、绿、紫等带玻璃质的彩料为主，或加以金彩，不一定五彩皆备，但画面中红、黄、蓝（或绿）三色是必不可少的，按图案的需要施于瓷器釉上，再入窑烧成，俗称“古彩”或“硬彩”。

二件古瓷供鉴别：

清康熙——墨地素三彩龙穿花纹衔环双狮首尊

目测法： 尊高36cm，器形短颈、长圆腹、仿古青铜尊式样，在肩与腹的交界处堆塑衔环双狮首耳，并用本朝创新之蓝色彩钤楷书“大清康熙年制”横

图（6–125）

图（6–126）

款，特显庄重的官窑器威严。　胎质紧密，足露胎细腻，底多砂粒而视同拱壁。釉质面平润、细滑而坚致。胎、釉均符合清康熙素三彩瓷之特征。

本器墨地三彩，单纯以釉上彩装饰。其地色以绿釉覆涩胎，再覆以黑釉方成；既成，再于黑地之上用细笔将泛紫的深墨勾廓，花朵、图案的结构都交代得非常清晰，画意生动又古朴典雅。然后填以黄、绿、紫、白诸色，完成纹饰，再一次低温烧成。

比色法： 黄色色标为C-5，M-5，Y-90，K-10，绿色色标为C-50，M-0，Y-100，K-30，紫色色标为C-0，M-60，Y-20，K-20，三彩色均符合康熙素三彩之鹅黄、瓜绿、茄皮紫之本色。

容重法： 本器在空气中称重5763克，在水中称重3182克，其体积相当于$5763-3182=2581cm^3$，则其容重$E=5763/2581=2.23$，此值很好，可完全证实本器为清康熙朝瓷器。

微观法： 从微观图中可见色釉开片，达到清古瓷标准。

总结： 目测就很开门，再加上三方面测定，完全可定性本尊是一件传世极少、又极名贵的“康熙墨地三彩”官窑器。

图（6-127）

图（6-128）

图（6-129）

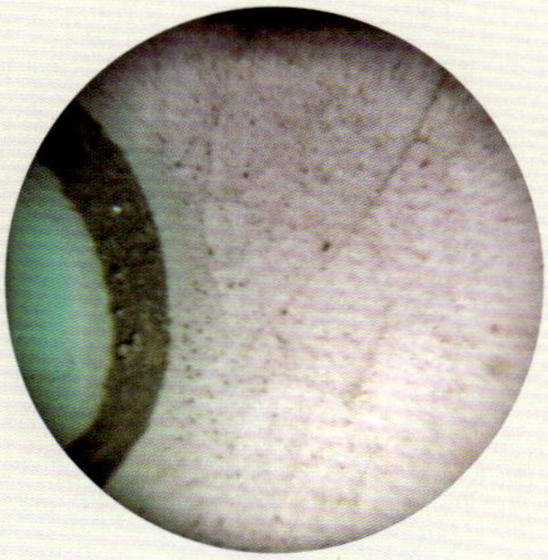

图（6-130）

清康熙——开光五彩花虫四宝鱼藻纹莲瓣口大盘

图（6–131）

目测法： 造型为莲瓣敛口，弧形腹，两层台式双圈足，足底有二个圈，在二圈之间，有个深槽，外圈底足高于内圈底足，足端圆润，形制规整，是康熙代典型器。盘口径40cm、高11.5cm、足径23.5cm。

胎质坚硬细润，胎体匀厚。通体施白釉，釉面滋润。纹饰大部分以黑彩勾勒轮廓线，线条遒劲，后填五彩。盘内壁分14梯形开光块面，每块面饰绘一种折枝花卉纹。盘心圈内绘双鱼荷藻纹。盘外壁饰四组花卉虫草纹。底足外圈内饰四宝纹。画彩工笔秀逸，题材既取画稿，遗笔自不免听凭画论，类似国画染墨，皆气韵通古。

底足内圈钤青花双圈内书“大清康熙年制”六字两行行书款，笔功刚力，为康熙“官窑款”。

图（6–132）

图（6–133）

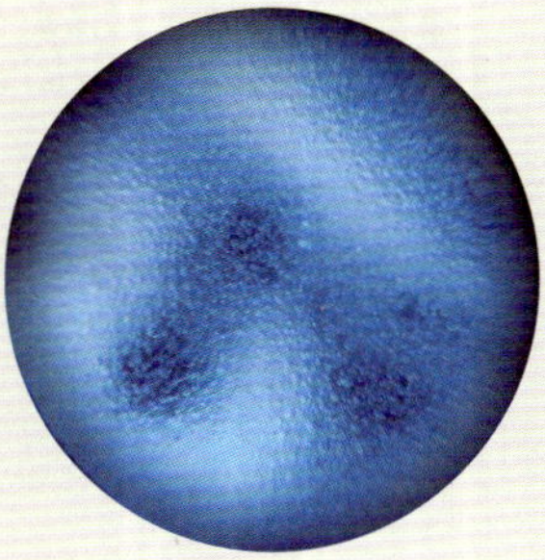

图（6–134）

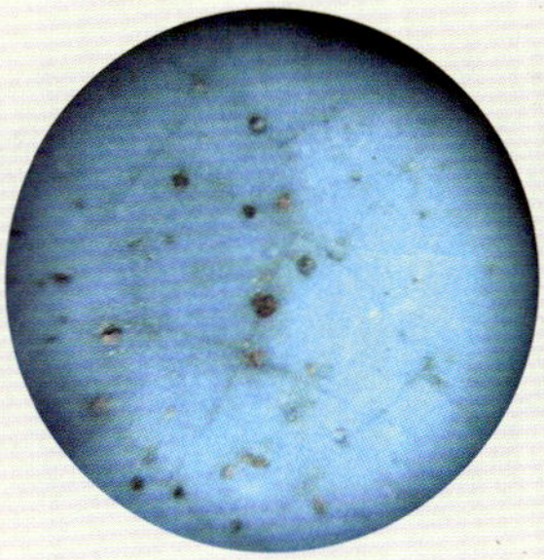

图（6–135）

比色法：黄釉色标为C-0，M-20，Y-80，K-0，绿釉色标为C-90，M-10，Y-40，K-10，两色均符合康熙五彩真品色调，蓝色色标为C-80，M-40，K-40，是正宗蓝宝石釉色。

容重法：盘在空气中称重2884克，在水中称重1642克，其体积相当于2884-1642=1242cm^3，则E=2884/1242=2.322，此值稍大，但康熙瓷胎质缜密似玉，与当代的瓷土和工艺有关，所以此值适合康熙古瓷范围，是合理的。

微观法：青花下沉，色釉见开片纹，呈古瓷相。

总结：从几方面测定分析，本盘为康熙古瓷器，很珍稀。

十八、如何鉴别五彩与粉彩瓷？

五彩与粉彩名字的不同，说明了两者的定义肯定也有不同。五彩始创于明宣德年间，是釉上彩绘方法的一种，基本色调以红、黄、蓝、绿、紫等带玻璃质的彩料为主，或加以金彩，不一定五彩皆备，但画面中红、黄、蓝（或绿）三色是必不可少的，按图案的需要施于瓷器釉上，再入窑烧成，俗称“古彩”或“硬彩”。

粉彩是景德镇窑在清康熙五彩的基础上及“珐琅彩”的影响下创制成功的又一种釉上装饰彩瓷。它不同于其他彩瓷的独特之处是在彩绘时掺加一种白色彩料“玻璃白”。“玻璃白”具有乳浊效果，画出的图案可发挥渲染技法的特性，呈现一种粉润的感觉，因此被称为“粉彩”或“软彩”。

由以上可知五彩与粉彩名称不同，颜料也有区别，因此绘画技法、颜料用法也是不同的。五彩是单线平涂，粉彩是没骨画法，以墨线起稿，再在图案内填上玻璃白，彩料施于玻璃白上，再经画、填、洗、扒、吹、点将颜色晕开出现浓淡层次；粉彩除袭用五彩外，还创造了几种颜色，胭脂红、羌红、养绿、洋黄、洋白等；而粉彩中因含有铅粉并加施玻璃白，施彩厚，纹饰有凸起，层次分明，有立体感，这方面来说明显优于五彩。

自康熙晚期出现后，精于雍正，盛于乾隆，后历朝流行不衰，时至今日，仍是重要的瓷器品种。

二件古瓷供鉴别：

明万历——五彩凤纹盘口瓶

目测法：瓶口为盘状，长颈，颈中间有凸弦一周，斜溜肩，圆筒腹，圈足，造型精美，瓶高36cm。这种造型向上拉伸，就成“槌棒瓶”，所以也可以说这瓶形是“清康熙朝搥棒瓶”的“原型”。

图（6–136）

胎质坚致，釉面紧密肥厚，白中内青。

本瓶五彩是万历时还有一种略显素雅的五彩，如同北京故宫博物院所藏的“五彩莲池鸳鸯纹蒜头瓶”，同样用红、绿、黄、青花绘凤鸟、飞蝶、寿石、花果、开光四宝及辅助纹饰，画面虽比较满，但留有一定空间，用彩淡雅，这一类应为万历仿前朝风格的五彩。另外，整个纹饰潦草、线条纤细、用笔洒脱，尽显万历五彩特征。

图（6–137）

在瓶的颈肩部，铃青花“大明万历年制”六字一排楷书官窑款。

比色法：红色色标为C-10，M-60，Y-50，K-0，为万历枣皮红色

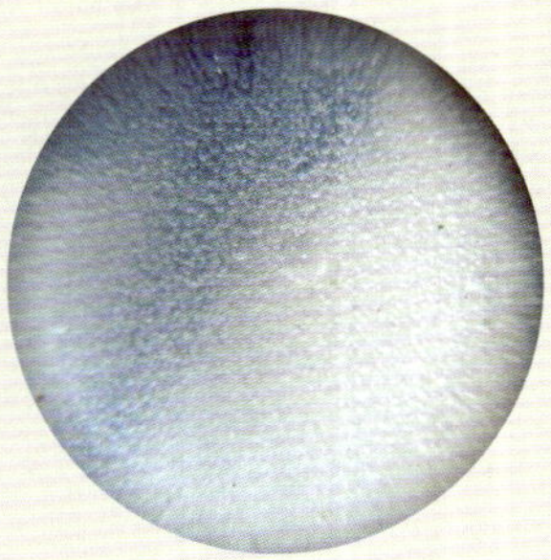

图（6–138）

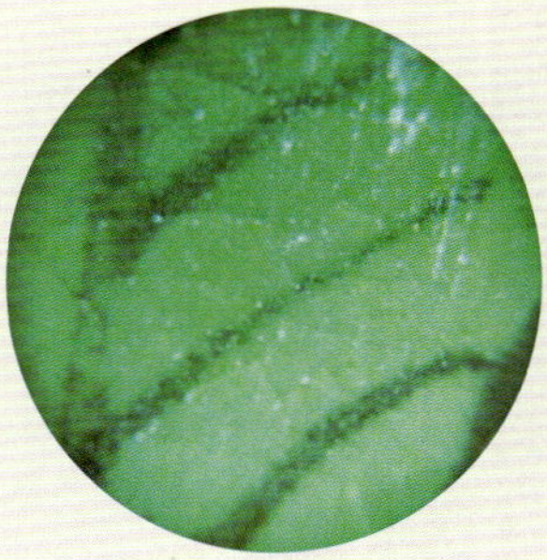

图（6–139）

调。黄色色标为C-10，M-30，Y-70，K-0，为万历姜黄色彩。

容重法： 瓶在空气中称重1521克，在水中称重859克，其体积相当于1521-859=662cm³，则其容重E=1521/662=2.29，此值符合古瓷条件。

微观法： 见彩釉开片纹，又见青花明显下沉，均可证实本瓶为明古瓷真品。

总结： 四方面测定均可定性本瓶为明万历五彩瓷器。再则这瓶是万历的素雅五彩品种，故特显珍稀宝贵。

清康熙——粉彩仕女婴戏图盘口瓶

目测法： 瓶口为盘状、细长颈、圆折肩（以上同棒槌瓶上部器形）、器身高大、腰圆鼓腹、腹下内收、至胫部始向外散开、丰底（这几点同凤尾尊中下部器形）。故本瓶器形呈显清康熙朝瓷瓶式样古拙、丰满厚重之特征。本瓶高35cm。

本器物瓷胎坚实细密、厚重。瓷接胎的痕迹加工得比较好，但如伸手摸瓶内颈部接口，接胎痕还可明显发现。

瓷的釉不如明代瓷的釉肥亮，施釉薄是一大特点。胎釉比较细平而白亮、洁净。釉和胎的结合比较紧密。本瓶瓷底足坚硬密滑，内敛式底，显康熙瓷底多样化特点。

图（6-140）

图（6-141）

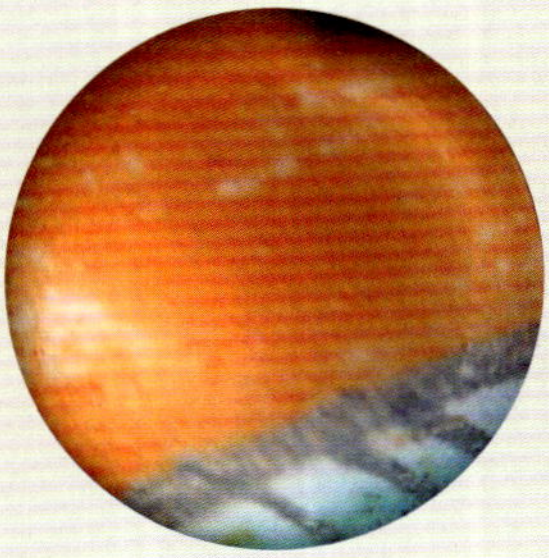

图（6–142）

图（6–143）

图（6–144）

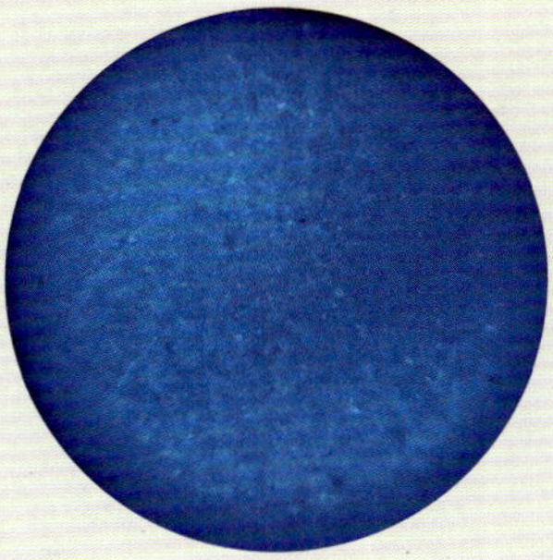

图（6–145）

粉彩打底先用玻璃白，玻璃白上涂色釉，再低温二次烘烤。早期粉粉用油调和。蓝色釉粉质感较强，粉蓝色彩娇艳淡雅。而金红色釉粉感较差，金红仍浓艳。这均是康熙朝粉彩瓷的时代特征。

康熙仕女图，发髻高耸，赭色脸庞丰满，眉弯目秀，樱桃口，唇似朱点，衣裙飘逸，神态秀丽，端庄稳重。康熙娃娃瓷画，娃娃的脑门心蓄发，再注重背景的描画与烘托。本瓶绘画以瓶花作为博古纹的主题纹样，盆景纹中的花卉，描绘较为工细。杂宝纹的绸带，用线条勾边，内填色料平涂而成。整个笔绘均符合康熙瓷画风格。

瓶底用青花料绘”双圈款”。这是清康熙中晚期用的瓷款识“无字画双圈款”，在官窑或民窑精品瓷器上出现过。

比色法：金红釉色标为C-20、M-80、Y-90、K-10.为清康熙粉彩中特有的色调，又称”胭脂红”。粉蓝色色标为C-100、M-40。也是康熙粉彩中蓝釉粉质化的特有色调。

容重法：本瓶在空气中称得重量为2545克，在水中称得重量为1464克，算出本瓶的体积为2545-1464=1081cm^3，则本器物的容重值为2545/1081=2.35。康熙瓷胎中有一类”紫金土”质地，容重值超2.30。所以本器物2.35的容重值仍判断为康熙瓷是可以的。

微观法： 见粉蓝色釉有白色开裂纹，金红色釉无粉质化和不见开裂纹，以上呈显康熙粉彩之时代特征。又见青花料下沉，说明年代久远，证实是到代康熙瓷。

总结： 从上几项测定，均呈现康熙粉彩瓷所持有的时代特征，所以断定本瓶为康熙粉彩瓷器是无疑的。

十九、如何鉴别清雍正珐琅彩瓷？

清雍正彩绘瓷，早期仍沿袭康熙珐琅彩绘法，但后期形成了自己的风格，即在白釉地上，以山石、花鸟作装饰题材。精湛的绘画技法，达到了雍正谕旨中注重的“内廷恭造之式”排除“外造之式”的要求，富有中国文化底蕴，符合传统文人士大夫的审美观念。

珐琅彩瓷发展到雍正时期，应该说达到了一个极盛阶段。后人评雍正珐琅彩瓷有四绝：“质地之白白如雪，一绝也；薄如卵幕，口嘘之而欲飞，二绝也；以极精之显微镜窥之，花有露珠，鲜艳纤细，蝶有茸毛，且颈颈竖起，三绝也；小品而题极精之楷篆各款，细有蝇头，四绝也”。

雍正珐琅彩瓷之所以能取得如此高超的艺术成就，画工精湛是其根本原因。另外，辨别瓷胎画珐琅器之真伪，即在“彩色”。雍正时有些彩料其原质采自欧西各国宝石粉加工特制，乾隆末年此种彩料告罄，故后仿作不足观矣。 下列三件图片供鉴赏：

清雍正——郎世宁珐琅彩绘《枫林猿吟图》纹赏瓶

目测法： 器物小撇口，细长颈，溜肩以下渐收敛，圈足。瓶高22.5cm。

瓷胎细薄，几乎半脱胎，修胎规则，造形秀丽。

珐琅彩色鲜艳、柔和，料彩表面光滑有玻璃质反光感，十分美观。

绘画与纹饰画功讲究，都为工笔画。瓶身一面彩绘双猿松石图；另一面行书“千里枫林烟雨深 无朝无暮有猿吟 停挠静听曲中意 好是云山韶護音”诗句，诗首绘迎首章，诗尾压角为“世”、“宁”胭脂红印章。

底部以蓝料书仿宋体“雍正年制”，外加双方框的官窑款。

本赏瓶绘画精美，双猿的羽毛、花卉和山石的不同侧面，采用油画技法，立体感很强，加之对仗工整、书法极精湛的题句及朱白相映的图章，充分彰显宫廷

图（6–146）

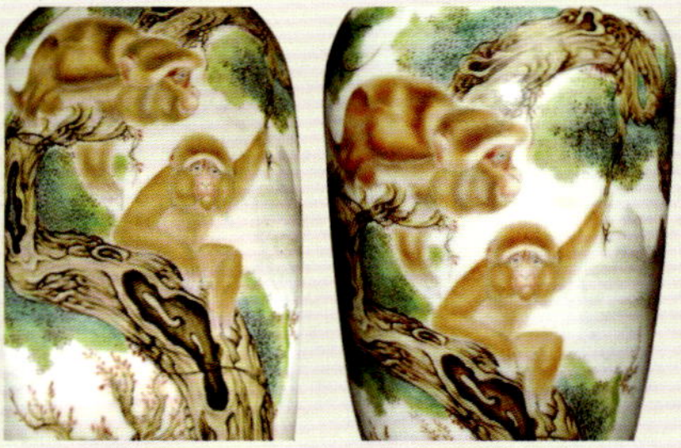

图（6–148）

图（6–147）

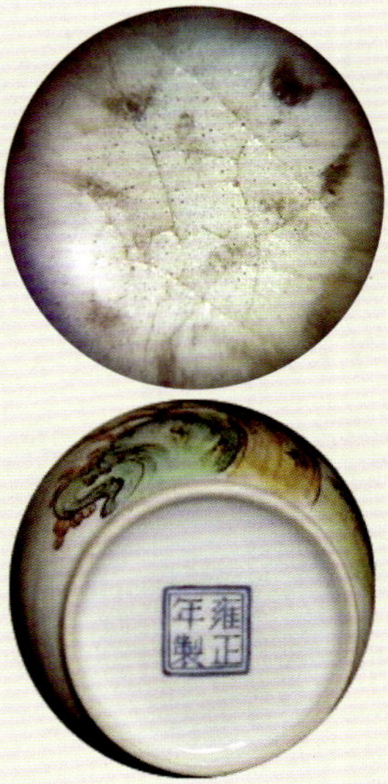

图（6–149）

画师“郎世宁”之功身。加上珐琅彩料优良，如宝玉般惹人喜爱，实乃巧夺天工之艺术珍品。

比色法：浅绿色色标为C-60，M-10，Y-20，K-10，紫红色色标为C-10，M-80，Y-0，K-40，这几种色均符合雍正珐琅彩色调。

容重法：瓶在空气中称重352克，瓶在水中称重为197克，则其体积为352—197=155cm^3，瓶的容重E=352/155=2.27，此值可排除后仿品，而符合清雍正瓷器之容重范围。

微观法：见彩料开冰裂纹，证实为清雍正珐琅彩瓷无疑。

总结：从四方面鉴测来分析，均很开门，证实本瓶为极其珍贵之清雍正郎世宁绘之珐琅彩极品。

清雍正——珐琅彩“三星”人物故事图浅对碗（一对）

图（6–150）

图（6–151）

目测法： 碗撇口、圆腹收至底足、底足微微内敛。碗口面增大，器身较矮，而且足部也放宽大，端庄稳重，为“清雍正”朝碗类之典型器物。口径16cm、高6.7cm。

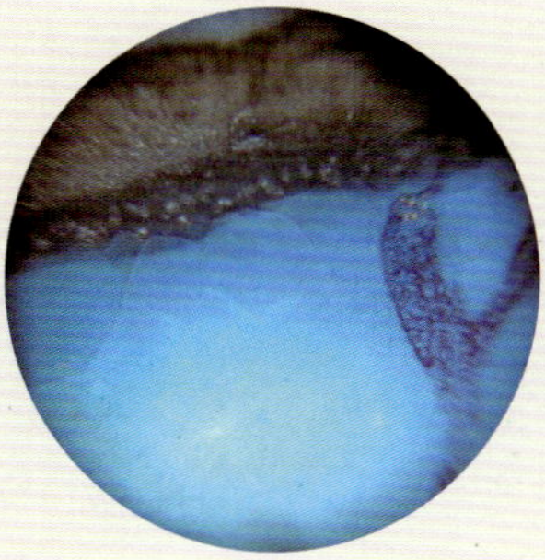

图（6–152）

胎体薄，洁白如玉，迎光透视，胎体莹润无暇，从里面透过器壁，依稀可见另一面的纹饰。雍正瓷绘娃娃的面部轮廓和眼、鼻、耳五官（包括眉毛）的廓线，用淡赭勾成，嘴唇也用淡赭涂画。人物的面目较为写实，五官分明，并在面部略施淡红粉予以晕染。

绘饰画风优雅端庄，触笔流畅精致，立体感强。画上配以相应的题诗：“文姿单态云山里 诗情画意烟林中”。诗首右上角有类似书画跋款格式的迎首章，诗句后尾有方形落印，可谓熔诗、书、画、印於一炉。书法束张敧正，飘逸潇洒，为精美画面增添了风彩。

器足规整，足边滚圆，露胎足窄细，工艺精良。底部施白釉，白色洁净呈桔皮痕。用青花料绘双圈、圈内书“大清雍正年制”两行六字楷书款，字迹规正。

比色法： 紫红色色标为C-60，M-90，Y-10，K-10，黄色色标为C-0，M-10，Y-80，K-0，淡绿色色标为C-50，M-10，Y-60，K-0，这几种色均呈珐琅彩规正色。

容重法：（单件）空气中重245克，水中重132克，体积相当于245-132=113cm^3，E=245/113=2.168，这值证实是清雍正朝的薄胎瓷。

微观法： 可见几种釉色均有开片纹，达到要求。

总结： 从四方面测定均达标，这一对珐琅彩瓷确是清雍正朝之官窑珍品。

二十、如何鉴别珐琅彩与粉彩？

珐琅彩和粉彩的根本区别是彩料的不同。珐琅彩中含有类似于玻璃的色料，即含有大量的硼和砷，以铅、硼、玻璃为主要成分，所以烧成后形成透明的玻璃质感。粉彩器是用“玻璃白”打底，这里的玻璃白是指一种含氧化砷的不透明乳浊釉，在彩内加入铅粉，使色彩浓艳程度减弱。

珐琅彩的胎体主要来自景德镇烧制的上等精细白瓷器，因为受铜胎画珐琅的影响，追求玻璃质感，因此胎体轻薄。粉彩胎体较厚重，胎质与珐琅彩相比较白和细密。

珐琅彩色非常丰富，在同一件瓷器上最多可达十几种，虽然粉彩色彩数量亦较多，但是表现在一件器物上远远不如珐琅彩丰富，呈色没有珐琅彩的金属质感，施彩比珐琅彩薄，表现的是柔美的感觉，呈色淡雅柔润、雅丽，其本身具有色彩浓淡的变化，色阶变化明显，具有传统国画的效果。如果用放大镜仔细观察，可以看到因为粉彩料未施满而露出的玻璃白，珐琅彩无此现象。

从纹饰看，珐琅彩兼有西洋画法，立体感强，用手摸起来可以感觉到厚厚的釉料，粉彩则只是用薄薄的釉水，釉面不如珐琅彩浑厚，仅微微凸起。

珐琅彩釉面有粗细不同的细小冰裂纹，即开片，这是区别珐琅彩与粉彩的重要方法，粉彩没有冰裂纹，且不反光。

珐琅彩没有蛤蜊光晕散的现象，而粉彩有蛤蜊光晕散在周围。

无锡雅蔚集藏苑二件古瓷供鉴别：

清乾隆——珐琅彩“鹤鹿同春”图尊

图（6-153）

图（6-154）

目测法：器物口大，头口底大小相若，口直下无肩、无颈，大鼓腹，直到底部稍收，高圈卧足。形为仿古青铜尊式样，明代后期景德镇窑创式，清乾隆年间起，再度流行。本尊高33cm、口径11.5cm、足径12.5cm。

胎质细腻，修胎规整，座足制作工艺精致。

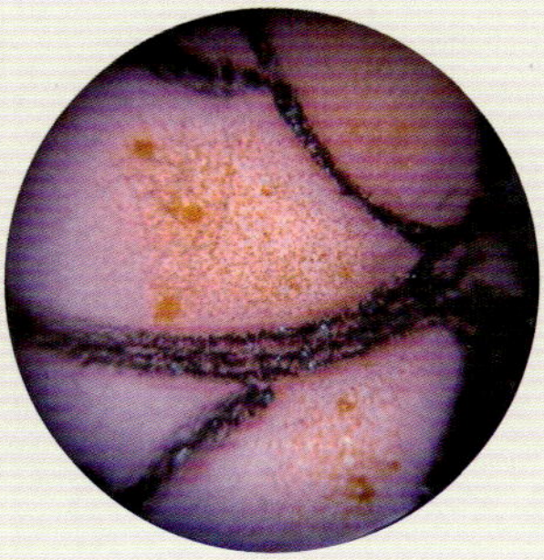

图（6-155）

通体施白釉，颈部和近足部加施豆青釉，釉面干净、似玉质地。

腹部用珐琅彩料绘“鹤鹿同春”图纹。鹤纹躯干粗壮、翅展舒张。鹿纹与松树组合，树干古拙苍劲，松球拥簇，鹿纹注重头部眼神的描画，以及皮毛质感的渲染。山水花卉远近有致，用珐琅银料绘作“云彩”，更是锦上添花。墨书题诗“苍松交干从晴空 云壑秋深鹿养茸”右上角钤印朱文印章一枚，左下角钤圆、方朱文压角印章上下二枚。整个绘画精湛，彩料艳丽，行书潇洒，豆青釉似玉，既华贵又淡雅。底款珐琅红料钤“乾隆年制”二行四字楷书款，加双方框，字款规

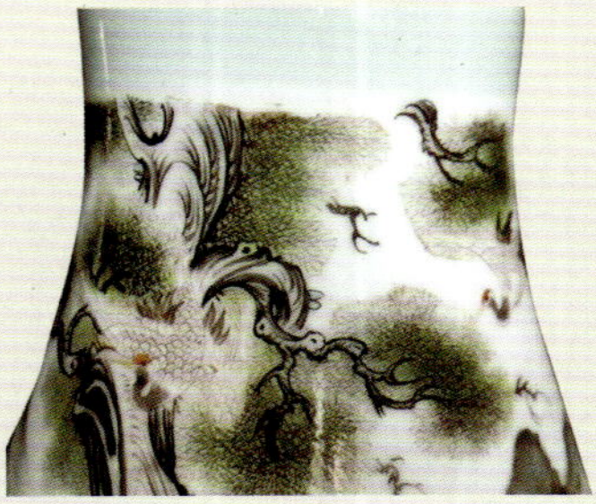

图（6—156）

图（6—157）

正有笔力，是典型的官窑款式。

比色法： 豆青釉色标为C-20、M-0、Y-40、K-0.符合“匀静清雅”的豆青正色调。底款珐琅红彩色标为C-10、M-80、Y-0、K-10。

容重法： 本器在空气中称得1685克重，在水中称得重943克。算出本器体积V=1685-943=742cm^3，则算出本器的容重E=1685/742=2.27，这值可以证实本器为清乾隆朝晚期古瓷器，无误。

微观法： 见彩釉开片纹，可证实本器彩绘料是古瓷珐琅彩真品。

总结： 本尊”鹤鹿同春”图纹寓语”和谐、幸福”，从以上测定分析，均符合清乾隆时期珐琅彩制作精良、色彩明快的特征，所以确定本器是一件到代的珐琅彩珍品，是妥当合理的，非常珍贵。

清道光——粉彩婴戏纹题诗铃铛式碗

目测法： 实测通高11.5cm、碗高7.5cm、口径13.8cm。器型规整、口微撇、深腹、圈足、连座。比例协调，外观曲线优美，制作精巧秀丽，无奇不有，碗下配有可旋转的“铃铛式”精美座子。

胎体瓷质精细、洁白、厚薄适中、修胎规整。釉面坚致，细润如脂似玉，光洁无疵。釉色为浅淡闪黄而匀净的豆瓣绿釉。纹饰彩绘色调柔和、层次清晰、立体感强。人物面庞的点染具有“线法画”的立体效果。娃娃的嘴唇用矾红画成。所绘十个孩子神态可爱，各司其职，其乐融融，生动逼真。画面配以七言诗二句：“莫道少儿无知浅 天真活泼做游戏”，上有引首、下印大压角共三枚印章。行书书法束张敬正、飘逸潇洒。整个绘画、题诗细腻俏丽，似纸绢国画的艺术效果。

碗足底蓝料双方框内书“慎德堂制”四字楷书款，笔力刚劲又清秀，字体符

图（6–158）

图（6–159）

图（6–160）

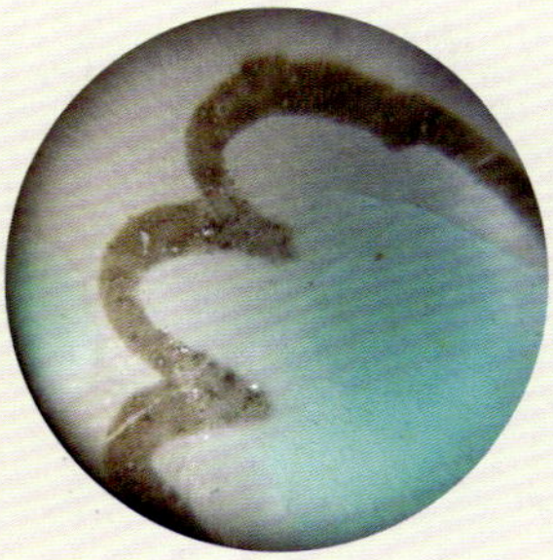

图（6–161）

合官窑款式。

比色法： 黄色色标为C-5，M-20，Y-70，K-0，符合鹅黄官方用色，绿色色标为C-60，M-5，Y-60，K-10，紫红色色标为C-0，M-50，Y-0，K-30，以上两色为调合色。

容重法： 在空气中称重322克，在水中称重183克，体积相当于322-183=139cm^3，其容重E=322/139=2.316，此值稍偏大，原因可能跟“铃铛式”器型有关，在水中称重有互差，另外与本器物是传世品也有关，所以将它归属清道光瓷范围是可信的。

微观法： 见彩色釉有开片，有小气泡。符合清代粉彩瓷条件。

总结： 从四方面测定来看，可定性为清道光“慎德堂”款官窑瓷器。

二十一、如何鉴别乾隆珐琅彩与粉彩瓷？

珐琅彩和粉彩的根本区别是彩料的不同。珐琅彩中含有类似于玻璃的色料，即含有大量的硼和砷，以铅、硼、玻璃为主要成分，所以烧成后形成透明的玻璃质感。粉彩器是用“玻璃白”打底，这里的玻璃白是指一种含氧化砷的不透明乳浊釉，在彩内加入铅粉，使色彩浓艳程度减弱。

珐琅彩的胎体主要来自景德镇烧制的上等精细白瓷器，因为受铜胎画珐琅的影响，追求玻璃质感，因此胎体轻薄。粉彩胎体较厚重，胎质与珐琅彩相比较白和细密。

珐琅彩色非常丰富，在同一件瓷器上最多可达十几种，虽然粉彩色彩数量亦较多，但是表现在一件器物上远远不如珐琅彩丰富，呈色没有珐琅彩的金属质感，施彩比珐琅彩薄，表现的是柔美的感觉，呈色淡雅柔润、雅丽，其本身具有色彩浓淡的变化，色阶变化明显，具有传统国画的效果。如果用放大镜仔细观察，可以看到因为粉彩料未施满而露出的玻璃白，珐琅彩无此现象。

从纹饰看，珐琅彩兼有西洋画法，立体感强，用手摸起来可以感觉到厚厚的釉料，粉彩则只是用薄薄的釉水，釉面不如珐琅彩浑厚，仅微微凸起。

珐琅彩釉面有粗细不同的细小冰裂纹，即开片，这是区别珐琅彩与粉彩的重要方法，粉彩没有冰裂纹，且不反光。

珐琅彩没有蛤蜊光晕散的现象，而粉彩有蛤蜊光晕散在周围。

乾隆时期珐琅彩绘画图案纹饰上继承了雍正的风格，在画面上增加了诗文、书法和印章，形成了诗、书、画、印融为一体的中国画形式。另外，在工艺上有所突破，彩料更为丰富，但技艺上没有雍正时严谨。

由于乾隆帝对粉彩情有独钟，很关心和发展粉彩的技艺。如出现了轧道工艺，随之而来就有了非常优美的锦地开光纹饰。这些新的工艺实质上已不是珐琅彩了，而是粉彩。于是乎珐琅彩有些退后，而出现了粉彩兼珐琅彩之间的作品。

无锡雅蔚集藏苑二件古瓷供鉴别：

清乾隆—珐琅彩荷莲花鸟纹梅瓶（高26cm）

清乾隆—粉彩缠枝莲瑞兽梵文纹龙耳樽（高24cm）

清——乾隆珐琅彩荷莲花鸟纹梅瓶

目测法： 器形为小圆口、短颈、宽肩，圆身，至胫稍细，折于足微丰，凹平底。体形上大下小，显笨拙，俗称“梅瓶”。

瓷胎细薄，坚细洁白，修胎规则，完整无缺，瓶高26cm。

图（6–162）

图（6–163）

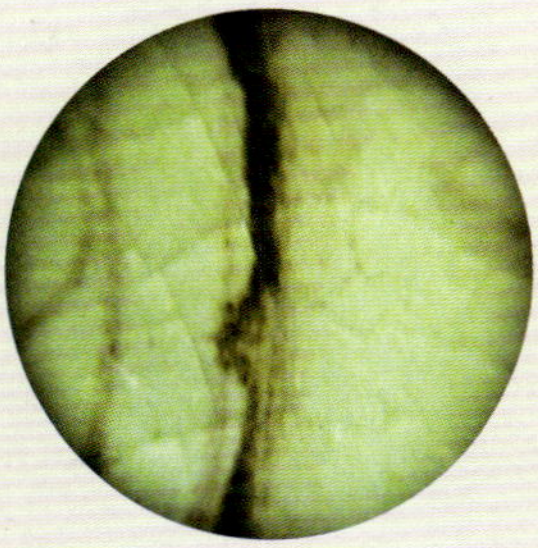

图（6–164）

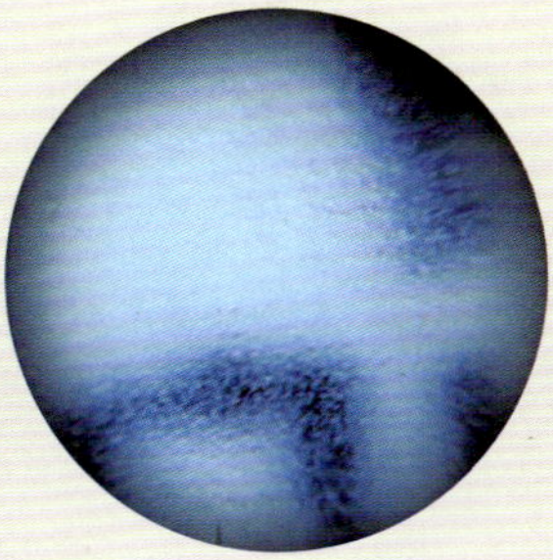

图（6–165）

图（6–166）

珐琅彩色鲜艳且柔和，很少为纯色而为粉彩型偶合色，色种多样。其彩料表面光滑有玻璃质反光感，有时还可反射蛤蜊光，十分美观。彩料均凸出底釉，有较明显的立体感。绘画与纹饰画功特别讲究，荷花和鸟纹均为精细的功笔画，并配墨书题诗，题诗为唐代李商隐《赠荷花》中诗句：“惟有绿荷红菡萏，卷舒开合任天真。”整体作品集诗、书、画、印、瓷、彩为一体，堪称极品。

底釉为纯白釉，不偏青也不偏黄，釉面光滑洁净无疵。底款铃青花“大清乾隆年制”六字三行铁线篆书、方形无边线款，呈官窑器特征。

比色法： 紫红色色标为C-10，M-90，Y-0，K-30，嫩绿色色标为C-50，Y-50，两色均符合乾隆朝珐琅彩正常色调。

容重法： 瓶在空气中称重为853克，在水中称重为478克，其体积相当于853-478=375cm^3，则E=853/375=2.274，此值符合清乾隆古瓷范围，很好。

微观法： 见嫩绿釉开细片纹，证实是珐琅彩真品。另外见款青花下沉，呈年代久远，证实本器是清代古瓷无疑。

总结： 目测本器物比较开门，加几方面测定，可定性本器物为清乾隆官窑珐琅彩瓷器，非常罕见而珍贵。

清乾隆——粉彩缠枝莲瑞兽梵文纹龙耳樽

目测法： 实测樽高24cm。器型撇口、粗颈、溜肩、鼓腹、圈足。造型规整，比例协调，呈现端庄。颈、腹连接部两侧装有对称的龙形耳。

图（6–167）

以景德镇的素白瓷为胎，胎薄而细腻坚致。釉面莹润，色彩华丽清新，风格独特。外器表施黄釉地，内施白釉，上口沿和双龙耳均涂金，金水成色足。在黄釉地上，用尖状工具剔划出较浅的蔓草纹规矩图案，划工严谨而细致，是乾隆朝的“轧道工艺”，称为“锦上添花”。然后再加饰对称的缠枝莲和瑞兽梵文图纹。腹下饰仰莲简纹，足圈绘几何形装饰带。色彩鲜艳且柔和，为粉彩型偶合色。彩料表面光滑，有玻璃质反光感，又称“蛤蜊光”，十分美观。釉料均凸出底釉，有一定的立体感。彩色纹图案的繁琐堆砌，呈现出乾隆时典型的奢靡和绮艳风格。

底足呈糯米粉的泥鳅背状，足圈修削规整。底施白釉，釉面洁净光滑。钤青花“大清乾隆年制”三排六字篆书方形无边款，款字体工整，青花色调深沉，呈

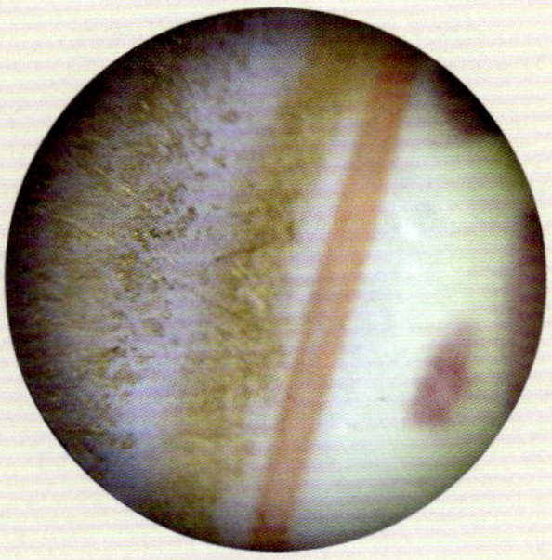

图（6-168）

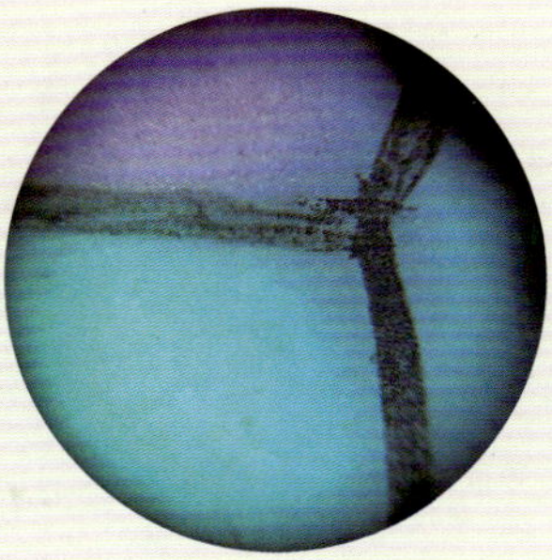

图（6-169）

官窑款特征。

图（6-170）

比色法：浅黄釉色色标为C-0，M-10，Y-80，K-0，淡绿色色标为C-50，M-10，Y-60，K-0，两色均为清乾隆朝常用彩料。

容重法：在空气中称1484克，水中称重840克，体积相当于1484-840=644cm^3，E=1484/644=2.30，此值稍偏大，这与胎质和底釉上再加色地釉、轧道工艺施色彩和金彩料有关，确实原因尚待研究，但可排除民国仿和现仿品可能性。

微观法：见描金部分均为用真金描填，绝非现代印刷的金粉网纹效果，另外绿色釉面见明显开片纹，证实为清瓷真品。

总结：从四方面测定可排除高仿瓷，本樽确定为清乾隆粉彩官窑瓷器，异常珍贵。

二十二、如何鉴别粉彩与浅绛彩瓷？

从外观上看，粉彩和浅绛彩都属釉上彩，不同的是，粉彩一般摸上去突出感强，尤其是清雍正、乾隆的粉彩，其用料多，显得又粉又厚。而浅绛彩的突出感则极弱。从磨损程度而言，浅绛彩更易受磨损，往往脱彩严重。人物或者花鸟可能因磨损而看不清。而粉彩由于彩料较厚，相对较易保存完好。

从制作工艺角度看，浅绛彩所用彩料与粉彩大致相近，烧成温度也一致，然而它们之间仍有质的区别。两者主要区别在于：

1、粉彩所用之黑料为纯度较高的钴土矿，而浅绛彩所用黑料，称之为“粉料”（即在钴土矿中加入铅粉配制而成）。由于粉料含铅，纹样画出后不用“雪白”（一种含钴料）覆盖便能烧成。故粉彩黑料色深而亮，浅绛彩黑料色浅而淡，但烧成后效果似水墨般浑化，别有韵味。

2、粉彩填色之前需用玻璃白（含砷的不透明白色料）打底，浅绛彩不用，而是直接将淡矾红、水绿等彩直接画上瓷胎，故粉彩有渲染而浅绛彩则无。

3、清代粉彩艺人由于分工细，文化程度不高，故多数只能专工一种题材。浅绛彩艺人则有较高的文化修养，多数兼善山水、人物或花鸟。

4、清代官窑粉彩由宫中发样，工匠照描，描完后填色，故很难表现出艺人的个性。浅绛彩则从图稿设计、勾画到渲染都有一人完成，能自由表达画者的风格与个性。

因而粉彩为匠人局部分工合作的产物，而浅绛彩则是文化层次较高的艺人得心应手之作，故粉彩板而浅绛彩活。并且，晚清粉彩多取自前代瓷器图案，浅绛彩则多借宋元以来的文人画稿，故粉彩“工”而浅绛彩“放”。

除上述之外，浅绛彩瓷还有一大突破是在瓷画上题写作者的名字，或题诗、署款兼备，这在我国陶瓷史上是一种创举。因为它首次使中国画自宋元以来形成的“诗、书、画”一体的优良传统表现在瓷器上，其文化气息更加浓郁，也为近、现代的新粉彩瓷创造了新模式。

二件古瓷供鉴别：

清乾隆——粉彩“竹林七贤”雅趣图梅瓶

目测法：侈口、颈短、肩丰硕而挺阔、胫部内收、至近底处又微撇，呈显清代梅瓶器形特征。瓶高26cm、口径8cm、底径11cm。

胎体厚薄均匀，瓷质白细，轻重适度。瓷接胎的痕迹加工得比较好，胎和釉的结合比较紧密。

瓶上画工纹饰繁密而精，从口沿至底足座共分五层纹饰：一、口沿绘一周如意纹；二、颈部饰蕉叶纹；三、上肩部绘锦地开光四宝纹；四、瓶腹主题纹绘“竹林七贤”文人雅趣图；五、近足饰一周变形仰莲纹。“竹林七贤”指魏晋时期的嵇康、阮籍、山涛、向秀、阮咸、王戎、刘伶七位文学家。这七人“相与友善，游于竹林，号为七贤”。七人均崇尚老庄，纵酒放浪，以清高自诩。本瓶纹

图（6–171）

图（6–172）

图（6–173）

图（6–174）

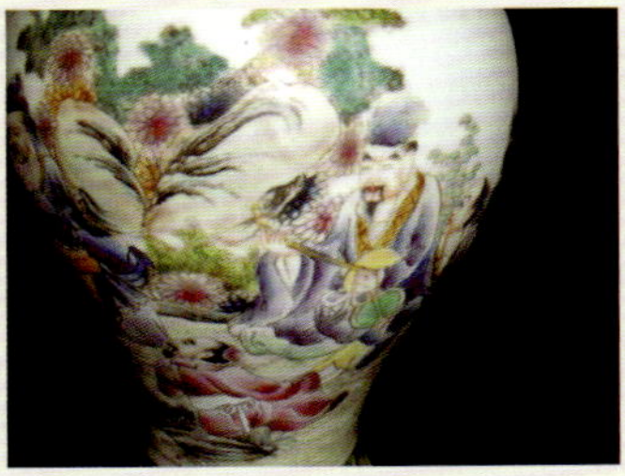

图（6–175）

图（6–176）

饰七贤带一书僮，在竹林花卉景区，饮酒对弈，或赋诗咏怀，尽显文人之雅趣情态。各位人物的五官面颊很为讲究，脸部凹凸、层次的渲染。人物的衣饰上也加绘织锦等质地的图案。所有这些装饰绘画，均特显乾隆粉彩瓷画的特征。

底足部用矾红釉写“乾隆年制”楷书款，笔迹端正而有功力，是民窑瓷中的精品工艺之作。

比色法： 淡绿色色标为C-30，

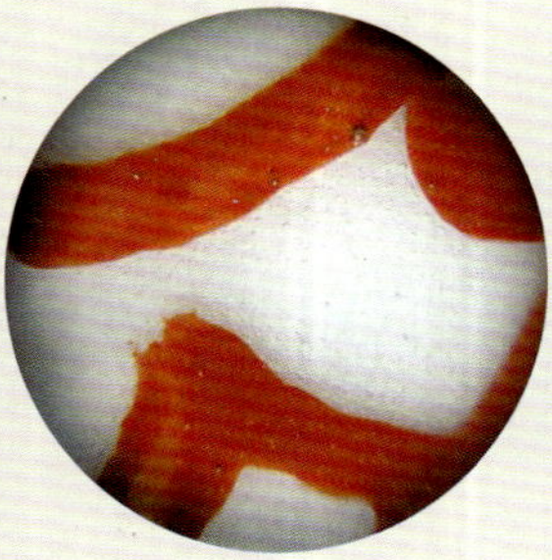

图（6–177）

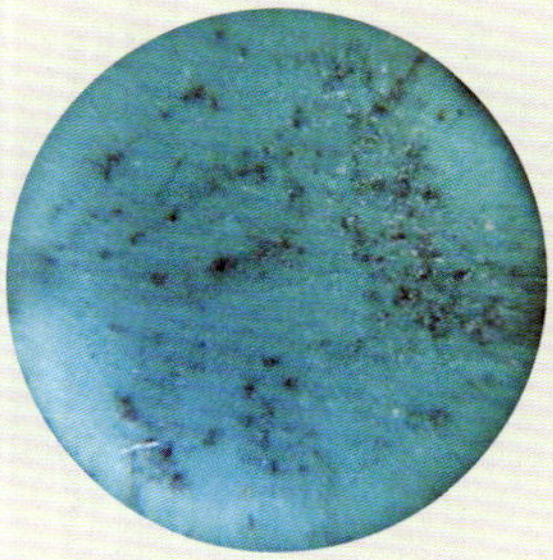

图（6–178）

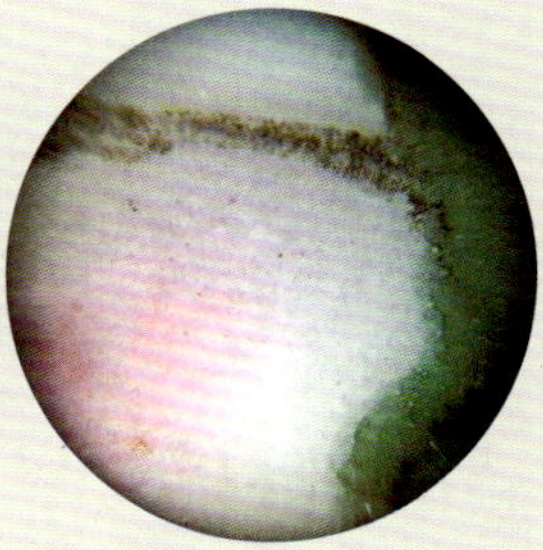

图（6–179）

M-0，Y-70，K-10，淡黄色色标为Y-80，显乾隆粉彩色调。

容重法： 瓶在空气中称得1338克，瓶在水中称得754克，则瓶的体积为1338-754=584cm^3，则该瓶的容重E=1338/584=2.29，此值可证实该瓶为清代古瓷无误。

微观法： 见胎釉夹层面比较白，气泡小而密，又见彩料开片纹，呈古瓷相。

总结： 以上诸项测定均符合清乾隆古瓷的特征，所以确定该瓶为清乾隆粉彩梅瓶是妥当的。

清咸丰——浅绛彩人物配诗文方笔筒

目测法： 笔筒为盛放毛笔的工具，本笔筒器形为四方式，其规格为11.2cm×11.2cm×15.6cm。

器物胎体较厚，筒内涂白釉，筒外体除宽底足均涂“米汤釉”，白釉白度不高。

工艺装饰上，先以浓淡相间的黑色釉上彩料，在瓷胎上绘出纹样，再染以淡赭和水绿、草绿及紫色等，经低温烧成的一种特有的低温釉上彩瓷。笔筒正背两面画人物，左右两侧写书法。笔筒正面画一对中年夫妻在树石景点谈心。侧面配书诗“话不投机六月寒，好言一句三冬暖”。背面画一对父子坐在树石景点思念，画面左上方钤“许永权作和一枚印章”。侧面配书诗“莫待无时想有时，常将有日思无日”。人物、景点刻画线条纯熟、生动而流畅，展现出作者的人物画功夫高超。

比色法： 淡赭色色标为C-15，M-15，Y-15，淡绿色色标为C-20，M-10，

图（6-180）

图（6-181）

图（6-182）

图（6-183）

图（6-184）

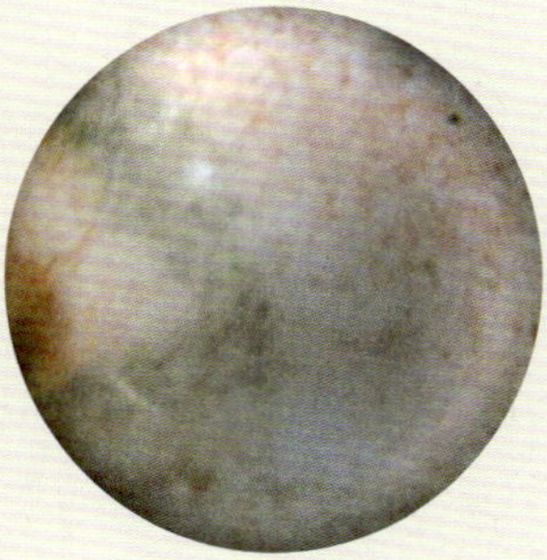

图（6-185）

Y-20，均为浅绛彩色调。

容重法： 笔筒在空气中称得重量为1156克，笔筒浸入水中称得重量为644克，它体积相当于1156-644=512cm^3，则笔筒的容重E=1156/512=2.26克/cm^3，此值很符合清中晚期古瓷，而清咸丰年间风行浅绛彩瓷，所以本笔筒年代定在清中晚期的咸丰年代是非常合理妥当的。

微观法： 见彩釉呈半透明状，甚至能捕捉到底白釉的气泡信息。这就是由浅绛彩彩色釉稀薄的特征造成的特有微观瓷相。

总结： 本笔筒用目测法就可以确定是“开门”的浅绛彩瓷，加上比色、容重、微观的科学数据，确定它为清咸丰年代的古瓷，是毫无疑义的。

二十三、如何鉴别金（银）彩瓷？

自古以来，人们经常用金（银）来装饰各类器物，显得富丽华贵，达到锦上添花的艺术效果。在制瓷工艺中，自然也少不了金银装饰，这就是“金（银）彩瓷”。

制瓷工匠的工艺，是先把金银制成粉状，然后融入胶水，加入铅粉，用描金笔沾水调金，在器物上描绘纹饰，经低温烘烤后，再用玛瑙或石英砂磨光。这时，金（银）彩工艺才真正属于陶瓷彩烧工艺的一部分。

二件古瓷供鉴别：

清雍正——珐琅彩鎏金开光喜鹊登梅图观音尊

目测法： 实测尊高31.5cm，侈口、直颈、圆腹、收胫外撇成高圈足，形

图（6–186）

图（6–187）

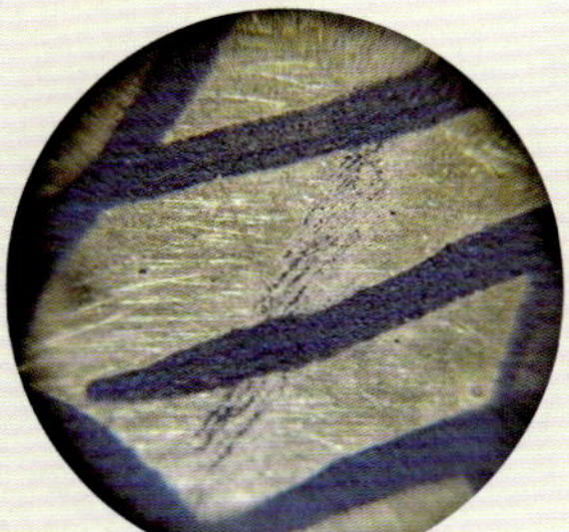

图（6–188）

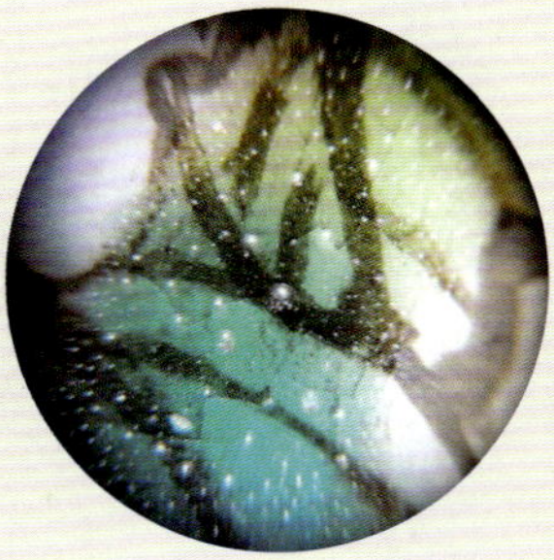

图（6–189）

图（6–190）

制隽秀典雅，似一尊亭亭玉立的美女神！

胎质细密、轻薄，器内与底部施透明釉，釉面滋润匀净，白中微闪青。器外壁上颈、下足均绘鎏金图案装饰，开光主体以珐琅彩满绘“喜鹊登梅”吉庆图，山石、花卉、喜鹊姿态各异，色彩缤纷、画笔精细，令人称绝。腹肩部墨书两句七言诗句，其内容与所绘纹饰题材相呼应，均为行草书体，笔画流畅，诗文引首与句末皆有朱文闲章。整体纹饰将书、诗、画和制瓷工艺融合一体，造就一尊“美仑美奂”的珍稀艺术品。

底部用深蓝料彩署“雍正年制”四字双行宋椠体印章式款，笔功刚劲。外围以双方框，框线外粗内细，极其规整。

比色法：红色色标为C-0，M-100，Y-90，K-30，深红色调。黄色色标为M-10，Y-100，皇室黄色调，绿色色标为C-60，M-10，Y-20，K-10，浅绿色调，几种色均符合珐琅彩色调，很正。

容重法：尊在空气中称重668克，在水中称重368克，尊体积相当于668-368=300cm^3，则其容重E=668/300=2.226，此值非常好，可证实本尊为雍正朝半脱胎古瓷无疑。

微观法：见彩色釉开冰裂纹，又见鎏金采用真金描绘，呈古瓷相。

总结：四方面测定均很开门，证实本尊为清雍正朝珐琅彩官窑瓷器中的精品。

清雍正——珐琅银彩团凤纹摇铃尊

图（6–191）

目测法： 实测尊高19.5cm、口径4cm、底径10.8cm。器型因像摇铃器而得名，为清代早期官窑典型器之一。小口、细长颈、与长颈马蹄尊相似，但腹部稍细稍长。造型隽秀尔雅，小巧玲珑，比例协调，显“曲线美”。

胎体精细，薄而轻，洁白无疵，制作精良。釉色白而纯正如雪，釉层薄而均匀。纹饰用珐琅银料绘制，画工有工笔画风格，工整而别致。凤纹为帝后的化身，显官窑器特征。

器足规整，足边滚圆，露胎窄细。底钤青花料“大清雍正年制”六字两行楷书款，外围双圈，为官窑器规正款识。

比色法： 银色色标为100%珐琅银料。

容重法： 尊在空气中称重607克，在水中称重339克，体积相当于607-339=268cm^3，E=607/268=2.264，此值因用珐琅银料绘饰而稍偏大些，但仍属清雍正古瓷范围。

微观法： 见釉下青花下沉，有气泡，银饰中见腐污小斑点，符合古瓷特征。

总结： 从四方面测定，很开门，此尊确定为清雍正官窑瓷器，极为珍贵。

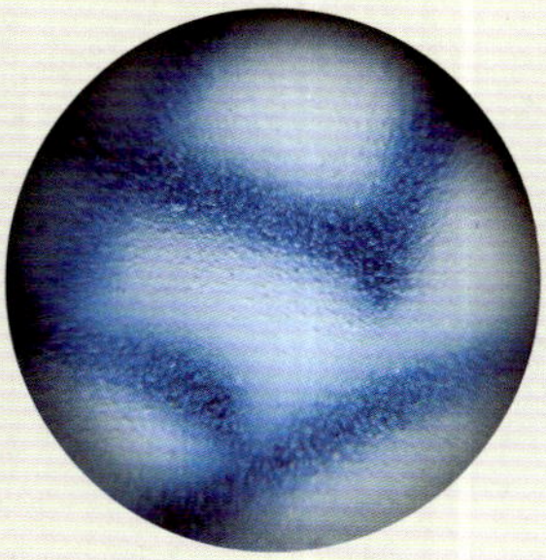

图（6–192）

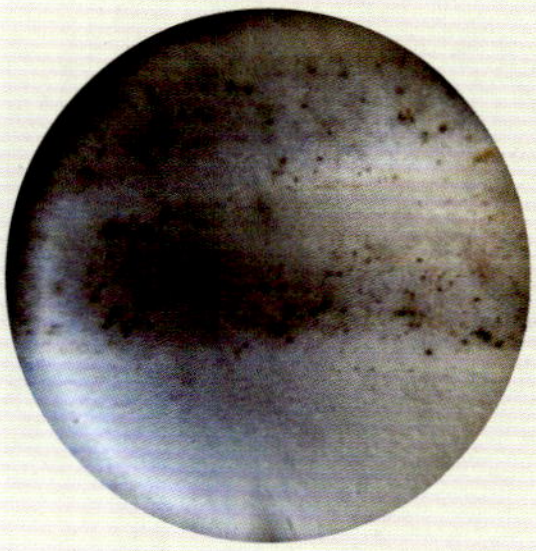

图（6–193）

图（6–194）

学《易氏鉴瓷》，立科学鉴瓷能力

中国是人类“瓷文化”的发源地。古瓷年代久远，收藏古瓷是我几十年之爱好，更是退休后一种不可替代的精神生活和享受。

我的古瓷的收藏与鉴赏之路经过了一番曲折而艰难的过程，由赏、迷、猜、鉴逐步过渡到找书本、问专家、向同业人员探讨等，使自己的收藏知识增长了不少，但还是只能停留在对“真或假”分不太清楚的迷糊状态。

第二步是参加鉴瓷学习班，听老师教诲。老师说：鉴瓷既不能按图索骥，又不能全信专家一面之词，只能多实践、多学习、提高自鉴能力。至于如何才能提高自鉴能力，得不到确切的答案，仍是个谜。再则是与大家一样去找专家鉴定，可哪个“专家”是最可信的？到哪里去找？仍然不易解决。

有一次是由一位老同学陪同我去找他认识的一位专家，带去了六件藏品求鉴。由于专家是同学的熟人，所以还是认真仔细看了看。他给的结论是：四件是高仿品，一件郎窑红是真的，还一件元青花不能定论。据他说，对元青花要三位专家同时认可方能下结论。

又一次参加“鉴瓷学习班”，可免费鉴定三件藏品。我带去三件瓷器让老师鉴，其结果为：两件仿品，一件可以玩玩，但年代和窑口均不作定论。

最后一次是中央电视台鉴宝组来到无锡，我又送去三件东西候鉴。交了鉴定费，排了很长的队，也抱有很大希望想得到一个定论。结果轮到我时，刚将郎窑红放上桌，另外两件还在箱里，那位鉴宝专家就忙挥手说：“别拿了，全是现代仿品。”一瓢冷水泼在我头上，真叫人丧气。我想这北京来的“专家”真神，怎么连看都不看，摸也不摸便知真假？

后来我就再不找专家了，我转向参加拍卖。到拍卖公司去鉴定，他们的拍品总不能不看吧？他们可以对我不关心，但对自己的公司应当负责吧。没想到我送去的东西全部被看上了，他们鉴定全是真的。我心里很高兴，可又有些纳闷：难道我的水平真有这么高？

不管怎样，这是我第一次遇到了“伯乐”，那就签订委拍协议吧。可按规定就得付出代价，什么鉴定费、图录费、保管费、宣传费都要事前付清。一年下来三五家拍卖公司转了一圈，总共花去六万余元，但全部溜拍，什么也没干成，既搞得我筋疲力尽，又劳民伤财。

正当我在失望中徘徊之时，偶然看到了《易氏四合一鉴瓷方法和微观图谱》。我从这本书中吸取了可信度很高的知识，全身增添了力量。这本书让我这个在收藏途中迷失了方向的人顿时心有灵感，决定振作精神好好干下去。新出版的《易氏鉴瓷》更能像师父带徒弟一样手把手地教学。我买全了相关工具，建立了个人的“实验室”，认真按书上讲的操作。结果不用多久，我已经基本上掌握了这些技巧，并能自鉴而无需再求他人。

易氏鉴瓷的方法全是用计算的数据和肉眼看不见的微观图谱来表达器物的真伪，再不是用个人经验和印象，也无需用模糊的语言——可能、好像、大概等词来表达。

经过预约我赴湖南科大与易老先生进行了一次学习性的拜访，当面得到了更宝贵的指点，带去的几件藏品也得到易老先生的肯定，使我领会了许多要领，真是受益匪浅。

回想起来，在鉴瓷的路上确实走得很艰难。如今有了“易氏鉴瓷方法”真是扫清了几百年来让收藏界最感困惑的障碍，为收藏界树立了一块新的里程碑。易老先生的功劳是永不可没的。

“四合一鉴瓷方法”是鉴定史上的新起点。它确实科学、可信，又很简单，容易操作，并且经济快捷，是一种利国利民的鉴定新方法。学好这门技术势在必行，让“四合一鉴瓷方法”流传千古吧！

无锡雅蔚苑主人　虞学为